포스트식민 역사 쓰기
Writing Postcolonial History

로초나 마줌달 지음

이재원 옮김

연세대학교 출판문화원

Writing Postcolonial History

포스트식민 역사 쓰기

2025년 10월 14일 1판 1쇄

지은이 로초나 마줌달
옮긴이 이재원
펴낸곳 연세대학교 출판문화원
주소 서울특별시 서대문구 연세로 50
등록 1955년 10월 13일(제9-60호)
전화 02) 2123-3378~80
팩스 02) 2123-8673
전자우편 ysup@yonsei.ac.kr
홈페이지 http://press.yonsei.ac.kr
인쇄 화신문화(주)

ISBN 978-89-6850-916-2 (93900)

값 25,000원

포스트식민 역사 쓰기

Writing Postcolonial History

연세대학교 출판문화원

보리아 마줌달에게

시리즈 편집자 서문

사람들은 왜 과거를 연구하는가? 이들은 문서보관소, 도서관, 인터뷰를 통해 마주치는 과거의 흔적들을 어떻게 이해하고 있는가? 그리고 과거는 어떻게 서술되는가? 오늘날 대부분의 전문 역사가가 과거의 서술이란 필연적으로 저자의 관점, 서사 전략, 그리고 문화적 맥락에 의존한다는 사실을 수용하고 있는 시점에서, 역사학의 역사에 대한 철저한 이해는 역사 연구와 역사 읽기의 필수 전제가 되었다. 학부 및 대학원 과정에서도 역사철학과 역사 이론에 대한 필수적인 교육이 점차 확대되고 있다. 『역사 쓰기(*Writing History*)』는 역사 서술에서 이론을 실제로 어떻게 적용하는지를 중점적으로 다루는 시리즈이다. 이 시리즈는 특정 역사 분야에 관해 이해하기 쉬운 개요를 제공한다. 추상적인 이론에 초점을 맞추기보다는 핵심 개념을 설명하고, 이러한 개념들이 실제 연구에 어떻게 적용되는지를 보여준다. 인정받든 인정받지 못하든, 이론적 관점들은 실제 역사 연구를 형성해 왔다. 이 시리즈의 각 권은 역사적 텍스트와 그 생산자들을 그들 존재의 사회적 조건과 연결한다. 따라서 『역사 쓰기』는 단순히 역사 저작물 자체에만 초점을 맞추는 것을 넘어선다. 각 권은 다양한 방식으로 제도적 장치 안에서, 그리고 더 넓은 사회적 담론의 일부로서 텍스트를 분석한다.

포스트식민 역사(postcolonial history)는 1982년 인도에서 설립된 『서발턴 연구(*Subaltern Studies*)』 집단에서 출발하여 세계적으로 가장 성공적인 아래로부터의 역사(history from below)의 한 형태로 자리매김해 왔다. 그 영향은 '개발도상국', 특히 라틴아메리카의 역사 연구 전반에 걸쳐 확인되었을 뿐 아니라, 북미와 유럽의 역사 서술 본원지(metropoles of history-writing)까지 확대되었다. 포스트식민 역사는 서구가 전 인류의 보편적 발전을 선도하고 나머지 세계는 그저 따라갈 수밖에 없다고 보는 서구 중심의 진보적 역사관에 대한 근본적인 비판을 제기하였다. 대신 포스트식민 연구자들은 다중 근대성(multiple modernities)과 제국주의의 결과로 나타난 문화의 혼종성(hybridization of cultures) 개념을 옹호했다. 포스트식민주의(postcolonialism)는 제국이 피식민자들 사이에서 저항과 공모를 동시에 이끌어낸 다양한 방식을 탐구했다. 이들은 지역적 경험을 강조하면서도, 이러한 지역들이 더 넓은 보편적 서사 속에 놓여 있음을 간과하지 않았다. 다른 아래로부터의 역사 운동과 마찬가지로, 포스트식민 연구자들 역시 신마르크스주의(neo-Marxism)의 깊은 영향을 받았지만, 경제적 토대주의(economic foundationalism)를 강조하는 전통적인 마르크스주의를 넘어 지배의 문화적 측면을 강조했다. 특히 E. P. 톰슨(Edward Palmer Thompson)은 에드워드 사이드(Edward Said), 호미 바바(Homi Bhaba), 디페시 차크라바르티(Dipesh Chakrabarty), 이얀 프라카시(Gyan Prakash), 가야트리 차크라보르티 스피박(Gayatri Chakravorty Spivak) 등 많은 포스트식민 학자들에게 영감을 주었다. 그들의 저서에서 신마르크스주의는 포스트구조주의적 사고(poststructuralist thinking)와 결합하여 식민 권력의 담론적 구성에 대한 포스트식민주의 분석의 기초를 정립했다.

로초나 마줌달(Rochona Majumdar)의 『포스트식민 역사 쓰기(*Writing Postcolonial History*)』는 중세사에서 현대사, 지역사에서 세계사에 이르기까지 광범위한 역사 서술에 포스트식민 이론이 미친 영향을 탐구한다. 이 책은 탈식민화(decolonization) 이후 등장한 포스트식민 글쓰기(postcolonial writing)의 등장을 맥락화하고, 지난 30여 년간 포스트식민주의가 취해온 다양한 변화를 명료하고 다각적으로 분석한다. 마줌달은 포스트식민주의 내부의 많은 차이점을 인식하면서도, 포스트식민 이론 없이는 성립할 수 없었던 다양한 연구들 속에 공통적으로 흐르는 주제와 흐름을 찾아낸다. 그녀는 포스트식민 역사 서술에서 중요한 역할을 해 온 학문과 정치 사이의 다양한 긴장 관계를 추적하고, 이러한 글쓰기를 특징짓는 특이점들에 대해서도 논의한다. 그녀는 포스트식민 역사가 식민 지배자(colonizers)와 식민지인(colonized) 사이의 극명한 모순(stark contradictions)을 피함으로써 어떻게 식민지 주민들(colonial subjects)에게 새로운 주체성을 부여하고자 했는지를 보여주는 동시에, 식민지 본국(metropole)이 식민지 주민들에게 미친 영향을 고찰해 왔다. 그녀의 책은 포스트식민주의가 제국의 역사와 민족국가의 역사에 대한 근본적 재사유(rethinking)와 재구성(rewriting)에 어떻게 기여했는지를 분명하게 보여준다. 또한 이 책은 다른 여러 주제와 대상을 다루는데, 특히 젠더(gender)는 마줌달 책의 가장 중요한 관심사 중 하나이다. 독자들은 이 책을 통해 지난 30여 년간 포스트식민 이론이 역사 서술의 장을 어떻게 재편해왔는지를 보여주는 풍부하고 구체적 사례들을 만나게 될 것이다.

슈테판 베르거(Stefan Berger), 하이코 펠트너(Heiko Feldner),
케빈 패스모어(Kevin Passmore)
맨체스터(Manchester) 및 카디프(Cardiff), 2010년 6월

머리말

러디어드 키플링(Rudyard Kipling)의 시 「백인의 짐(“The White Man’s Burden”)」은 19세기 많은 유럽인이 자신들의 섭리적 운명으로 여겼던 ‘문명화 사명(civilizing mission)’의 기저에 깔린 사상들을 웅변적으로 요약한다. 오늘날 그의 (악)명 높은((in)famous) 시를 읽으면, 그것을 멀리 떨어진 식민지 주민들에 대한 영국의 지배를 위한 이념적 정당화로 보지 않을 수 없다.

> 백인의 짐을 지어라 –
> 너희가 낳은 가장 뛰어난 자식을 보내라 –
> 너희의 자식에게 유랑의 설움을 맛보게 하라
> 너희가 정복한 자들의 요구에 봉사하기 위해,
> 동요하는 자들과 야만인들을 –
> 네가 새로 사로잡은 음침한 자들을,
> 반은 악마이며 반은 어린아이인 자들을,
> 무거운 짐을 진 채 기다리게 하라.[1]

오늘날 대부분의 독자들은 키플링 시대에는 고상한 이상주의이

---

1 러디어드 키플링(Rudyard Kipling)의 「백인의 짐(“The White Man’s Burden”)」은 1899년 2월 『맥클루어스 매거진(*McClure’s Magazine*)』에 처음 게재되었고, 『러디어드 키플링 시집(*Collected Poems of Rudyard Kipling*)』(London: Wordsworth Editions, 1994), pp. 334-335에 재수록되었다.

자 도덕적 책임으로 보였던 것이, 소위 후진적인 집단에 대한 일단의 유럽적 편견을 감추고 있었다는 점에 동의할 것이다. 돌이켜보면, 키플링의 시구에서 울려 퍼지던 제국주의적 신념은 비백인 민족에 대한 백인 우월주의의 의심할 여지 없는 확신에 기반을 두고 있었음이 분명하다. 「백인의 짐」이 출간된 지 100년이 넘는 세월이 흘렀다. 제국주의 시대는 지나갔으며, 세상은 매우 달라졌다. 사실, 세계화 시대(age of globalization)에 민주주의 국가들이 직면한 주요 과제 중 하나는 키플링이 제안했던 것과는 정반대이다. 즉, 서로 다른 집단의 다양한 문화를 어떻게 평등한 차원에서 다룰 것인가 하는 문제인 것이다.

인간의 이동성은 인류 역사에서 끊임없이 나타나는 요소이다. 하지만 현대 사회는 지리적 경계를 넘나드는 인간의 이동이 실질적으로 가속화되는 모습을 보였다. 20세기 초부터 이미 눈에 띄게 나타났지만, 제2차 세계대전 종전과 탈식민화 이후 수십 년 동안 가속화된 인구 증가와 이동은 과거 '백인' 국가로 여겨졌던 곳들의 인구 구성을 근본적으로 변화시켰다. 이들 국가는 자신들 사이에 다양한 인종이 공존하게 된 현실을 인정하고 이에 대응하지 않을 수 없게 되었다. 오늘날 민주주의 국가들이 지닌 구성의 다양성과 구식민지 및 '본국' 양측에서 전개되는 다양한 인권운동은 이러한 변화의 귀결이다. 탈식민화 이후 수십 년 동안 페미니즘의 확산, 성소수자 권리 운동과 흑인 민권 운동의 부상을 목격하게 된다. 보다 최근에는 특정 국가의 맥락뿐 아니라 국제기구 차원에서도 여전히 해소되지 않은 일련의 사건들이 세계를 뒤흔들고 있다. 이러한 사건들을 모두 나열할 수는 없지만, 베를린 장벽 붕괴, 구소련 공산주의의 몰락, 남아프리카공화국의 아파르트헤이트(apartheid) 종식, 급진 이슬람주의의 성장, 그리고 환경주의가 직면한 도전 등을 들 수 있다. 또한 전 세계에서 원주민(indigenous peoples)과 기타 소수민족이 벌이고 있는 권리 투쟁까지 생각한다면, 평등과 인정의 문제가 왜 우리 시대의 가장 큰 과제 중 하나로 여겨지는지 분명해질 것이다. 정치적 권리와 기타 권리를 위한 이러한 사회운동은 국가적 맥락에 따라 매우 다양하게 전개된다. 그러나 이러한 운동을 종합해 보면, 식민지 지배는 전 세계 곳곳에서 공식적으로 종식되었지만, 우리는 여전히 과거 소외되고 억압받던 집단의 요구, 특히 19세기 후반과 20세기 초 민족주의 운동 속에서 처음 뚜렷이 드러났던 요구들로 형성되고 있는 세상에 살고 있다는 사실에 주목하게 된다.

세계 정치의 특정 순간들이 갖는 정서적 무게(affective freight)는 식민지 과거가 현재 세계사에 어떤 방식으로 영향을 미치는지를 보여준다. 예컨대 2008년, 민주당의 아프리카계 미국인 후보였던 버락 오바마(Barack Obama)의 대선 승리는 적어도 상징적으로는 대서양 노예무역 이래 아프리카계 미국인들이 수 세기 동안 겪어온 차별을 극복한 사건으로 간주하였다. 이와 유사하게 상징적이고 감동적인 사건으로는 2008년 2월 13일, 호주의 케빈 러드(Kevin Rudd) 총리가 백인 정착 과정에서 원주민들이 겪었던 부당함에 대해 공개 '사과'를 표명한 사건과, 민주 정치 체제의 탄생과 약화하였던 아파르트헤이트 시대의 종식을 알린 남아프리카공화국의 진실화해위원회(Truth and Reconciliation Commission) 설립 등이 있다. 이러한 사건들이 희망의 빛을 가져다준다면, 우리가 서로의 차이를 인정하는 것을 전제로 평등한 권리와 모든 사람에 대한 존중을 보장하는 사회 질서를 확립하기까지는 아직 갈 길이 멀다는 것을 보여주는 다른 많은 사례도 있다.

덴마크에서 예언자 무함마드를 풍자한 만화를 둘러싼 격렬한 논쟁과 프랑스 공립학교에서 세속주의의 이름으로 학생들의 복장에 종교적 상징을 금지한다는 결정으로 인해 불거진 소동은 다인종 민주주의 사회에서 종교 정체성을 둘러싼 논의가 얼마나 중요한지를 여실히 드러낸다. 마찬가지로, 영국, 호주, 프랑스 곳곳에서 발생한 인종 폭동과 부유한 국가들의 국경에 설치된 망명 센터와 난민 수용소의 급속한 증가는 인종, 종교, 젠더, 이주, 국적 등의 문제들이 결코 해결된 것이 아님을 보여준다. 이러한 문제들에 대한 갈등은 18세기와 19세기 노예제와 식민지 지배라는 맥락 속에서 전 세계 여러 지역에서 처음 발생했다. 그러나 공식적인 제국의 몰락이 이러한 문제들의 상응하는 해결책을 의미하지는 않았다. 오히려 현대 세계화 시대에 이러한 문제들은 더욱 심화되었을 뿐이다.

탈식민화 시기를 전후로 이미 나타나기 시작했으며, 1980년대 이후 꾸준히 성장해온 문학과 기타 예술 작품은 이 같은 문제에 대한 인문주의적 반응을 보여준다. 이러한 맥락에서 주목할 만한 작품으로는 인도 태생의 살만 루슈디(Salman Rushdie), 스리랑카 작가 마이클 온다치(Michael Ondaatje), 방글라데시계 영국 작가 모니카 알리(Monica Ali), 터키계 독일 작가 자페르 세노착(Zafer Senocak)의 소설이 있다. 또한, 영화로는 <내 아들 광신도(“My Son the Fanatic”)>(1997), <몬순 웨딩(“Monsoon Wedding”)>(2001), <토끼 울타리(“Rabbit-Proof Fence”)>(2002), <슈팅 라이크 베컴(“Bend It Like Beckham”)>(2002) 등이 있는데, 이는 늘어나는 작품 중 몇 가지를 무작위로 꼽은 것에 불과하다. 이들보다 덜 알려졌지만 중요한 사실은 대학에서 가르치고 연구하는 학문 분야도 이러한 발전의 영향을 받았으며, 때로는 이러한 분야의 근본 원칙에 도전하기도 했다는 것이다. 역사학, 문학 연구, 정치학, 인류학, 사회학 같은 학문 분야의 학술적 실천은 근본적인 범주를 검토하고 인종 및/또는 식민 지배의 불평등에 어떤 식으로든 연루되었는지 검토해야 했다. 지난 수십 년 동안 이러한 학문 분야에서 가장 혁신적이고 흥미로운 연구 중 일부는 해당 문제의 최전선에서 연구해 온 학자들에 의해 수행되었다.

『포스트식민 역사 쓰기』는 학계 역사가들이 탈식민화 이후의 지적 여파를 어떻게 다루었는지 조망하는 시도이다. 이 책은 역사학 내에서 포스트식민 역사라는 새로운 하위 분야가 어떻게 형성되었는지를 논한다. 물론 오늘날 '포스트식민 역사들(postcolonial histories)'이라는 범주로 분류되는 수많은 저서가 동질적이거나 획일적인 관점을 제시한다고 가정해서는 안 된다. 하지만 이러한 차이점에도 불구하고, 이들 작업을 역사 내의 새롭고 독립적인 하위 분야로 묶는 데 있어 공통된 주제와 관점을 도출해 내는 것은 가능하다. 포스트식민적 관점에서 쓰인 역사 저작의 일반적인 특징을 살펴보는 것은 유용할 것이며, 이어지는 장에서는 이러한 문제들에 대한 더욱 상세한 분석을 제공할 것이다. 여기서는 독자들에게 포스트식민 역사학(postcolonial historiography)의 몇 가지 광범위한 특징을 소개하고자 한다.

식민 지배에 대한 과거의 역사 서술과 '포스트식민 역사들'이라 부를 수 있는 최근의 역사 서술 사이의 주요한 차이점 중 하나는 다음과 같이 설명할 수 있다. 식민지 시기와 탈식민화 초기에 쓰인 역사는 지배자와 피지배자 사이의 분명한 대립 구도를 전제하곤 한다. 대부분의 민족주의적이거나 제국주의적인 역사 서술에서 본국과 식민지는 지배와 복종을 놓고 사생결단의 투쟁을 벌이는 상반된 세력으로 그려졌다. 따라서 식민 지배의 역사는 제로섬 게임(zero-sum game)으로 묘사되었다. 식민 지배자(the colonizer)가 얻은 것은 식민지인(the colonized)이 잃은 것이었고, 그 반대도 마찬가지였다. 포스트식민 역사가들은 여전히 식민 상황에서 권력이 어떻게 활용되었는지에 대해 관심을 두고 있다. 그러나 이들은 이전의 역사 서술 방식과는 달리 식민 지배자와 피지배자 사이를 이분법적으로 나누는 마니교적 이분법(Manichean binary)을 지양한다. 이들은 식민 지배의 현실을 부정하지 않으면서도, 제국—즉 본국과 식민지—을 상호 얽힘과 조우의 장소로 탐색하며, 이 과정이 지배자와 피지배자 양자 모두를 종종 영구적이고 예기치 않은 방식으로 변화시켰음을 보여준다.

이러한 지적 입장의 결과 중 하나는 포스트식민 역사가들이 식민 지배자와 민족주의자 모두의 승리주의적(triumphalist) 역사 서술을 비판한다는 점이다. 따라서 많은 포스트식민 역사 서술은 식민주의적이고 민족주의적인 기록들(colonial and nationalist archives)에 대한 재평가를 요구한다. 제국주의 또는 민족주의 연구자들과는 현저히 다르게, 포스트식민 역사가는 제국, 식민 통치와 이데올로기, 민족주의 사상과 운동에 대한 분석을 통해 특정 유럽 사상의 중요성을 인정한다. 예를 들어 식민지에서 민족주의적 상상력의 역사(history of nationalist imagination)를 서술할 때, 포스트식민 역사가는 프랑스, 독일, 스코틀랜드 계몽주의와 관련된 이념들이 영감을 주는 역할을 했다는 점을 인정한다. 18세기 말 아이티 혁명과 같은 사건을 분석할 때, 포스트식민 역사가는 이 섬 식민지의 흑인들이 프랑스의 지배와 노예 제도에 도전하며 봉기할 때 평등과 자유라는 특정 유럽 사상이 어떻게 실행되었는지를 보여준다.

많은 포스트식민 역사 서술에서 구식민지 출신 특정 인물들의 역할은 유럽 지배에 대한 특정한 보편주의적 비판을 입증하기 위해 유사하게 재현된다. 인도인 지도자 M. K. 간디(Mohandas Karamchand Gandhi, 1869-1948)와 마르티니크(Martinique) 출신의 혁명적 지식인 프란츠 파농(Franz Fanon, 1925-1961)과 같은 반식민주의자들의 저술이 좋은 예이다. 비폭력 저항의 가장 웅변적이고 강력한 추종자 중 한 명인 간디와 구원적 폭력(redemptive violence)의 강력한 지지자인 파농이라는 두 대조적인 인물은 일부 문헌에서 함께 언급되는데, 이는 식민지 문명화 사명의 유혹을 완전히 거부하는 사회 질서를 구상하려는 시도 때문이다. 간디는 이미 1909년에 인도 민족주의가 단순히 '영국인 없는 영국 통치(English rule without the Englishman)'가 되어서는 안 된다고 경고하면서, '근대 문명' 자체에 대한 전면적 비판의 필요성을 역설했다. 그는 근대 문명은 '이름뿐인 문명(a civilizaton only in name)'일 뿐이여, 그 속에서 "유럽 국가들은 날마다 타락하고 파멸하고 있다"라고 선언했다.[2] 간디는 세기말(*fin-de-siècle*)적 사고를 공유하던 여러 인물과 마찬가지로 유럽 문명에 대한 비판을 제기했는데, 그의 경우 그것은 인도 내 영국 정부를 통해 굴절되어 나타났다. 그는 "그렇게 하지 않는다면" 자신이 "진리에도, 인도에도, 충성을 바쳐야 할 제국에도 반역하는 셈이 된다"라고 썼다.[3] 그러나 동시에 간디는 적어도 제1차 세계대전 이전까지는 자신을 대영제국의 자랑스러운 신민이라고 묘사하기도 했다. 간디와 같은 위대한 반식민주의 사상가와 대영제국에 대한 이러한 충성 서약은 어떻게 양립될 수 있었을까? 간디의 이러한 겉보기에 역설적인 입장은 프란츠 파농이 『검은 피부, 하얀 가면(*Black Skin, White Masks*)』에서 "흑인의 사명도 없고, 백인의 짐도 없는" 세상을 만들자고 주장한 것과 맥락을 같이 한다.[4] 포스트식민 역사가들은 간디, 파농, 그리고 다른 많은 사상가의

---

2 M. K. Gandhi, *Hind Swaraj and Other Writings* (Edited by Anthony J. Parel) (Cambridge: Cambridge University Press, 2009), p. 32.

3 *Ibid.*, p. 7.

4 Frantz Fanon, *Black Skin White Masks* (New York, NY: Grove Press, 1967), p. 228.

저작을 재조명하여 단순히 서구의 지배를 아시아나 아프리카의 반지배(counter-domination)로 대체하는 것이 아닌, 사회에 대한 비전을 제시하고자 했다. 오히려 그들의 목표는 가혹하고 잔혹한 권력관계 속에서도 식민 지배자와 식민지인이 공유했던 것을 탐구하는 것이었다. 따라서 포스트식민 역사 서술은 반식민적 복수심에 의해 추동되지 않는다.

포스트식민 역사가들은 종종 제국주의적 민족주의와 반제국주의적 민족주의 양쪽 모두의 과잉으로부터 거리를 둔다. 그들의 저술은 제국의 몰락과 함께 흔히 발생했던 서구 사회의 인종주의적 반발에 의문을 제기하는 데 도움이 된다. 마찬가지로, 그들은 과거 식민지의 민족주의 역사가 내부의 분열이나 균열을 은폐하는 방식을 폭로하려 한다. 신생 국가에서 여성, 하층 카스트(low castes), 부족민 및 기타 소수 집단의 개별적이면서도 중첩되는 투쟁은 탈식민화 이후 건국된 주권 국가조차도 그 사회를 구성하는 모든 민족이나 집단을 진정으로 대표하기까지는 아직 갈 길이 멀다는 점을 일깨워준다. 따라서 포스트식민 역사가들은 종종 국가를 구성하는 동화될 수 없는 '파편들(fragments)'에 대해, 역사학자 갸넨드라 판데이(Gyanendra Pandey)의 표현을 빌리자면 "파편을 옹호하며(in defense of the fragment)" 글을 쓴다.[5] 이러한 역사 서술 방식, 나아가 포스트식민 연구(postcolonial studies)의 등장은 대체로 구식민지 본국과 구식민지 모두를 더욱 민주적으로 만들고자 하는 열망에서 비롯되었다. 점점 더 많은 구식민지 민족이 구식민지 본국으로 이주함에 따라, 미래 세대가 과거 식민지 시대의 특징이었던 무시와 어려움을 겪지 않도록 하는 것이 중요해졌다.

---

5 Gyanendra Pandey, "In Defense of the Fragment: Writing about Hindu-Muslim Riots in India Today", *Representations*, 37 (Winter, 1992), Special Issue: Imperial Fantasies and Postcolonial Histories, pp. 27-55.

마지막으로, 포스트식민 역사의 전반적인 영향에 대해 간략히 언급하고자 한다. 호주, 캐나다, 뉴질랜드 같은 국가들은 공식적인 탈식민화 운동을 거치지 않았다. 그럼에도 불구하고 미국의 인권운동이나 북미, 호주, 뉴질랜드, 남아프리카공화국의 원주민 권리 운동은 1940년대와 1950년대 식민지 세계를 뒤흔들었던 탈식민화와 주권에 대한 생각에서 많은 영감을 얻었다. 이러한 사회운동의 흔적은 이들 국가의 역사 기록에서 뚜렷이 확인된다. 1970년대 초 이래, 호주와 뉴질랜드의 역사가들은 자국의 역사를 탈식민화하고 인종 차별을 근절하기 위한 노력을 기울여 왔다.[6] 이는 - 포스트식민 역사에서 흔히 볼 수 있듯이 - 유럽 정착민들의 기록을 재평가하고 지금까지 침묵해 온 원주민들의 목소리에 귀 기울여 국가의 새로운 도덕적 토대를 구축할 수 있는 역사적 서사를 만들어냄으로써 이루어졌다. 호주에서 역사가들은 제국 정부(imperial government)가 영국 관습법을 위반하고 악명 높은 무주지론(無主地論. doctrine of *terra nullius*), 즉 특정 영토에 대한 주인이 없을 경우, 먼저 점유한 국가가 영유권을 주장할 수 있다는 국제법상의 원칙을 채택한 방식을 입증하기 위해 정착민 식민지 문서고를 면밀히 조사했다. 뉴질랜드에서 역사가들은 뉴질랜드의 건국 문서로 여겨지며, 뉴질랜드 역사와 법체계의 중추를 이루는 유명한 와이탕이 조약(Treaty of Waitangi)(1840)에 대한 마오리족(Maori)과 파케하(Pakeha. 유럽계 뉴질랜드인)의 상이한 해석을 제시하며, 국가의 기원이 정착민과 원주민 사이의 계약에 있었음을, 그리고 정착민이 이 계약을 고의로 위반했음을 보여주었다. 이러한 역사 서술의 요점은 정착민 국

---

6 이 주제 관련해선 Bain Attwood, “Settler Histories and Indigenous Pasts: New Zealand and Australia”, in Axel Schneider and Daniel Woolf (eds), *The Oxford History of Historical Writing*, Vol. 5 (London: Oxford University Press, 2011), pp. 594-614를 참조하라.

가가 원주민에게 가한 과거의 잘못을 조명함으로써 역사 서술을 탈식민화하는 길을 제시하는 것이었다. 이 과정에서 역사적, 사학사적 논쟁은 토착민들의 권리와 인정 요구라는 정치적 투쟁과 얽히게 되었다.

포스트식민 학문(postcolonial scholarship)은 식민 연구와 거리가 있는 학문 분야에도 영향을 미쳤다. 예컨대 다수의 중세 연구 학자들은 자신들의 분야에서 시대 구분과 명명법(nomenclature)이라는 개념 자체에 의문을 제기하며, 유럽의 팽창기에 만들어진 '봉건적'이나 '중세적'과 같은 용어가 어떻게 유럽과 유럽인이 자신들이 통치하거나 지배했던 민족보다 더 '근대적'이고 '진보적'이라는 자기 이미지를 형성하는 데 기여했는지 탐구하기 시작했다.

최근 몇 년 동안, 새로운 제국의 형성이 세계 곳곳에서 고개를 들 위험이 커지면서 제국에 대한 포스트식민 역사는 그 어느 때보다 더 중요한 의미를 갖게 되었다. 캐서린 홀(Catherine Hall), 피오나 페이즐리(Fiona Paisley), 앤트와네트 버튼(Antoinette Burton), 캐슬린 윌슨(Kathleen Wilson), 므리나리니 신하(Mrinalini Sinha)와 같은 제국의 여성사 연구자들은 포스트식민 연구를 바탕으로 새로운 제국사를 서술해 왔다. 반면 린다 콜리(Linda Colley)와 니얼 퍼거슨(Niall Ferguson)은 최근 제국을 옹호하는 글을 쓰며, 포스트식민 비평가들이 식민 통치의 '긍정적 성취'를 간과했다고 비판했다. 미국의 이라크 점령은 이 논쟁을 더욱 심화시켰다.[7] 이러한 논쟁

7 제국에 대한 포스트식민적 접근 방식에 대한 간결하고 비판적인 검토를 위해서는 다음 자료를 참조하라. Suvir Kaul, "How to Write Postcolonial Histories of Empire?" in Daniel Carey and Lynn Festa (eds), Postcolonial Enlightenment: Eighteenth Century Enlightenment and Postcolonial Theory (New York, NY: Oxford University Press, 2009), pp. 305-327. Also see Linda Colley, "Empire as a Way of Life", The Nation, (31 July 2006), p. 7; Niall Ferguson, Empire: The Rise and Demise of the British World Order and the Lessons for Global Power (London: Basic Books, 2002).

은 앞으로도 계속될 것이며, 서두에서 언급했듯이 식민 통치는 끝났을지라도 '인간에 의한 인간 지배(man's domination of man)'로 인해 제기된 문제들은 앞으로 오랫동안 역사가들을 사로잡게 될 것이다.

감사의 글

이 책의 대부분을 집필하는 동안 거처를 제공해 준 시카고대학교 프랑케 인문학연구소(Franke Institute for the Humanities)에 깊은 감사를 드린다. 『역사 쓰기(*Writing History*)』 시리즈의 편집자들, 특히 슈테판 베르거(Stefan Berger)에게는 집필 과정 전반에 걸친 지원과 조언에 대해 진심으로 감사드린다. 개념사 그룹(conceptual history group)의 동료들 — 보 스트라트(Bo Strath), 마르그리트 페르나우(Margrit Pernau), 도미닉 작센마이어(Dominic Sachsenmeier), 일함 막디시(Ilham Makdisi), 하겐 슐츠-포르베르크(Hagen Schulz-Forberg), 폴라 판누(Paula Pannu), 모힌더 싱(Mohinder Singh) — 에게는 포스트식민, 비교사, 연계사, 글로벌 역사학(postcolonial, comparative, connected, and global historiographies) 사이의 접점에 대해 나눈 풍부한 논의에 대해 깊이 감사드린다. 블룸즈버리(Bloomsbury)의 편집자 에밀리 살츠(Emily Salz)는 마무리 단계에서 나에게 조언을 해주었고, 이는 책을 완성하는 데 결정적인 역할을 했다. 남아시아 언어 및 문명학과(South Asian Languages and Civilizations) 동료들은 항상 나의 노력을 격려해 주었다. 베인 애트우드(Bain Attwood), 오릿 바슈킨(Orit Bashkin), 제임스 챈들러(James Chandler), 제니퍼 콜(Jennifer Cole), 캐슬린 데이비스(Kathleen Davis), 데브자니 강굴리(Debjani Ganguly), 상기타 고팔(Sangita Gopal)은 집필 과정의 여러 단계에서 귀중한 피드백을 제공해 주었다. 제니퍼 콜(Jennifer Cole)과 리사 위딘(Lisa Wedeen)은 집필 활동의 대부분이 진행된 9개월 동안 내게 든든한 지원군이 되어 주었다. 미란다 존슨(Miranda Johnson)은 각 장을 때로는 두 번 이상 읽어주었는데, 이에 나는 평생 감사할 따름이다. 스라반 칸난(Sravan Kannan)과 제라르 시아르니(Gerard Siarny)는 탁월한 컴퓨터 실력으로 많은 도움을 주었다. 콜카타(Kolkata)에 있는 나의 가족, 루파 마줌달(Roopa Majumdar), 보리아 마줌달(Boria Majumdar), 샤르미스타 굽투(Sharmistha Gooptu)에게도 늘 그렇듯 고마움을 전한다. 마지막으로, 나의 가장 소중한 대화 상대이자 동지인 디페시 차크라바르티(Dipesh Chakrabarty)에게 포스트식민 역사학의 굴곡에 대한 나의 관심을 불러일으켜 준 것에 대하여 특별한 감사를 드린다.

contents

포스트식민 역사 쓰기

Writing Postcolonial History

01

포스트식민주의, 탈식민화 그리고 세계화

01 포스트식민주의, 탈식민화 그리고 세계화

포스트식민이란 무엇인가?

지난 30여 년간 포스트식민 이론이 영어권 학계에서 비판 담론으로 확고히 자리 잡고, 전 세계 다른 지역의 학자들까지 이 분야에 진지한 관심을 가지게 되면서, 이제 역사가, 인류학자, 사회학자, 도시지리학자들이 자신의 학문적 입장을 '포스트식민(postcolonial)'이라고 규정하는 것이 점점 더 일반화되었다. 이러한 움직임과 더불어 『포스트식민 연구(*Postcolonial Studies*)』와 『개입(*Interventions*)』과 같은 학제 간 학술지의 출간은 포스트식민 연구가 처음 시작된 문학 분야를 훨씬 넘어서는 영역으로 확장되는 결과를 가져왔다. 포스트식민/포스트식민 연구/포스트식민 이론이라는 범주로 분류되는 학술 연구의 놀라운 성장에도 불구하고, '포스트식민'이라는 표현에 내재된 의미(들)에 대해서는 학자들 간에 흥미로운 견해 차이가 존재한다.

릴라 간디(Leela Gandhi)는 자신의 저서 『포스트식민 이론: 비판적 입문(*Postcolonial Theory: A Critical Introduction*)』(1998)에서 이 연구 분야의 명칭을 둘러싼 학문적 입장 차이를 간결하게 요약하고 있다. "일부 비평가들이 하이픈(hyphen)으로 연결된 '포스트-식민주의(post-colonialism)'라는 용어를 탈식민화 과정의 결정적인 시간적 표식으로 내세우는" 반면, 다른 이들은 "포스트식민이라는 조건이 식민 지배가 종료된 시점이 아니라 오히려 그 개시와 함께 시작된다는 이유로, 식민주의와 그 이후 사이의 암묵적인 연대기적 구분"에 의문을 제기한다.[1] 후자의 입장을 취한 학자들은 '포스트식민주의(postcolonialism)'라는 비분절 형태가 오히려 식민 통치가 수반한 조건들을 보다 정확하게 포착한다고 본다. 이 같은 논의는 학자들 간의 차이점 중 하나가 시기 구분과 관련이 있음을 보여준다. 즉 포스트식민의 조건이 식민주의의 시작과 함께 시작되었는지, 아니면 탈식민화 투쟁 이후 식민 지배의 종식과 함께 시작되었는지 여부이다. 간디 자신도 포스트식민을 '식민지 점령의 여파'로 간주하여 포스트식민에 대한 광범위한 정의를 선호하는 듯하다.[2]

다른 맥락에서, 저명한 문학 이론가 로버트 영(Robert Young)은 포스트식민 사상이 다양한 계보를 가질 수 있지만, 이 분야는 아마도 식민지 지배의 공식적인 종식에서 비롯된 반식민 사상(anti-

1 Leela Gandhi, *Postcolonial Theory: A Critical Introduction* (NSW: Allen & Unwin, 1998), p. 3.

2 *Ibid.*, p. 4.

colonial thinking)으로 정의하는 것이 가장 적절할 것이라고 주장한다.[3] 그러나 중요한 점은 로버트 영이 주변부의 반식민 사상과 이전 '식민지 본국'에서 발전된 사상을 구분했다는 것이다. 그의 견해에 따르면, '포스트식민'이라는 명칭은 후자에 더 적절하다. 그는 포스트식민 저술들이 "투쟁을 과거 식민 열강의 중심부로 확대함으로써 '탈식민 국가의 문화'의 평등을 주장한다"라고 지적한다. 영에 따르면, 포스트식민 사상은 "소외된 주변부의 정치적, 문화적 경험이 서구의 정치적, 지적, 학문적 헤게모니와 그 객관적 지식의 틀에 맞설 수 있는 보다 일반적인 이론적 입장으로 발전"했을 때 등장했다.[4] 간디와 영은 포스트식민 이론의 시기 구분에 대해 서로 다른 입장을 취하지만, 그들의 논의는 모두 포스트식민 연구의 주요 활동 무대가 서구 학계임을 시사한다.

실제로, 포스트식민 이론에 대한 가장 강력한 비판 중 일부는 그 이론의 '위치의 정치(politics of location)'에 대해 의문을 제기한 학자들로부터 나왔다. 아니아 룸바(Ania Loomba)가 엘라 쇼핫(Ella Shohat)의 말을 인용하며 말했듯이, "우리는 포스트식민이 언제 시작되었는지 뿐만 아니라, 포스트식민성(postcoloniality)은 어디에서 발견될 수 있는지 질문해야 할 것이다".[5] 룸바는 비록 문화적 뿌리와 식민지 착취의 역사를 공유하고 있을지라도 '서구'에 거주하는 '소수 민족'과 '남반구(global South)'에 거주하는 '소수 민족'의 역사적 경험이 서로 다르다는 점을 지적한다. 그들은 심지어 "식민지 지배의 유산에 반대하는 데 있어 하나가 될 수도 있다". 그럼에도 불구하고, "그들의 역사와 현재의 관심사는 단순히 하나로 합쳐

---

3 Robert Young, *Postcolonialism: An Historical Introduction* (Cambridge: Blackwell, 2001), p. 57.

4 *Ibid.*, p. 65.

5 Ania Loomba, *Colonialism/Postcolonialism* (London: Routledge, 1998), p. 14.

질 수 없다".[6] 룸바의 이 같은 지적은, 앞으로 나올 장들에서 살펴보겠지만, 역사적 차이에 대한 이러한 질문에 특히 민감하게 반응해 왔던 포스트식민 역사 서술의 전반적 기획에서 중요한 통찰로 작용한다.

룸바가 포스트식민 학계에 장소의 특수성을 인식할 것을 촉구하는 반면, 아리프 딜릭(Arif Dirlik)과 아이자즈 아마드(Aijaz Ahmad) 같은 학자들은 포스트식민 이론을 특정하고 공간적으로 특수한 현상, 즉 서구 학계에서 제3세계 지식인 집단의 부상으로 인해 발생한 결과로 간주한다. 이러한 비난에 반박하며, 파드미니 몽기아(Padmini Mongia)는 이러한 입장에 내재된 '위험한 본질화(dangerous essentializing)'의 위험을 지적했는데, 이는 인종과 국가적 소속의 관점에서 이해되는 정체성이 생산되는 비평 작업에 대한 투명한 접근을 제공한다는 것을 암시한다. 이러한 관점의 결과는 '서구'와 '나머지' 사이의 이분법적 구분이 확고하게 자리 잡는다는 것이다.[7] 더구나 아마드나 딜릭의 입장은 '제1세계 이론가들' 가운데에서도 포스트식민적 입장을 견지하는 수많은 학자들의 기여를 간과한다. 또한, 포스트식민 이론이 "서구에 위치한 비서구 비평가들이 자신의 문화적 유산을 지식으로 제시할 수 있게 하여", 서구 인문학과 일부 사회과학의 학문적 경계를 확장하고 있다는 사실도 간과한다. 마지막으로 이들은 포스트식민적 관점의 중요한 특징, 즉 식민지에 대한 복수심에서 비롯되지 않았다는 사실을 간과한다.[8] 릴라 간디의 말에 따르면, 포스트식민 연구는,

---

6 *Ibid.*

7 Padmini Mongia, *Contemporary Postcolonial Theory: A Reader* (London: Arnold, 1996).

8 Gandhi, *Postcolonial Theory*, p. ix.

> 서구를 소외시키려는 것이 아니다. … 그 기획, 혹은 선언문이 있다면 그것은 다음과 같다. 즉, 포스트식민주의는 자신의 표현 방식을 다양화하고 자신이 대변하는 세계에 더욱 적절하게 말하는 법을 배워야 한다. 더 나아가 식민주의의 유산을 저마다 다르게 물려받은 이들 사이의 민주적 대화를 촉진할 수 있는 역량을 갖춰야 한다.[9]

이러한 진술에는 식민지 상황과 그 여파로 등장한 세계를 특징짓는 특정한 이분법, 즉 식민 지배자(colonizer)/식민지인(colonized), 흑인/백인, 중심(metropolitan)/주변(periphery) 등을 넘어서서 비록 다르게 경험했을지라도 식민 과거를 공유했던 모든 이들을 위한 더 민주적인 미래를 만들고자 하는 의지가 내포되어 있다.

포스트식민 이론에서 위치(location)의 중요성은 아마도 호미 바바(Homi Bhabha)의 저작에서 가장 잘 드러날 것이다.[10] 그의 저서들은 본국과 식민지 사이의 명확한 구분을 더욱 복잡하게 만든다. 바바의 저작들은 영국 식민주의가 '멀리 떨어진 지역'에서 일어난 일로서 본국의 삶에 거의 또는 전혀 영향을 미치지 않았다는 식의 '영국성(Englishness)' 개념에 도전한다. 그는 식민지적 만남(colonial encounter)의 본질이 '양가성(ambivalence)'에 있다는 점을 강조하는데, 이는 '흉내내기(mimicry)'('거의 같지만 결코 동일하지 않은')와 '혼종성(hybridity)'(문화와 인간은 고정된 본질이 아니라 '번역(translation)'의 실천과 행위에 의해 지속적으로 구성된다는 발상)이라는 개념을 통해 가장 잘 드러난다. 반식민 비평과 민족주의, 그리고 식민주의 담론에 대한 그의 비판은 식민주의를 단순한 인종적 대립의 구도로 파악하는 시각에 문제를 제기한다. 오히려, 식민지 기록(colonial archive)에 대한 그의 분석은 식민주의가

9 *Ibid.*, pp. ix-x.

10 Homi K. Bhabha, *The Location of Culture* (London and New York, NY: Routledge, 1994).

불평등한 권력 간의 '봉인된 경계선'으로 이해될 수 없음을 보여준다. 바바는 식민지 상황이 혼성성이나 모방의 형태, 즉 '내부의 차이(difference within)'라는 요소에 기반한 정체성의 조건을 만들어냈다고 주장하는데, 이는 필연적으로 식민지적 만남의 마니교적 논리에서 벗어난 것이었다. 바바의 분석은 식민주의에 대한 수정된 설명을 제공할 뿐 아니라, 문화적 소수자와 탈식민 국가 출신 사람들이 오늘날 영국(혹은 그 외 국가)의 국민 정체성 형성에 기여한 역할을 인정함으로써 서구, 특히 영어권 세계를 보다 민주적으로 만들고자 하는 정치적 의도를 담고 있다. 최근의 세계주의(cosmopolitanism)에 대한 설명도 이와 비슷한 충동에 의해 생겨났는데, 이는 세계시민적 사고(cosmopolitical thinking)를 위한 새로운 계보를 모색하는 것으로, 이러한 역사가 서유럽의 과거에만 국한되지 않아야 한다고 주장한다.[11] 예컨대 셸던 폴록(Sheldon Pollock)은 산스크리트어 세계(Sanskrit cosmopolis)의 연구를 통해, 중앙아시아에서 남중국해까지 광범위하게 뻗은 언어적 세계주의에 대한 새로운 사고방식을 제시한다. 폴록에 따르면 이러한 사고방식은 "어떤 경계에도 방해받지 않고 멀리까지 전달되는 문학적 소통의 방식이며, 더 중요한 것은, 자신을 무한하고, 방해받지 않고, 특정 장소에 속하지 않는 것으로 상상하는 방식"이다.[12] 포스트식민주의는 이러한 일련의 사상과 밀접하게 연관되어 있다.

포스트식민주의에 대한 이해는 학자마다 차이를 보이며, 이 차이는 완전히 해소될 수 없다. 요약하자면, 포스트식민이라는 용어의 의미는 저자마다 동일하지 않다. 앞서 언급했듯이, 많은 비평가

---

11 Carol Breckenridge, Sheldon Pollock, Homi Bhabha and Dipesh Chakrabarty (eds), *Cosmopolitanism* (Durham, NC: Duke University Press, 2002).

12 Sheldon Pollock, "Cosmopolitan and Vernacular in History", in Breckenridge, Pollock, Bhabha and Chakrabarty (eds), *Cosmopolitanism*, p. 22.

와 포스트식민 사상가는 반식민 사상과 포스트식민 사상을 구별한다. 마찬가지로, 많은 이들은 이분법적 사고를 비판함으로써 포스트식민적 입장을 표명하는데, 이러한 이분법은 식민주의와 반식민주의 사상의 특징으로 간주된다. 포스트식민주의는 민족주의에 대한 비판과 세계주의에 대한 헌신을 통해 문화적 차이를 협상하려는 관심을 포함한다. 마지막으로, 포스트식민 연구는 암묵적인 시대 구분을 중심으로 구성된다. 즉, 식민 통치는 반식민적 민족주의(anti-colonial nationalism)로 이어지고, 이는 다시 독립된 민족국가의 수립으로 이어지는 탈식민화 투쟁으로 절정에 달한다. 이러한 체계에서 포스트식민 이론은 공식적으로 탈식민화된 세계에서 출현한다. 민족주의에 대한 불만과 구식민지 본국을 보다 민주적이고 반인종주의적으로 만들려는 욕구는 포스트식민 이론화의 가장 두드러진 동기 중 하나이지만, 일부에서는 오늘날 그 중요성이 세계화 이론에 의해 다소 가려질 수 있다고 주장하기도 한다.

포스트식민 역사와 탈식민화 정치

이 장은 앞서 제시한 사상 체계에 여전히 영향을 받았지만, 포스트식민주의의 문제를 보다 역사적인 접근을 통해 조망하려는 시도를 담고 있다. 이를 위해, 포스트식민주의가 반식민 사상과 탈식민화의 문화 정치와 맺고 있는 연관성을 보여주고자 한다. 이는 결코 반식민주의 비판과 포스트식민 비판이 가진 뚜렷한 정치적 지형을 부정하려는 의도가 아니다. 반식민주의의 근본 전제는 서구의 정치적, 지적 탈식민화 요구였다. 반면 포스트식민 저작과 비평은 1980년대와 1990년대 서구(초창기에는 주로 영어권 서구)에서 탄생했다. 탈식민 민족주의와 근대화 담론을 비판하는 포스트식민 사상가들과 1950년대와 1960년대에 제국주의 지배자들로부터 권력을 획득한 초기 민족주의자 세대 사이에는 분명한 차이가 존재한다. 그럼에도 불구하고, 문화적 차이, 세계주의, 다원주의 등의 문제에 대한 포스트식민적 관심에 반향을 일으키는 많은 요소들이 반식민주의 사상에 여전히 남아 있다. 이하에서는 포스트식민주의를 탈식민화 시기부터 시작하여 세계화 시대로 이어지는 광범위한 흐름으로 설명할 것이다. 이 설명의 핵심은 포스트식민적 사고가 현대 세계적 상황이 야기하는 복잡성을 이해하는 데 있어 새로운 의미를 갖게 되었다는 점이다.

베를린 장벽 붕괴 20주년을 기념하여 개최된 심포지엄에서 발표된 강연을 바탕으로 한 최근 논문에서, 역사학자 디페시 차크라바르티(Dipesh Chakrabarty)는 향후 약 30년간의 세계 정세가 큰 격변을 겪을 것이라고 예리하게 예측했다. 그는 인도와 중국과 같은 국가들의 인구 증가와 이로 인한 자원 쟁탈전이 가속화될 가능성에 주목했다. 그는 실패한 국가(failed states)의 수가 증가하고, 정치적·경제적·기후적 난민이 증가하며, 합법적이든 비합법적이든 사람들의 이주와 이동이 증가할 것으로 예상했다. 이러한 변화를 예상하며, 그는 전 세계 학문 공동체가 문화 간 이해의 책임을 다할 것을 촉구했다. 그의 말에 따르면, 세계 정치의 미래는 "우리 전 세계의 중산층 및 전문직 계층이 어느 정도의 문화적 다원성을 구현하여 문화적 경계 간의 구분이 다소 모호해지고 모든 국가가 그 경계를 구성하는 다양성을 인정해야 한다"라는 것이다.[13] 차크라바르티는 '요새 유럽(Fortress Europe)', 즉 "유럽이 외부 세계와 단절된

13 Dipesh Chakrabarty, "Europe in the World: Twenty Years after 1989", *Economic and Political Weekly*, XLIV(45) (7 November 2009), p. 25.

채 자신의 역사적 경험만을 절대적인 기준으로 삼은 태도를 비판하는 개념"을 둘러싼 논쟁의 맥락에서 프랑스 정치이론가 에티엔 발리바르(Étienne Balibar)가 제기한, "우리의 포스트식민 조건에 대한 전지구적 인식"을 촉구하는 목소리에 공감했다.[14] 발리바르에 따르면, 포스트식민 조건은 우리가 (형식적) 제국이라는 개념이 우리의 상상력에 정치적 또는 지적 영향력을 미치지 못하는, 공식적으로 탈식민화된 세계에 살고 있다는 사실에 의해 형성된다. 더 나아가, 우리 시대는 직접적으로 또는 조상(ancestors)을 통해 식민지 지배의 위력을 경험한 사람들과 매우 가까이 살고 있기 때문에 포스트식민적이기도 하다.

포스트식민 역사를 둘러싼 모든 서사는 필연적으로 식민 경험과 반식민 사상의 유산에 대한 논의로부터 출발해야 한다. 따라서 우리는 1950-1960년대 탈식민화의 문화 정치에 대해 어느 정도 면밀히 고찰할 필요가 있다.[15] 이는 포스트식민적 관점이 우리의 세계적 상황을 이해하는 데 여전히 유효한 분석 도구임을 분명히 해줄 것이다. 또한 이러한 역사 서술 방식이 과거 식민지 지역뿐 아니라 유럽과 계몽주의 시대의 지적·문화적 역사를 이해하는 데에도 유의미함을 보여줄 것이다. 이후 각 장에서 보다 구체적으로 논의될 포스트식민 역사 서술에 대한 탐구에 앞서, 이 장에서는 보다 일반적인 쟁점들을 자세히 다룰 것이다.

「포스트식민 전환의 반식민 역사("An Anti-colonial History of the Postcolonial Turn")」라는 논문에서, 차크라바르티는 포스트식

---

14 Etienne Balibar, "Europe: An 'Unimagined' Frontier of Democracy", *Diacritics* 33(3/4) (Fall 2003). http://www.jstor.org/stable/3805803 [accessed on 30 August 2010]에서 참고 가능하다.

15 19세기에 많은 라틴아메리카 국가가 유럽의 식민 지배로부터 자유를 얻었지만, 그들의 독립은 영국, 프랑스, 네덜란드 제국의 세계적 부상과 함께 탈식민화에 대한 논의로 이어지지 않았다. 따라서 이러한 탈식민화 논의는 필연적으로 20세기 역사에 초점을 맞춘다.

민 이론과 비평이 일반적으로 인식되는 것보다 탈식민화 논쟁에 훨씬 깊이 뿌리내리고 있다고 주장한다. 그는 반식민 사상가들 역시 오늘날의 포스트식민 비평가들처럼, 특정한 사유 수준에서는 혼종성과 문화 얽힘의 문제에 깊은 관심을 보였다는 점을 보여주는 명확한 증거들을 제시한다.[16] 다시 말해, 반식민 사상은 단순히 식민 지배자-식민지인의 이항 구도만으로 환원될 수 없을 정도로 훨씬 복합적인 것이다. 포스트식민 사상과의 연속성을 확립하기 위해서는 반식민 사상의 이러한 차원을 탐구하는 것이 중요하다.

차크라바르티는 탈식민화 역사에서 상징적인 순간인 1955년 반둥회의를 재조명한다. 이 회의는 냉전으로 양분된 세계 속에서 아시아-아프리카의 연대를 지속하고자 한 신생 독립국들의 모임이었다. 흥미롭게도, 제국주의에 대한 강력한 반대를 그 존재 이유로 삼은 이 회의에 참석한 사람들은 제국주의라는 표현에 대한 명확한 정의를 가지고 있지 않았다. '식민주의의 모든 형태'에 반대한다는 식으로 느슨하게 정의된 이 개념은, 정치적·문화적·이념적으로 서로 깊은 의견 차이를 가진 대표자들을 하나로 묶는 느슨한 반제국 윤리로 작용했다. 인도의 네루(Jawaharlal Nehru) 총리에서 필리핀 대표 로물로(Carlos P. Romulo)에 이르기까지, 제국주의 시대는 분명히 지나갔다는 메시지는 분명했다. 이 점은 곧바로 네덜란드에서 제작된 아프리카와 아시아의 민족주의 및 식민주의를 주제로 한 화보집에서도 확인되었는데, 그 속에서 반둥회의는 '서구 패권의 종말'을 상징하는 순간으로 묘사되었다.[17]

차크라바르티가 이 역사적 사건을 다시 소환한 이유는, 반둥회

16 Dipesh Chakrabarty, "An Anti-colonial History of the Postcolonial Turn: An Essay in Memory of Greg Dening", Melbourne, *Historical Journal* 37 (2009), p. 3.

17 이 관점의 타당성을 보여주는 반둥에 대한 더 자세한 내용은 Jamie Mackie, *Bandung 1955: Non-alignment and Afro-Asian Solidarity* (Singapore: Editions Didier Millet, 2005)를 참조하라.

의를 둘러싼 연설과 서한, 논쟁 속에서 탈식민화를 추진했던 아시아·아프리카 신생 독립국들의 정치가 내포하고 있던 복잡성을 드러내기 위함이다. 그는 이 담론을 지배한 두 가지 주요 주제(motif)를 언급했다. 그는 그것을 각각 '교육적(pedagogical)'이고 '대화적(dialogic)'이라고 명명했다. 두 가지 방향 모두 식민지적 만남에 깊이 뿌리내렸으며, 반식민 사상 형성에 결정적인 역할을 했다. 그리고 포스트식민 이론과 비평에 미치는 이들의 영향은 쉽게 찾을 수 있다. 본 연구의 목적상, 교육적 정치 방식(pedagogical mode of politics)은 1970년대 전후 사건들의 세계적 정세로 인해 그 영향력을 잃었지만, 대화적 정치 방식은 오늘날까지 여전히 유효하며, 포스트식민 역사 서술에 지속적으로 영향을 미치고 있다는 점에 주목하는 것이 중요하다.

교육적 방식과 대화적 방식 : 포스트식민 정치와 그 과거들

교육적 정치 방식은 옛 식민지 지역에서의 근대화 역사를 떠올리게 한다. 식민지 지배가 식민지의 경제 및 기술 발전을 저해했다고 믿는 많은 민족주의자들이 서구를 '따라잡기' 위해 탈식민화 이후 근대화의 수사와 실천을 전적으로 수용했다는 것은 식민지 역사에서 잘 알려진 사실이다. 예를 들어, 인도의 초대 총리 자와할랄 네루(Jawaharlal Nehru)는 인도 독립 후 수년이 지난 1950년대에 "유럽이 100년이나 150년 동안 이룬 일을 우리는 10년이나 15년 안에 해야 한다"라고 선언했다. 이와 비슷하게 숨 가쁘게 근대화를 향해 달려가는 모습은 탄자니아 지도자 줄리어스 니에레레(Julius

Nyerere)의 1971년 전기(biography) 제목인 『우리는 그들이 걷는 동안 달려야 한다(*We Must Run While They Walk*)』에도 반영되어 있다.[18] 서구, 즉 유럽과 미국을 따라잡으려는 열망은 식민지의 민족주의 정치에 분열을 야기했다. 한편, 민족주의 정치인들은 원주민을 후진적이라 간주한 식민 권력의 판단을 단호히 거부했다. 이러한 입장은 M. K. 간디(Mohandas Karamchand Gandhi)와 같은 지도자들로 하여금 문맹의 인도 농민조차도 풍부한 문명사를 지닌 문화의 일원이기에 자치능력을 갖추었다고 주장하게 만들었다. 민족주의자들은 문맹의 농민-서발턴(peasant-subaltern)을 국민(national citizen)으로 선포함으로써, 문해력과 발전을 통해 점진적으로 시민권과 주권을 부여하자는 자유주의적 제안을 거부했다. 영국, 프랑스 및 기타 서구 국가에서 참정권이 재산 요건, 성별, 계급에 따라 제한되다가 점차 보통선거로 발전했던 역사와는 달리, 인도에서는 독립 직후 모든 성인이 동등한 법적 주체로 간주되어 선거권을 부여받았다. 포스트식민 국가의 탄생은 반식민 사상의 핵심 명제 가운데 하나를 구현하였으며, 이는 포스트식민 비평으로 이어졌다. 즉, 고전적 자유주의 이론의 기준에 따라 농민, 부족민, 기타 원주민 집단을 후진적으로 간주하는 단계론적 사고(stadial thinking)를 거부한 것이다.

참고적으로 다음 장들에도 계속 등장하는 '단계론적 사고'라는 개념은 인간 사회의 발달을 몇몇의 명확한 단계로 구분하고, 모든 사회가 그 단계를 순차적으로 거쳐 진보한다고 보는 관점이다. 18세기와 19세기 유럽의 계몽주의와 사회 진화론 시기에 널리 퍼졌으며, 당시 유럽의 식민주의적 팽창과 맞물려, 유럽 사회를 문명의 최고 단계로 여기고 비유럽 사회를 '미개한' 단계로 규정하는 데 사용

18 William Edgett Smith, ***We must run while they walk: a portrait of Africa's Julius Nyerere*** (New York: Random House, 1972).

되기도 했다. 이는 근대 서구 사회의 정체성을 구축하는 데 중요한 역할을 했지만, 오늘날에는 그 한계와 편향성 때문에 비판적으로 재해석되고 있다.

그러나 국가 주권이 확립되고 통치 문제에 직면하게 되자 네루, 나세르(Nasser), 수카르노(Sukarno)와 같은 지도자들은 어느 정도 식민지 유산이기도 한 통치 모델로 회귀할 수밖에 없었다. 그들은 이제 국민에게 시민적 행위 규범을 훈육하는 '국민 교사(national teachers)'가 되었다. 니에레레는 자국에서 스와힐리어로 '선생님'을 뜻하는 '므왈리무(Mwalimu)'라는 이름으로 알려졌다. 이러한 국민 교육자들이 국민에게 시민의식을 훈련하는 사례는 셀 수 없이 많다. 국가(國歌) 제창과 같은 사소해 보이는 주제에 대한 지도부터 응용과학과 기술 중심의 근대 교육과 같은 중대한 사안에 이르기까지 수많은 지침을 전달했다. 모든 과거 식민지 국가에서 독립 후 가장 큰 고민은 국제사회 앞에서 새로운 민족국가를 진보적인 모습으로 비추는 것이었다. 이러한 교육적 정치(pedagogical politics)는 "국가란 다양성보다 발전에 더 중점을 둔다"라는 생각에 기반을 두었다. 실제로 "지도자들은 종종 발전이 곧 다양성 문제에 대한 해답이라고 생각했다".[19]

하지만 이와 같은 교육 정치 모델은 1960년대 후반부터 1980년대 초반 사이에 이전의 정당성을 상당 부분 상실했다. 이 모델이 학문적 사고에 영향을 미쳤고, 포스트식민 연구와 같은 분야가 등장할 수 있는 지적 배경을 마련했기 때문에 독자들에게 이 모델이 쇠퇴하게 된 맥락을 알려주는 것이 중요하다. 이러한 맥락은 이후 장들에서 더 자세히 언급될 것이므로, 여기서는 간략하게 설명하겠다.

19 Dipesh Chakrabarty, "Legacies of Bandung", *Economic and Political Weekly* 40(46) (12 November 2005), pp. 4812-4818.

1960년대는 새롭게 해방된 여러 국가에서 대중의 불만이 고조되는 시기였다. 아시아, 아프리카, 중동의 여러 국가에서는 독립 당시 약속을 이행하지 못한 새 정부에 대한 배신감으로 촉발된 대중 시위 운동이 확산되었다. 예를 들어, 자와할랄 네루의 취임 연설, 「운명과의 약속("Tryst with Destiny")」에 영감을 불어넣은 조국에 대한 맹세를 기억해 보자. 네루의 "오래 전 우리는 운명과 약속을 하였고, 이제 우리는 그 맹세를 완전히, 또는 부분적으로는 아니지만, 매우 실질적으로 되돌릴 때가 왔다"라는 말이 한때 새롭게 해방된 인도 국민의 영혼을 흔들었다고 해도 과언이 아닐 것이다.[20] 그러나 역사의 족쇄에서 벗어나 무한한 발전의 길로 나아가겠다는 그의 약속은 곧 엄청난 도전에 직면했다.

네루가 사망한 1964년 무렵, 민족주의적 공약은 엉망이 되어 있었다. 인도는 심각한 식량 부족, 파키스탄과의 국경 분쟁, 중국과의 전쟁에서의 패배, 그리고 전국 곳곳에서 벌어진 대중 시위 운동에 직면했다. 다른 신생 국가들도 대체로 같은 상황에 처해 있었다. 게다가 이러한 '국민 교사' 유형의 지도자들 세대는 1960년대와 1980년대 초 사이에 세상을 떠났다. 나세르는 1970년에, 수카르노는 1965년에 권좌에서 물러나 1970년에 사망했고, 마오의 권위는 1960년대 중반에 도전을 받았으며, 이는 그를 문화혁명으로 이끌었다. 이들 지도자 중 가장 젊고 나중에 독립한 나라 출신인 줄리어스 니에레레는 1985년까지 권좌를 유지했지만, 그의 우자마 사회주의(*ujaama socialism*), 즉 아프리카의 전통적인 가치를 현대적 사회주의와 접목하여 탄자니아의 발전을 도모하려 했던 독특한 실험은 1970년대 후반에 위기에 봉착했다. 이러한 카리스마 있는 지도

20 네루의 연설은 http://www.hindustantimes.com/news/specials/parliament/tryst%20with%20destiny.pdf 에서 발견할 수 있다.

자들이 사라지자, 그들이 실행했고 그들의 강력한 개성에 크게 의존했던 교훈적 정치는 정당성을 잃었고, 많은 젊은 포스트식민 국가에 대중의 불만이라는 물결을 남겼다.

신생 독립국 내의 시위 운동은 서구의 대중적 저항으로부터 영감을 얻고, 또한 서구의 저항에 영향을 주었다. 아프리카 작가 응구기와 티옹오(Ngugi wa Thiong'o)는 이러한 대중 시위를 많이 목격했던 리즈(Leeds) 대학 시절을 회상하며 다음과 같이 썼다.

> 중심을 이동시키려는 정치 투쟁, 전후 세계의 정치 지형을 변화시킨 대규모 탈식민화는 서구, 특히 젊은 세대에게 급진적인 영향을 미쳤는데, 이는 베트남 투쟁이 젊은이들 사이에서 지지를 받았다는 사실에서 가장 잘 드러난다. 이러한 급진적인 전통은 리즈 대학교의 아프리카 학생들에게도 영향을 미쳐, 그들은 프란츠 파농이 『대지의 저주받은 자들』의 「민족 의식의 함정("The Pitfalls of National Consciousness")」 장에서 제시한 비판에 귀를 기울이며, 탈식민화 과정의 형식보다 내용을 더욱 비판적으로 바라보게 되었다.[21]

베트남 전쟁은 미국에서 반국가 정서를 크게 고조시켰고, 1960년대 후반 학생운동과 평화운동에 활력을 불어넣었다. 파리의 1968년 5월은 반전, 반자본주의, 반가부장제 세력이 결합하여 20세기 대중운동의 가장 상징적인 순간 중 하나가 되었다. 1960년대 후반까지 구식민지 국가에서 민족국가가 위기에 처해 있었던 것처럼, 구대륙 국가들 또한 격변의 무대가 되었다. 서구 사회의 구식민지 출신 교사, 학생, 과학자, 의사, 변호사 등의 전문직 이민자들이 비판적이고 목소리를 높이면서 탈제국적 분위기에 불을 지폈다.

포스트제국(post-imperial)의 사회에서 원주민, 여성, 유색인종, 그리고 성소수자 인권 운동가들의 활동이 두드러졌다. 예를 들어,

---

21 Ngugi wa Thiong'o, *Moving the Centre: The Struggle for Cultural Freedoms* (London: James Currey, 1993), p. 3.

미국, 캐나다, 호주, 그리고 소위 '제4공화국(fourth republic)'이라 불리는 뉴질랜드의 원주민과 소수자 집단은 각자의 주에 대한 권리와 보상을 요구하는 목소리를 높였다. 2세대 페미니즘(Second-wave feminism)은 여성의 성적 존재(sexual being)에 대한 권리를 주장하고 고정 관념적인 성 역할에 도전했다. 이러한 격동의 시대에 반식민주의 사상가들이 재조명되었는데, 미국에서는 마틴 루터 킹 주니어(Martin Luther King Jr)가 간디를, 호주에서는 원주민 활동가들이 프란츠 파농을 재발견했다. 대처 시대 영국(Thacherite Britain)에서 나타난 좌파 성향의 문화적 노력들은 포스트제국 환경 속에서 일어난 지적 시너지(intellectual synergy)의 가장 흥미로운 사례 중 하나를 보여준다. 1980년대 인도 출신의 호미 바바, 카리브해 출신의 영화감독 겸 예술가 아이작 줄리언(Isaac Julien)은 그들보다 몇 살 많은 자메이카 태생의 문화연구 학자 스튜어트 홀(Stuart Hall)과 함께 그레이터 런던 의회(Greater London Council) 산하 소수민족 예술위원회(Ethnic Minority Arts Committee)가 자금을 지원한 산코파(Sankofa) 영화 및 영상 워크숍 프로젝트에 참여하여 구식민지 디아스포라의 문화 정치와 관련된 다양한 프로젝트를 진행했다. 이들은 프란츠 파농을 마르크스주의 사상가라기보다는 "지적 작업의 중요성, 위치의 정치, 사회적 불평등이 초래하는 일상적인 트라우마, 소수자와 그들의 현대 본국 경험" 등에 주목한 사상가로 다시 읽고자 했다.[22] 이들 지식인을

22 파농과의 이러한 교류의 정점은 1995년 런던 현대미술관에서 열린 「파농과의 작업: 현대 정치와 문화적 성찰("Working with Fanon: Contemporary Politics and Cultural Reflection")」과 「신기루: 인종, 차이, 그리고 욕망의 수수께끼("Mirage: Enigmas of Race, Difference, and Desire")」라는 제목의 두 차례 학술대회였다. 이 학술대회에는 호미 바바, 스튜어트 홀, 벨 훅스(Bell Hooks), 프랑수아즈 베르제스(Françoise Vergès), 아이작 줄리앙 등 여러 학자와 지식인들이 참석했다. 자세한 내용은 Alan Reed, *The Fact of Blackness: Frantz Fanon and Visual Representation* (London: Institute of Contemporary Arts, Institute of International Visual Arts, Seattle, WA: Bay Press, 1996)를 참조하라.

하나로 모은 직접적인 맥락은 영국의 인종차별에 맞선 공동의 투쟁이었다.[23] 하지만 그들이 싸웠던 인종주의는 "포스트제국의 기원을 가지고 있었다. 그것은 제국의 상실과 유색인종의 이주 증가로 인해 필요해진 문화적 조정에서 생겨난 것이었다".[24]

마지막이지만 결코 소홀히 여길 수 없는 점은 정치권의 격변이 대학이라는 성역조차 그대로 두지 않았다는 점이다. 제국주의와 식민주의의 정당성에 대한 도전은 좌파 성향의 지식인들 사이에서 마르크스주의 이론이 세계적 변화를 설명하는 데 과연 유효한가에 대한 회의감을 낳게 했다. 포스트구조주의 이론(poststructuralist theory)의 대두는 근본주의적 사유 방식에 대한 하나의 비판 양식으로 작용하였다. 인문학 연구자들은 자신의 학과와 교육과정에 대한 비판적 검토에 착수했다. 1966년 문화대혁명으로 시작되어 베트남 전쟁으로 절정에 달했던 농촌 지역의 대중운동은 혁명적 사회 변화의 주체로서 농민의 역할을 부각시켰고, 이는 『농민 연구 저널(*Journal of Peasant Studies*)』과 이후 『서발턴 연구(*Subaltern Studies*)』와 같은 학술 기획에 영감을 주었다.

포스트식민 연구는 이러한 세계적 사건들의 중요한 국면 속에서 학계에 등장했다. 더 큰 맥락에서 그 등장 배경을 살펴보면, 이 분야가 "한편으로는 마르크스주의, 다른 한편으로는 포스트구조주의/포스트모더니즘 사이의 변증법적 양상"을 보인다는 것은 놀라운 일이 아니다.[25] 위에서 설명한 역사를 고려할 때, 이 분야가 "민족주의

---

23 Stuart Hall, "New Ethnicities", in David Morley and Kuan-Hsing Chen (eds), *Stuart Hall: Critical Dialogues in Cultural Studies* (London and New York, NY: Routledge, 1996), pp. 441-449. 같은 저서의 Isaac Julien and Mark Nash, "Dialogues with Stuart Hall", pp. 476-83과 "The Formation of a Diasporic Intellectual: An Interview with Stuart Hall by Kuan-Hsing Chen", pp. 484-503도 참조하라.

24 Chakrabarty, "An Anti-colonial History of the Postcolonial Turn", p. 14.

25 Gandhi, *Postcolonial Theory*, pp. viii-ix. 문화 및 포스트식민 연구의 증가로 이어

와 국제주의, 전략적 본질주의와 혼종성, 연대와 분산, 구조/전체성의 정치와 파편의 정치라는 상충하는 주장들 사이의 논쟁"으로 가득 찬 이유를 이해하는 것도 어렵지 않다.[26]

포스트식민 역사가들은 영국 마르크스주의자들의 '아래로부터의 역사(history from below)' 작업에 공감하면서도, 에릭 홉스봄(Eric Hobsbawm)이나 E. P. 톰슨과 같은 역사가들의 연구에 나타난 마르크스주의적 발전 목적론(teleology of development)에 대해서는 비판적이었다. 마찬가지로, 고급문화와 저급문화의 구분이 무엇인가를 둘러싼 논쟁은 문학 텍스트에 대한 새로운 관심으로 이어졌다. 민족국가 자체가 단일하지 않고, 민족주의가 비판의 대상이 되었다면, 어떤 텍스트가 국가를 대표한다고 할 수 있을 것인가? 포스트식민 연구자들은 문학 연구의 정전(canon)을 근본적으로 재검토할 것을 촉구했다. 역사학 분야에서는 사람들이 정체성을 간극적이거나 '사이에 있는' 것으로 인식하고, 주류 민족주의가 국가를 구성하는 민족들을 대표하지 않는다고 생각하면서, 통일된 민족주의에 대한 기존의 장황한 서사들이 수정되기 시작했다. 이러한 움직임은 독일의 일상사(Alltagsgeschichte), 이탈리아의 미시사(microstoria)처럼 일상생활의 역사를 서술하려는 유사한 발전 양상과 어느 정도 중첩된다. 그러나 포스트식민 역사 서술이 이러한 학문과 구별되는 점은, 식민주의 문제에 대한 관심 뿐 아니라 통일된 주체성과 목적론적 사고라는 개념에 대한 비판이라는 포스트구조주의 철학에서 얻은 특정 사상들에 공감한다는 점이다.

요약하자면, 포스트식민 이론과 비평의 탄생은 탈식민화 정치와 연결된 교육적 정치 모델의 쇠퇴와 시기를 같이한다. 디페시 차크라

진 맥락에 대한 분석은 Simon During (ed.), *The Cultural Studies Reader* (London and New York, NY: Routledge, 1999)을 참조하라.

26 Gandhi, *Postcolonial Theory*, p. ix.

바르티의 표현을 빌리자면,

> 백인의 우월감에 대한 전지구적 공간(global space)과 반식민주의적 근대화의 교육적 정신은 학자들이 현재의 세계화 형태가 시작되었다고 보는 시점인 1970년대 후반에 거의 동시에 사라졌다. 따라서 탈식민화가 과거 식민지였던 국가들이 유럽(또는 더 넓게는 서구)을 따라잡으려는 전 세계적인 열망에 기반했다면, 이는 '상상 속의 유럽(imaginary Europe)'을 세계사의 중심적 행위 주체로 간주한 담론이었다고 볼 수 있다. 따라서 탈식민화는 마르틴 하이데거가 한때 지구의 '유럽화(the Europeanization)'라고 불렀던 역사의 마지막 단계로 볼 수 있다.[27]

이러한 상상 속의 유럽에 대한 적극적인 비판 정신은 포스트식민 이론의 출발부터 중심을 이뤘다. 이러한 개입의 함의는 이 장의 결론에서 다시 논의될 것이다.

이제 차크라바르티가 반식민 운동 시기에 해결되지 않았다고 주장하는 포스트식민 논쟁의 '대화적(dialogic)' 측면을 살펴보겠다. 실제로 이러한 측면은 세계화 시대의 포스트식민 연구를 이해하는데 매우 중요하다. '대화적'이라는 표현은 말 그대로 '대화를 나누는 것'을 뜻하며, 이는 다수의 반식민 지도자가 문화적 차이를 넘어 소통하려 했던 노력을 보여준다. 포스트식민 이론은 바로 이러한 유산을 반식민 사유로부터 계승한 것이다. 인류를 위계적인 문명의 틀로 나누지 않고 어떻게 '인류의 지구적 대화(global conversation of humanity)'를 촉진할 수 있을까? 다시 말해, 제국주의의 짐(baggage of imperialism) 없이 어떻게 문화 간 대화를 구상할 수 있을까?

이것은 탈식민화 시기의 지식인들 사이에 차이를 넘어 소통과 대화를 하는 방법에 대한 합의가 있었다는 것을 의미하지 않는다. 오

27 Chakrabarty, "Legacies of Bandung", p. 4815.

히려 그 반대였다. 글로벌 영어(global English)에 대한 논의를 여전히 활성화시키는 한 가지 예를 들어 보겠다. 1955년, 잘 알려진 아프리카계 미국인 작가 리처드 라이트(Richard Wright)는 반둥 회의를 방문하면서, 영어가 수천 명의 열대 지역의 전식민지 출신들에 의해 '뒤틀리고(twisted)', 새로운 소리와 의미를 부여받으며 공통어(*lingua franca*)로 기능하고 있는 상황을 경이롭게 바라보았다. 라이트의 입장에 반하여, 응구기 와 티옹오는 이러한 영어 또는 프랑스어를 아프리카 언어로 '풍부화'하는 문학적 기교(literary gymnastics) 자체를 신식민주의의 연장이라 간주했다. 그는 결국 영어로 글을 쓰는 것을 중단하고, 자국어인 기쿠유어(Gikuyu)와 스와힐리어(Kiswahili)로만 창작할 것을 결심하게 된다. "아프리카 문학에 적합한 언어 문제"에 대한 응구기의 자기 성찰에서 비롯된 이러한 결정은 1960년대 리즈대학 시절 그에게 처음으로 문제로 다가왔다. 그의 말에 따르면, "다시 한번 중심을 옮기는 문제였다. 유럽 언어에서 아프리카와 전 세계의 다른 모든 언어로" 말이다. 그것은 "인간의 상상력을 실현하는 정당한 매개체로서 언어의 다원성을 인정하는 방향"을 뜻했다.[28]

하지만 이러한 논쟁이 아직 끝나지 않은 채 남아 있기에 탈식민화 시대는 포스트식민 연구자들에게 중요한 의미를 갖게 만든다. 왜냐하면 "탈식민화 시대는 인류 문화의 통제할 수 없는 다양성에 대한 전면적인 지배를 추구하지 않으면서도, 세계주의(cosmopolitanism)라는 개념을 함축하는 사상 체계를 우리에게 남겨주기 때문이다".[29] 우리 시대의 세계화에 관한 주요 논쟁 중 하나를 통해 반향을 일으키는 것은 바로 이러한 반식민지 유산의 측면이다.

28 Thiong'o, *Moving the Centre*, p. 10.

29 Chakrabarty, "Legacies of Bandung", p. 4816.

그렇다면 세계화는 모든 차이를 없애는 힘인가? 자본주의의 세계적 확산은 동질성을 만들어내고, 이는 또한 경제 자유화 세력에 대한 종속의 한 형태인가? 아니면 세계화되면서 동시에 차이에 대한 감각(sense of difference)을 유지할 가능성이 있는가? 나는 이 두 입장 모두 세계화 과정을 구성한다고 생각한다. 반식민주의 사상가와 포스트식민 사상가가 겹치는 부분은 이러한 의무들을 어떻게 이행할지에 대한 명확한 해답을 찾는 것이 아니라, 지역적인 것과 세계적인 것 사이를 오가려는 노력, 즉 세계적 공간 속에서 깊이 있는 지역적 감각을 찾으려는 노력인 것이다.

이와 관련하여, 네그리튀드(Negritude) 운동의 주요 이론가이자 시인이며 세네갈의 초대 대통령을 지낸 레오폴드 세다르 상고르(Léopold Sédar Senghor)의 사례는 매우 중요하다. 상고르는 프랑스 문화에 대한 '동화(assimilation)'를 적극 옹호하면서도, 식민화의 진정한 목표는 "도덕적, 지적 교류, 즉 영적 접목(spiritual graft)"이어야 한다고 주장했다. 그의 세계주의는 그리스어, 라틴어, 로망스어(romance language)를 통한 인문학 교육이 그랬던 것처럼 인간의 진실을 탐구하는 '아프리카 인문학(African humanities)'의 발전을 촉구하는 발언 속에서 분명하게 드러났다. 인간의 조건에 대한 그의 논평은 인간을 단순한 추상적 존재가 아니라 언제나 이미 특정한 시간과 장소에 놓인 존재로 간주했던 그의 사고방식을 가장 명확히 보여준다. 이는 우리가 앞서 살펴본 수많은 반식민 근대화론자의 발전주의 담론과는 거리가 있다. 상고르는 이렇게 썼다.

> 인간은 고향이 없는 존재가 아니다. ... 피부색이나 역사, 국가, 문명이 없는 존재가 아니다. 그는 서아프리카인이자 우리 이웃이며, 자신이 속한 시대와 장소에 따라 명확하게 규정된다. 말리인, 모리셔스인, 코트디부아르인, 월로프인(the Wolof), 투아레그족(the Tuareg), 하우사족(the Hausa), 폰족(the

> Fon), 모시족(the Mossi)은 살과 뼈와 피를 가진 인간으로, 우유와 기장, 쌀과 얌(yam)을 먹고 살아간다. 그는 수세기 동안 굶주림이나 헐벗음 때문이 아니라, 자신의 피부색과 문명, 그리고 육화된 인간(incarnate man)으로서의 존엄성 때문에 굴욕을 당했을지도 모른다.[30]

상고르가 제시한 세계성(globality)이라는 개념은 보편적인 것과 특수한 것을 모두 포용하는 것이었다. 차이는 문화 간 대화에 걸림돌이 되지 않았다. 세계주의는 차이를 없애는 것을 의미하지도 않았다. 포스트식민 사상이 탈식민화 담론으로부터 물려받은 것은 바로 '육화된 인간', 즉 보편적 인류애와 특정한 문화적, 역사적 위치를 모두 갖춘 존재에 대한 이러한 투자였다. 차이를 인정하는 동시에 특정한 보편적 윤리적 가치를 옹호하는 것은 탈식민화 운동 지도자들이 끊임없이 씨름했던 과제였다. 그러나 이 문제는 식민제국의 공식적인 종식으로 해결되지 않았고, 오늘날까지도 지속되고 있다. 그러나 이러한 문제야말로 포스트식민 비평을 오늘날 남반구뿐 아니라 옛 식민지 본국에서도 이주와 문화적 다양성 문제를 사유하는 데 유용한 도구로 만드는 요인이기도 하다.

세계화된 유럽에서 포스트식민 분석의 활용

이러한 현상을 이해하기 위해 정치이론가 에티엔 발리바르의 최근 발언으로 돌아가 보자.

> 진정으로 지구를 통합한 것은 식민지 확장뿐만 아니라, '본국(metropoli)'의 사람들과 식민지 사람들의 '다른 본성들(different natures)'이라는 개념에 의

30 Chakrabarty, "Legacies of Bandung", p. 4817에서 인용했다.

> 문을 제기하는 반란과 해방 투쟁이다. 이러한 투쟁은 두 인구 집단 간의 변증법을 만들어내며, 그 결과 역할의 역전, 즉 과거 본국의 '특수화(particularizing)'와 이전 식민지의 '보편화(universalization)'를 초래한다.[31]

발리바르는 구식민지의 '보편화'를 통해, 현대 유럽에 옛 식민지 출신 집단(독일의 터키인, 프랑스의 알제리인과 몰타인, 네덜란드의 인도네시아인, 영국 내 인도인, 파키스탄인, 방글라데시인 등)이 대규모로 눈에 띄게 존재하고 있음을 암시한다. 또한, 공산주의의 공식적 붕괴와 발칸 반도 전쟁 이후 동유럽 출신자들의 유입도 언급한다. 마스트리흐트 조약 이후 유럽에서 다양한 문화권에 속하고 서로 다른 가족 및 종교적 가치를 지닌 사람들의 이러한 이주 물결은 보편적 권리와 다문화주의 정치의 관계에 대한 의문을 새롭게 제기했다.

발리바르는 자신의 2004년 저서 『우리, 유럽의 인민인가?(*We, The People of Europe?*)』에서 '경계(border)'라는 개념을 통해 이른바 포스트식민 유럽의 개념을 분석했다. 19세기와 20세기의 식민지 개척 기간 유럽은 정치적 경계를 설정함으로써 물리적, 문화적으로 세계와 차별화하였다. 이는 "스스로를 세계의 중심이라고 칭하려는" 시도이자, 유럽식 경계를 본떠 '지구를 분할'하려는 전략이었다.[32] 발리바르는 식민주의가 "세계의 착취를 조직하는 동시에 '경계의 형태(border form)'를 주변부로 수출하여 온 세계를 유럽의 연장선으로 변모시키려는 시도"였다고 썼다.[33] 이러한 과정은 탈식민화 시기에도 지속되었고, 새로운 국제 질서의 구축 기반이 되었다. 그러나 "어떤 의미에서는 결코 완전히 달성되지 못했다".[34] 새로

---

31 Balibar, "Europe".

32 Etienne Balibar, *We, The People of Europe? Reflections on Transnational Community* (Princeton, NJ: Princeton University Press, 2004), p. 7.

33 *Ibid.*, p. 7.

34 *Ibid.*

운 민족국가들은 동질적인 주권 국가가 아니라 다양한 인구 집단으로 이루어져 있었기 때문이다. 이스라엘, 인도, 서파키스탄과 동파키스탄(나중에 방글라데시가 됨)이 그 몇몇 사례이다. 이러한 인구의 이질성은 유럽 국가들의 특징이기도 하다.

제국주의의 세계사는 전 세계에 국경 분쟁을 남겼으며, 유럽도 예외는 아니었다. 유럽 인구의 인구학적, 문화적 다양성은 이민, 실향민 귀환, 식민지 귀환자로 인해 상당수가 '포스트식민'에 속한다는 점에서 유럽 내 '세계적 다양성'의 투영을 반영한다. 민족국가 내의 다양성은 이러한 민족국가의 정체성에 대한 긴장과 도전을 야기한다. 냉전 종식과 초국가적, 탈국가적 공동체를 표방하는 새로운 유럽연합(European Union)의 창설로 이러한 문제는 더욱 심화되었다. 발리바르의 책 제목에 있는 물음표는 누가, 어떤 원칙에 따라 새로운 유럽의 시민 자격을 갖출 것인가에 대한 그의 끊임없는 질문을 반영한다. 새로운 유럽은 민족국가가 존속하는 초국가적, 탈국가적 공동체로 이해되지만, 유럽연합이 진정한 민주적 정치 체제가 되려면 민족국가의 한계와 주권이 조정되어야 할 것이다.

그러나 현실은 발리바르에게 민주적 미래에 대한 불길한 예감을 안겨준다. 유럽연합을 현실화한 1993년 마스트리히트 조약(Maastricht Treaty)은 "거주 국가의 지방 선거에서 투표할 권리와 유럽 재판소에 청원하거나 항소할 권리를 함축하는" 유럽 시민권은 자국민에게만 부여한다고 규정했다. 그는 이것이 "각 국가 내에서는 존재하지 않았던 새로운 차별"을 만들어낸다고 주장하는데, 사실상 모든 '제3국' 국민을 시민권의 범위에서 제외하기 때문이다.[35]

유럽연합의 현재와 미래는 보편적 시민권 개념과 그것이 수반하는 권리에 대한 질문을 새롭게 제기한다. 복지국가의 불균등한 퇴

---

35 *Ibid.*, p. 44.

보, 과거 식민지 국가와 동유럽 및 남유럽 국가들로부터의 이주, 경제적 세계화와 함께 진행된 탈산업화, 실업률 증가, 그리고 세계적인 이슬람 테러리즘에 대한 공포는 여러 유럽 국가에서 인종주의적이고 외국인 혐오적인 정치와 정책의 확산을 초래했으며, 이로 인해 유럽연합 가입 문제는 더욱 복잡한 문제가 되었다. 유럽의 대도시 외곽에서는 '비권리(nonrights)' 구역이 확대되었고, 국경 감시는 강화되었다. 프랑스에서 1997-1998년 '불법 체류자(*clandestine*)'의 절반 이상을 '합법화(regularize)'하지 않기로 한 결정, 상게트(Sangette) 난민 수용소의 폐쇄, 경찰의 부당한 행위, 프랑크푸르트 남쪽의 보비니(Bobigny) 같은 지역의 인구 구성, 스위스(공식적인 EU 회원국은 아니지만 거의 모든 EU 활동에 참여하고 있는 솅겐 협정 회원국)에서의 첨탑 금지 판결, 영국의 인종 폭동, 덴마크의 반이슬람 수사(rhetoric), 프랑스의 히잡 논쟁, 독일 바이에른 지방에서의 가톨릭 십자가 논란 등은 모두 유럽 각국 내부의 인종적, 종교적 갈등을 보여주는 사례이다.

이러한 맥락은 포스트식민의 핵심 질문, 즉 탈식민화 시대로 거슬러 올라가는 인간의 보편적 권리에 대한 생각과 다양한 문화적 차이를 어떻게 조화시킬 것인가라는 질문이 왜 이 세계화 시대에 크게 부각되는지 분명히 보여준다. 가야트리 스피박(Gayatri Spivak)은 근대성의 '보편적' 정치 주체(그 제도적 형상이 시민임)가 항상 지정학적으로 차별화된다고 주장했다. 발리바르는 "여러 세대에 걸쳐 다양한 유럽 국가의 땅에 정착하여 전체적으로 유럽의 복지, 문화, 그리고 문명에 없어서는 안 될 존재가 된 '제3국(third countries)' 출신 수백만 국민의 곤경",[36] 그리고 "이전 식민지 출신 이주민들이 옛 종주국에서 겪는 곤경, 그리고 옛 종주국이 옛 식

36 *Ibid.*

민지의 정치와 경제에 간섭하는 것"이 "(유럽의) 식민주의 과거와의 관계에 대한 극심한 양면성"을 보여준다고 썼다. 발리바르는 이 점이야말로 유럽을 "이러한 현실을 인식하는 정치적 현실이 결정될 최고의 포스트식민적 장소"로 만든다고 주장한다.[37]

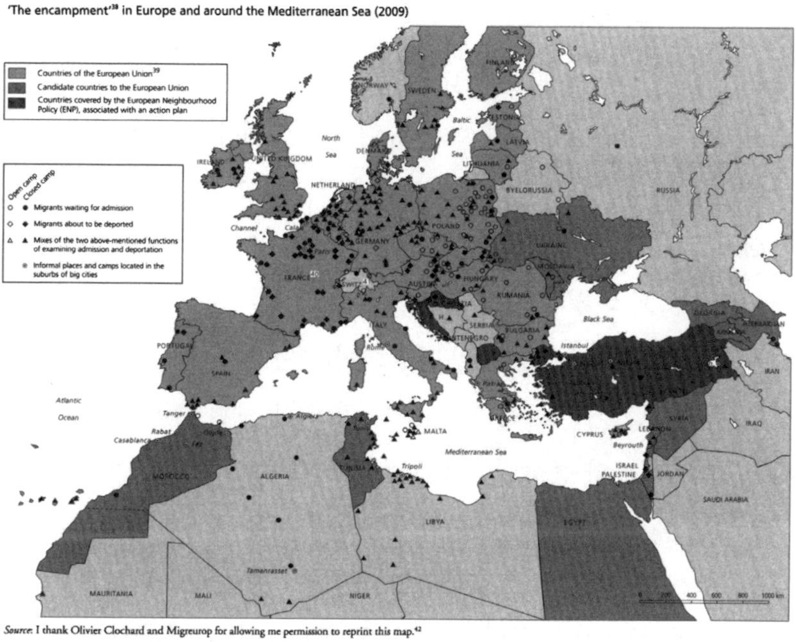

그림 1. 유럽 및 지중해 주변 난민 캠프 (2009). [38] [39] [40] [41] [42]

---

37 Balibar, "Europe".

38 **'The encampment'**: '수용소(Encampment)'라는 단어는 해럴 본드(Barbara Harrell-Bond)로부터 차용한 것이다.

39 **Countries of the European Union**: 아이슬란드, 노르웨이, 스위스는 유럽연합에 가입되어 있지 않지만, 솅겐 조약 법안을 채택하고 있다.

40 **France**: 프랑스의 경우, 이 지도는 영토에 입국하는 이민자를 구금하는데 사용되는 대기 구역만 보여준다.

41 **Switzerland**: 강제 추방 명령을 받은 이주민은 종종 교도소의 특수 구역에 구금된다. 스위스에는 이러한 장소가 23곳 있는데, 이 지도에 모두 표시할 수는 없다. Migreurop은 이집트, 마케도니아, 몬테네그로, 시리아에 대한 데이터를 제공하지 않는다. 벨라루스와 러시아에 대한 정보는 불완전하다.

42 **Source. I thank Olivir Clochard and Migreurop for allowing me permission to reprint this map**: 유럽 고문 및 비인도적 또는 굴욕적 대우 또는 처벌 방지위원회(UNHCR. http://www.unhcr.ch/): 제3국 국적자 시설(구금 수용

'타국' 출신 유럽 거주자들이 여러 유럽 국가에서 소수 민족(ethnic minorities), 이민자(*immigrés*), 비EU 외부인(*extracommunautaire*), 외국인(*Ausländer*) 등으로 다르게 지칭되는 방식은 유럽연합이 형성되고 있는 것처럼, 외부자, 즉 "백인도 아니고 세속적이지도 않고 기독교도도 아닌" '백인에 못 미치는(*sous blanc*)' 이들의 정체성 또한 형성되고 있음을 보여준다.[43] 발리바르의 분석에 따르면 오늘날 유럽은 중대한 국면에 처해 있다. 한편으로, 9/11 이후의 세계에서는 테러와의 전쟁에서 미국과 함께 유럽이 단합해야 한다는 정치적 요구가 제기된다. 다른 한편으로, '유럽인' 지식인으로서 발리바르는 유럽이 "미국의 일방주의에 맞서는 저항의 중심축 역할을 하지 못할 경우" 정치적 정체성을 상실할 수 있다는 우려도 가지고 있다.[44] 그뿐만이 아니다. 유럽연합이 통합되어 가는 과정에서 특정 '근본적인 인류학적 차이'(성, 문화, 종교의 차이)가 보편적 시민권과 어떻게 조화를 이루며 존중되어야 하는지에 대한 의문도 남아 있다. 발리바르는 유럽 시민권이 단순히 국가적 혈통에 근거하여 '유럽인'의 다양한 구성원들에게 부여되지 않을 경우, '유럽식 아파르트헤이트(European apartheid)'의 시대를 초래할 것이라고 경고한다. 유럽이 직면한 과제는 자국 국경 안팎의 포스트식민적 발전에서 교훈을 얻어 보편적 가치의 담지자로서의 사명을 완수하는 것이다. 이는 마치 유럽이 프란츠 파농의 유럽 식민주의에 대한 유명한 고발서 『대지의 저주받은 자들』의 결론에서 제3세계에 던졌던 시험대에 스스로 오르게 된 것과도 같다. 파농은 "인류의 중대한 문제들에 대한 해결책의 모든 요소는 여러 시대에 걸쳐 유럽 사상 속에 존재해 왔

소, 개방형 센터, 경유 센터와 경유 구역)의 상황. 특히 유럽연합 25개 회원국 내 특수 지원이 필요한 사람들을 위한 시설 및 지원에 중점을 두고 있다.

43 Balibar, We, *The People of Europe?*, p. 44.

44 *Ibid.*, p. 213.

다”라고 썼다. “그러나 유럽인들의 행동은 그들에게 맡겨진 사명을 완수하지 못했다…”.[45] 포스트식민 유럽이 어떤 갈림길에 서게 되느냐에 따라 인간의 궁극적인 완성 가능성에 대한 계몽주의의 약속이 보편적 인류의 차원에서 실현될지 여부가 결정될 것이다.

포스트식민주의와 계몽주의

위의 분석은 18세기 유럽 계몽주의와 관련된 특정 사상과의 적극적이면서도 비판적인 대화 없이는 포스트식민 역사를 상상할 수 없음을 분명히 보여준다. 마찬가지로, 19세기 유럽 식민주의 모험에 대한 비판 역시 포스트식민 사학의 비판적 핵심을 구성한다. ‘유럽’과의 이러한 불안정한 관계, 즉 유럽 계몽주의 사상이 중요한 유산으로 남아 있는 반면, 유럽의 식민지 모험이 종속의 고통스러운 기억으로 남아 있다는 이 불편한 관계는, 18세기 유럽 계몽주의 학자들과 포스트식민 연구자들 사이의 대화를 가능하게 했다.

유럽 계몽주의를 연구하는 학자들뿐 아니라 다른 역사가와 이론가들이 포스트식민 학자들에게 자주 제기하는 비난은, 풍부하고 종종 논쟁의 여지가 있는 사상들을 하나의 완벽한 사상 체계로 동질화한다는 것이다. 다니엘 캐리(Daniel Carey)와 린 페스타(Lynn Festa)는 최근 공동 편집한 저서 『포스트식민 계몽주의(*Postcolonial Enlightenment*)』에서 두 분야의 연구자들이 공유하는 문제들을 다음과 같이 정리한다.

---

45 Frantz Fanon, *The Wretched of the Earth* (New York, NY: Grove Press, 1965), p. 314.

> '포스트식민'과 '계몽주의'는 모두 정치적이고 인식론적인 변화를 특징짓고 열어젖히는 역사적 또는 시간적 분기점으로 해석되는 경우가 많다. 두 연구 모두 그러한 변화를 만들어내고, 그 변화에 의해 만들어지는 문화적·지적 입장과 동일시된다. 포스트식민 연구와 계몽주의 연구는 모두 긍정적인 기획이자 저항적 비판 양식이며, 자신들이 거부하는 이념 및 정치 체제와의 관계 속에서 스스로를 규정해 왔다.[46]

이처럼 광범위한 가능성을 담고 있는 표현을 동질적이라고 보기는 어렵다는 것은 말할 필요도 없다. 스코틀랜드 계몽주의 사상과 프랑스나 독일 계몽주의 사상 사이에 차이가 있듯이, 인도, 호주, 라틴아메리카의 특정 식민 역사에서 비롯된 포스트식민 연구의 텍스트들 역시 다양할 수밖에 없다.

린 페스타와 다니엘 케리에 따르면, 포스트식민 연구자들은 종종 이런 차이점을 무시하는 태도를 보였으며, 계몽주의를 '통일된 구조물(unified construct)'로 간주하는 경향이 있었고, 그 결과 식민주의적 동기에 의해서만 움직이는 '서구'의 이미지가 생겨났다. 그들은 조너선 이스라엘(Jonathan Israel)과 주디스 슈클라르(Judith Shklar) 같은 학자들의 주장을 따라 계몽주의는 "유사한 명제들의 연속이라기보다는 지적 긴장 상태"로 더 잘 이해된다고 주장한다.[47] 그들은 제임스 포콕(J. G. A. Pocock)의 논의를 인용하는데, 포콕은 계몽주의를 하나의 통일체로 취급하는 것은 다양한 역사와 지적 사상을 하나로 묶어 "'계몽주의 프로젝트'라는 오류로 귀결되는데, 이는 좌파와 우파 모두가 계몽주의를 비난하기 위해 만들어낸 구성물"이라고 주장했다.[48] 그러나 계몽주의가 단순히 포스트식민 이론

46 Daniel Carey and Lynn Festa (eds), *Postcolonial Enlightenment: Eighteenth Century Enlightenment and Postcolonial Theory* (Oxford/New York, NY: Oxford University Press, 2009), p. 7.

47 Carey and Festa, *Postcolonial Enlightenment*.

48 *Ibid.*

가들에게 허수아비 역할을 하거나, 무지하거나 의도적인 오독의 산물로 작용하는 것만은 아니다. 캐리와 페스타 역시 계몽주의 연구가 "제한적인 특징들을 만들어내고 이를 보여주는 18세기 철학자들만 고려하거나, 철학자들을 선별하여 거기에서 계몽주의를 정의하는 순환 논리에 빠지는" 것에 대해 비판적이다.[49] 『포스트식민 계몽주의』에 실린 여러 논문은 "18세기 연구에 제국의 중심성을 부각시키는" 포스트식민적 입장의 성과를 보여준다.[50] 이 논문들은 포스트식민 연구자들에게 계몽주의라는 개념 자체가 어떻게 범유럽적 실체로 구성되었는지, 즉 "'서구'라는 거대한 단일체가 어떻게 형성되었는가"를 비판적으로 고찰할 것을 요구한다.[51] 또한, 이 논문들은 19세기 유럽 제국주의의 행보가 결코 18세기 철학의 '자연스러운 연속'이 아니었음을 드러내기 위해, 계몽주의 사상 내부의 차이점에 더욱 주목해야 한다고 주장한다.

포스트식민 역사들

역사학은 정의상 공간과 시간의 특수성에 더욱 주의를 기울인다. 앞으로 살펴보겠지만, 포스트식민 역사가들은 지난 몇 년 동안 자신들의 저서에서 포스트식민 이론에 가해진 많은 비난을 다루어 왔다. 이는 라틴아메리카 포스트식민 역사 연구를 간단히 언급하는 것만으로도 잘 드러난다. 학문적 실천의 일환으로 역사학자들은 다양한 시간성과 장소의 특수성, 다시 말해 차이의 문제에 특히 주의를 기

49 *Ibid.*, p. 6.
50 *Ibid.*, p. 5.
51 *Ibid.*, p. 9.

울인다. 이는 포스트식민 이론에서 종종 간과되곤 한다. 라틴아메리카 연구자들은 포스트식민 이론가들이 종종 20세기 반식민지 민족주의 운동의 연대기를 기반으로 추론을 전개하면서 라틴아메리카 민족주의의 상이한 시간성을 무시한다고 비판해 왔다.

라틴아메리카에서 출현한 초기의 근대화 이론 비판은 종속이론(dependency theory)이었다. 이매뉴얼 월러스틴(Immanuel Wallerstein) 등이 발전시킨 세계체제론(world-systems theory)과 마찬가지로, 포스트식민 역사학은 역사주의(historicism), 단선적 발전 사관, 봉건에서 근대로의 이행 서사에 대한 비판, 중심과 주변을 동일한 이론 틀 내에서 분석하고자 하는 점에서 종속이론과 일정한 유사점을 공유한다.[52] 종속이론의 핵심 전제는 만연한 자본주의 근대화가 중심부와 주변부를 동일한 교류 흐름에 동시에 노출시킴으로써 불균등한 발전을 초래했다는 것이다. 폴 스위지(Paul Sweezy), 사미르 아민(Samir Amin), 앙드레 군더 프랑크(Andre Gunder Frank)와 같은 학자들이 가장 명확하게 제시한 이 관점에 따르면, 저개발은 부유한 중심부와 그에 의존하는 주변부가 동시에 그리고 연계적으로 발전했기 때문에 발생했으며, 이러한 양극화하는 역학 관계를 제거함으로써만 해결할 수 있었다.[53] 종속이론의 전세계적인 영향력은 1970년대에 쇠퇴했다. 그러나 페르난도 코로닐(Fernando Coronil)이 지적했듯이, "단점에도 불구하고... 종속 학파는 이 시기 라틴아메리카의 포스트식민 사상에 가장 중요한 공헌을 한 학파 중 하나이며, 역사주의에 대한 포스트식민 비판을 예고

---

52 2장에서는 종속이론과 세계체제론에서 비롯된 유럽중심주의 비판과 포스트식민 역사에 대한 비판의 차이점 중 일부를 논의한다.

53 Samir Amin, *Eurocentrism* (trans. Russell Moore) (New York, NY: Monthly Review Press, 1989); Sing C. Chew and Robert A. Denemark (eds), *The Under Development of Development: Essays in Honor of Andre Gunder Frank* (Thousand Oaks, CA: Sage Publications, 1996).

하고, 현대 제국주의에 절실히 필요한 포스트식민 비판을 위한 개념적 도구를 제공했다".[54]

그러나 우리의 목적을 위해 훨씬 더 중요한 것은 호세 라바사(Jose Rabasa)와 월터 미뇰로(Walter Mignolo) 같은 역사적 감각이 뛰어난 문학 연구자들과, 페르난도 코로닐과 같은 역사 인류학자들의 작업이다. 이들의 연구는 라틴아메리카의 포스트식민 역사학자들에게 특히 중요하며, 근대 북유럽 식민주의와 스페인·포르투갈에 의한 아메리카 식민화 사이의 연결 가능성과 차이를 사유하게 해준다. 코로닐은 이러한 더 큰 틀이 지리적, 시간적 범위를 확장함으로써 "근대사에 대한 기존의 이해를 수정한다"라고 주장한다.[55] 라틴아메리카사는 우리로 하여금 근대의 표준 계보를 재고하게 한다. 코로닐에 따르면,

> 자본주의와 근대성은 주류 연구와 포스트식민 연구 모두에서 종종 계몽주의, 산업화의 시작, 18세기 국가 형성으로 특징지어지는 유럽적 과정으로 간주되지만, 실제로는 16세기 이후 기독교 세계의 확장, 세계 시장의 형성, 대륙을 횡단하는 제국의 건설을 수반하는 세계적 과정으로 볼 수 있다.[56]

라틴아메리카 역사와 포스트식민 연구 사이의 대화는 현대 세계사를 이해하는 데 중요한 통찰력을 제공한다. 라틴아메리카 식민제국이 영국, 프랑스, 네덜란드를 비롯한 유럽 식민주의의 흥망성쇠 이전에 종식되었다는 사실은 식민주의의 정치 경제적 과정을 차별화된 방식으로 이해할 수 있게 한다. 예를 들어, 코로닐은 이러

54 Fernando Coronil, "Latin American Postcolonial Studies and Global Decolonization", in Neil Lazarus (ed.), *The Cambridge Companion to Postcolonial Literary Studies* (Cambridge: Cambridge University Press, 2004), p. 223.

55 Coronil, "Latin American Postcolonial Studies and Global Decolonization", p. 239.

56 *Ibid.*

한 상이한 연대기를 사용하여 '세계적(global)' 제국주의와 '국가적(national)'/'식민지적(colonial)' 제국주의를 구분한다. 이러한 시대 구분은 포스트식민 역사학에 근대 초기 제국과 19세기 제국을 면밀히 검토하고 구별하며, 더 나아가 현대 세계의 신식민주의적 관행을 분석할 수 있는 렌즈를 제공한다.[57] 3장에서 논의할 중세 연구와 마찬가지로 라틴아메리카 역사는 포스트식민 역사가들에게 연구의 지리적 범위와 시간적 범위를 확장하고 검토할 기회(또는 도전)를 제공한다.

그러나 잘 알려진 바와 같이 포스트식민 이론은 20세기 후반 아시아, 아프리카, 태평양, 카리브해 지역에서 일어난 제2차 반식민지 독립운동의 물결이 휩쓸고 지나간 후에야 등장했다. 19세기 라틴아메리카의 독립운동을 '제1차 물결'로 간주한다면 말이다. 라틴아메리카 전문가들이 지적했듯이, 제1차 물결을 망각한 것이 이 이론 체계의 심각한 결함임은 의심의 여지가 없다. 포스트식민 이론의 주장을 진지하게 재검토하려는 모든 기획은 반드시 엔리케 두셀(Enrique Dussel), 아니발 키하노(Anibal Quijano), 월터 미뇰로, 페르난도 코로닐, 호세 라바사, 플로렌시아 마욘(Florencia Mallon), 바버라 와인스타인(Barbara Weinstein) 등과 같은 라틴아메리카 비평가, 사상가, 역사가들의 저작에 담긴 사상을 탐구해야 할 것이다.[58] 하지만 포스트식민 이론의 부상을 위한 조건을 조성한

57 코로닐은 세계화를 "제국주의적 정치·경제 통제 양식의 추상화와 일반화가 점차 심화되는 국면"이라고 설명한다. 세계 제국주의 하에서 문화적 차이는 "'유럽중심주의'에서 '세계중심주의(globalcentrism)'로의 전환을 수반하는 '서구주의적'"으로 특징지어질 수 있다. Coronil, "Latin American Postcolonial Studies and Global Decolonization".

58 Barbara Weinstein, "History without a Cause? Grand Narratives, World History, and the Postcolonial Dilemma", *International Review of Social History* 50 (2005), pp. 71-93; Florencia Mallon, "The Promise and Dilemma of Subaltern Studies", *American Historical Review* 99(5) (1994), pp. 1491-515; Walter Mignolo, *Local Histories/Global Designs: Coloniality, Subaltern*

것은 20세기 후반의 탈식민화 시대였다는 점도 주목해야 한다. 이는 필연적으로 포스트식민 민족주의에 대한 비판을 수반했다. 반면 라틴아메리카 국가들은 19세기에 식민 지배로부터 독립을 쟁취했는데, 이 시기는 민족주의의 물결이 거세지던 시기이기도 했다. 이러한 상황에서는 포스트식민 이론이 탄생할 수 없었을 것이다.

다음 장들은 세계의 특정 '지역'을 중심으로 구성되지 않는다. 예컨대 남아시아, 라틴아메리카, 아일랜드, 중동 등의 포스트식민 역사를 구체적으로 보여주지 않는다. 오히려 이 책의 목적은 '포스트식민 역사들'로 폭넓게 지칭될 수 있는 역사학 분야를 특징짓는 사학적 쟁점과 논쟁을 논의하는 것이다. 나는 논의의 특정 맥락에 적합하다고 판단될 때 다양한 지역적 사례들을 활용한다. 다음 각 장에서는 다양한 지역적 맥락에서 쓰여지고 다양한 시기를 다루는 역사적 작품에 대한 면밀한 분석을 통해, 포스트식민 역사학이 제국, 토착성, 민족주의, 다양성과 같은 개념에 대한 섬세한 이해를 제공한다는 것을 보여줄 것이다.

Knowledges, and Border Thinking (Princeton, NJ: Princeton University Press, 2000); Ileana Rodríguez, *The Latin American Subaltern Studies Reader* (Durham, NC: Duke University Press, 2001); Fernando Coronil, "Can Postcoloniality be Decolonized? Imperial Banality and Postcolonial Power", *Public Culture* 5(1) (1992), pp. 89-108; Fernando Coronil, "Beyond Occidentalism: Towards Nonimperial Geohistorical Categories", *Cultural Anthropology* 11(1) (1996), pp. 52-87.

포스트식민 역사 쓰기

Writing Postcolonial History

02

포스트식민 역사로서의 서발턴 연구

02

포스트식민 역사로서의 서발턴 연구

포스트식민주의(postcolonialism)는 주로 문학과 문화연구 분야에 속하는 사상 체계로 흔히 알려져 있다. 실제로 현대 포스트식민 연구 분야는 상당 부분 살만 루슈디(Salman Rushdie)의 소설 『한밤의 아이들(*Midnight's Children*)』(1981)과 그의 작품에서 영감을 받은 다른 작가들의 문학 작품들이 영미권 대학의 영문학부를 지배했던 문학 정전(canon)에 도전하면서 크게 발전했다. 그러나 포스트식민 연구의 문학적 기원에만 초점을 맞추다 보면, 포스트식민적 사고가 역사와 같은 사회과학 분야를 어떻게 형성해 왔는지, 그리고 문학 또는 문화연구 외의 분야에서 일어난 발전이 포스트식민 연구에 어떻게 영향을 미쳤는지를 간과할 수 있다. 본 장에서는 인도를 연구하는 역사가 그룹이 1982년부터 출판한 일련의 간행물인 『서발턴 연구(*Subaltern Studies*)』가 포스트식민적 맥락에서 역사를 기술한 가장 초기의 사례 중 하나임을 보여주고자 한다.

『서발턴 연구』 집단(*Subaltern Studies* collective)의 저작들이 인도 역사를 세계화하는 데 지대한 공헌을 했고, 나아가 라틴아메리카, 아프리카, 아시아 역사에 미친 영향을 통해 포스트식민 역사(postcolonial history)(혹은 역사들)라는 분야를 확립하는 데 중요한 역할을 했다고 해도 과언이 아니다. 그러나 '포스트식민 비평으로서의 서발턴 연구(*Subaltern Studies* as Postcolonial Criticism)'에 대한 논의가 있었지만, 이얀 프라카시(Gyan Prakash)의 동명 논문에서 시사하듯이, 이 주제에 대한 기존 문헌은 분산되어 있고 단편적이다. 내가 여기서 시도하는 것은 서발턴 연구의 역사학적 학술 연구(Subaltern Studies historical scholarship)가 왜 포스트식민 역사학(postcolonial historiography)의 선구적이면서도 전형적인 사례로 볼 수 있는지에 대한 비판적인 성찰을 통해 이러한 논의를 종합하는 것이다.[1]

서발턴 연구: 배경

역사학자 데이비드 러든(David Ludden)은 서발턴 연구 집단이 거둔 '인상적인 성과'의 시작을 1970년대 말로 추정한다. 당시 "영국과 인도 역사가로 구성된 소규모 그룹에서 서발턴 관련 주제에

1 이 집단의 창립 멤버 중 한 명인 디페시 차크라바르티(Dipesh Chakrabarty)가 『근대성의 거주지(*Habitations of Modernity*)』에 기고한 에세이 「서발턴 연구의 작은 역사("A Small History of Subaltern Studies")」는 『서발턴 연구(*Subaltern Studies*)』 역사학을 포스트식민 역사로 명시적으로 이론화하고 있다. Dipesh Chakrabarty, *Habitations of Modernity: Essays in the Wake of Subaltern Studies* (Chicago, IL: University of Chicago Press, 2002), pp. 3-19.

대한 대화를 나누던 중 인도에서 새로운 저널을 창간하자는 제안이 나왔다"라고 그는 회고한다.[2] 초창기에 이 집단을 결성한 8명의 학자는 영국, 호주, 인도 대학의 대학원생이거나 젊은 교수들이었다. 1989년까지 시리즈의 편집자였던 라나지트 구하(Ranajit Guha)는 러든이 언급한 '대화들(conversations)'의 역사적, 정치-이론적 배경을 제공했다. 그는 1970년대에 자신의 세대 학자들, 즉 1947년 영국 식민 통치로부터 인도가 독립하기 이전에 태어나 교육받은 사람 중 일부가 젊은 역사가들(구하는 나중에 살만 루슈디의 책을 따서 이들을 '한밤의 아이들' 세대라고 묘사했다)과 공통의 유대감을 형성했다고 썼는데, 이는 포스트식민 인도 국가가 독립 이전과 이후에 내걸었던 약속을 이행하지 못한 데 대한 공통의 실망감 때문이었다. 인도는 1960년대 중반까지 중국 및 파키스탄과 국경 분쟁을 벌였고, 1970-1971년 방글라데시 전쟁으로 인한 심각한 식량 및 난민 위기를 겪었으며, 국내에서는 수많은 반란이 발생했고, 인디라 간디(Indira Gandhi) 총리 재임 기간인 1975-1977년에는 시민권이 잔혹하게 탄압받는 '국가비상사태(national emergency)'를 겪었다. 1960년대에는 마오주의자(Maoist)의 반란도 발생했는데, 이는 1970년대 초까지 잔혹하게 진압되었다. 구하는 자신의 서발턴 연구 개념을 통해, 이 시기를 거치며 성장해 온 젊은 좌파 역사가들의 정치적 분위기를 포착할 수 있었다. 이 집단을 움직인 질문들은 구하 자신의 말로 가장 잘 요약될 수 있으며, 그들의 탐구가 지닌 포스트식민적 분위기를 명확히 보여준다.

1. 식민지 시기 우리의 과거와 민족주의와의 조우 속에 도대체 무

---

2 David Ludden (ed.), *Reading Subaltern Studies: Critical History, Contested Meaning, and the Globalisation of South Asia* (New Delhi: Permanent Black, 2001), p. 1.

엇이 있었기에, 우리가 지금과 같은 곤경—즉 악화일로에 있고, 도무지 해결될 기미가 보이지 않는 민족국가의 위기—에 처하게 된 것인가?

2. 현재 우리가 겪는 견딜 수 없는 어려움들이 식민 통치 기간 일어났던 일들과 우리 선조들이 그 시기의 정치 및 문화에 참여했던 방식과 어떻게 양립하며 설명될 수 있을까?[3]

앞서 1장에서 소개된 발리바르가 유럽 식민지의 과거와 현재의 관계를 특성화한 것과 구하가 포스트식민 인도가 당면한 문제들을 식민지 과거의 유산으로 보려는 시도로서 서발턴 연구 프로젝트(Subaltern Studies project)를 개념화한 것 사이에는 놀라운 유사점이 있다는 점에 주목하자.

초기 서발턴 연구 역사가들이 다룬 주제, 즉 농민운동, 부족 반란, 노동계급의 역사가 당시 세계 여러 지역의 여러 역사가가 다룬 주제와 거의 비슷하다고 생각할 수도 있다. 예컨대 E. P. 톰슨(Edward Palmer Thompson)의 『영국 노동계급의 형성(*The Making of the English Working Class*)』(1963), 에릭 홉스봄(Eric Hobsbawm)의 『원시적 반항아들(*Primitive Rebels*)』(1959), 크리스토퍼 힐(Christopher Hill)의 영국 혁명기 급진 정치 연구 등은 1970년대 말부터 1980년대 초에 걸쳐 전 세계 학계에서 큰 주목을 받았다.[4]

---

3 Ranajit Guha (ed.), *A Subalterm Studies Reader 1986-1995* (Minneapolis, MN and London: University of Minnesota Press, 1997), p. xi.

4 그중에서도 주목할 만한 인물로는 B. B. 초우드리(Chowdhury), 데이비드 러든(David Ludden), 스티븐 헤닝엄(Steven Henningham),, 함자 알라비(Hamza Alavi), 스티븐 푹스(Stephen Fuchs), J. C. 자(Jagdish Chandra Jha), 간샴 샤(Ghansyam Shah), 캐슬린 고프(Kathleen Gough), 그리고 A. R. 데사이(Akshay Ramanlal Desai)가 있다. 영국 마르크스주의 역사가들의 이러한 저작들 외에도, 『서발턴 연구(*Subaltern Studies*)』 발간 10년 전에 창간된 두 개의 저널, 즉 『농민 연구 저널(*The*

그러나 러든이 말하듯, 서발턴 연구의 참신함은 단지 억압받는 집단에 대한 주제 선택이 아니라, "세계화 시대에 식민주의 권력/지식을 재현하는 국가 중심의 민족 담론 밖에서 민족을 재편하고자 노력하는 것"이었다.[5] 다시 말해, 서발턴 연구의 개입을 주변 사회 집단에 대한 기존 연구들과 차별화하는 것은 바로 포스트식민적 방향성이었다. 서발턴 연구 역사학자들은 초기 단계부터 민족주의, 자유주의, 민주주의에 대한 비판적 입장을 유럽 중심적인 근대성 개념에 대한 더 큰 비판 안에 위치시키려고 진지하게 노력했다. 그러나 이는 단순한 '토착주의적(nativist)' 유럽 근대성 거부를 의미하는 것은 아니었다. 오히려 이 역사가들은 (a) 유럽 외부의 반식민지 민족주의에 내재된 모순, 즉 사상적으로는 유럽 전통을 수용하면서도 정치로는 유럽의 지배를 전복하고자 했던 모순, 그리고 (b) 유럽 계몽주의에 기원을 둔 특정 사상들이 비서구 세계 여러 지역의 사람들에 의해 어떻게 변형되고 번역되었는지를 보여줌으로써 근대적 상황을 이론화했다.

이 연구가 수행된 기간을 고려할 때, 서발턴 연구의 중심 주제가 지난 25년 이상에 걸쳐 상당한 변화를 겪은 것은 당연한 일이다. 이 그룹은 '인도' 또는 '남아시아' 역사라는 주제의 엘리트주의적 편향을 바로잡는다는 공표된 목표로 출발했지만, 이후 식민 상황에서 민족주의와 근대성 일반에 대한 이론화로까지 그 범위를 확장했다. 서발턴 연구 집단은 처음에는 스스로를 포스트식민 비평 분야에서 활동한다고 생각하지 않았지만, 그들의 작업은 에드워드 사이드(Edward Said)의 『오리엔탈리즘(*Orientalism*)』이 불러일으킨 지적 관심사와 공명했다. 따라서 사이드가 1988년 이 시리즈에서 선

Journal of Peasant Studies)』(1973)과 『농민 연구 뉴스레터(*The Peasant Studies Newsletter*)』(1972)가 있다.

5 Ludden, *Reading Subaltern Studies*, p. 20.

별한 논문들을 '서구 독자'에게 공식적으로 소개하며 이를 "거대한 포스트식민 문화 및 비평적 노력의 자의식적 부분"이라고 부른 것은 놀라운 일이 아니었다.[6] 이 집단은 또한 서발턴 연구에서 분석 범주로서의 젠더의 부재와, 1980년대 푸코(Michel Foucault), 데리다(Jacques Derrida), 라캉(Jacques Lacan) 등 프랑스 사상가들의 (영어로 인한) 대중화로 시작된 주체라는 개념 자체에 대한 비판을 무시한 듯한 '서발턴 주체(the subaltern subject)' 개념에 대해 페미니스트와 포스트구조주의자들(poststructuralists)로부터 호의적인 비판을 받았다. 특히 가야트리 스피박(Gayatri Spivak)의 개입과 문화사와 언어적 전환(linguistic turn)의 대두는 『서발턴 연구』의 결과물에 상당한 영향을 미치고 변화를 가져왔다. 그 결과, 비록 시리즈 자체가 그러한 이론을 제시하지는 않았지만, 『서발턴 연구』는 점차 포스트식민 역사 분야를 개척한 선구자로 인정받게 되었다.

이 장의 나머지 부분에서는 서발턴 연구의 전체 작업(corpus)을 세 단계로 나누어 살펴볼 것이다. 이러한 구분은 대략적으로 연대순이지만, 주제별 초점의 변화와도 일치한다. 이는 각 단계에서 다루어진 문제들이 서로 별개이고 무관했다는 것을 의미하지 않는다. 제안된 시대 구분은 회고적인 행위이며, 집단이 외부의 영향과 비판, 그리고 집단 내부의 정치적 성찰에 어떻게 반응하는지를 사후적으로 살펴볼 수 있는 지표이다.

---

6 Edward Said, "Foreword", in Ranajit Guha and Gayatri Spivak (eds), *Selected Subaltern Studies* (New York, NY: Oxford University Press, 1988), p. ix.

첫 번째 단계

정치적 주체로서의 서발턴

1960년대와 1970년대의 정치적 상상력을 명확히 표현하고, 인도의 포스트식민 위기의 뿌리를 영국 식민 지배 시기로 거슬러 올라가는 프로젝트의 핵심은 '서발턴'을 인도 역사에서 마땅히 누려야 할 자리로 회복하는 것이었다. 서발턴이라는 범주는 이탈리아 마르크스주의자 안토니오 그람시(Antonio Gramsci)의 저서 『옥중수고(*Prison Notebooks*)』에서 차용된 것으로, 이 저서는 1982년 『서발턴 연구』 제1권이 출간될 당시 영어권에서 널리 읽히고 있었다. 『옥중수고』는 1971년 영어로 처음 출간되었지만, 영미 학계에서 그람시 사상에 대한 논의를 자극한 것은 레이먼드 윌리엄스(Raymond Williams)의 1977년 저서 『마르크스주의와 문학(*Marxism and Literature*)』과 『더 뉴 레프트 리뷰(*The New Left Review*)』와 같은 학술 저널에 실린 비판적 논평이었다. 우리는 곧 서발턴이라는 범주의 개념적 중요성을 분석할 것이다. 일단 여기서는 라나지트 구하가 이 단어를 하위 계층의 사람들(people of inferior rank)을 지칭하는 데 사용했으며, 사회학적이고 계층화된 계급 개념보다는 권력 박탈과 위계질서 문제에 주목하려 했다는 점만 언급해 두겠다. 구하와 그의 동료들은 마오쩌둥, 특히 1927년 중국 후난성 농민운동에 대한 그의 보고서에서 영감을 얻었다. 그러나 서발턴 그룹의 창립 멤버인 디페시 차크라바르티(Dipesh Chakrabarty)가 최근 지적했듯이, 그들이 마오나 그람시라는 단어를 사용한 것은 1970년대 좌파 정치의 맥락에서 이해되어야 한다. "그람시와 마오는 모두 1968년

체코슬로바키아 사태 이후, 스탈린주의나 소련식 마르크스주의를 넘어설 대안으로 각광받았다".[7]

라나지트 구하는 「식민지 인도 역사 서술의 몇 가지 측면에 관하여("On Some Aspects of the Historiography of Colonial India")」라는 제목의 창립 및 강령적 성명에서, 인도 역사 서술은 당시(1982년)까지 "식민주의와 부르주아 민족주의 모두의 '엘리트주의'에 지배되어왔다"라고 주장했다. 그는 두 사상 모두 "영국의 인도 통치의 이념적 산물에서 비롯되었지만, 권력 이양 후에도 살아남아 영국과 인도의 신식민주의와 신민족주의 담론에 각각 동화되었다"라고 주장했다.[8]

제국주의 역사 서술의 전통을 따라 식민지 학자들과 행정관들이 집필한 역사서들은 영국의 인도 통치를 인도 아대륙에 유익한 것으로 묘사했다. 이러한 견해는 민족주의 성향의 역사가들의 반박을 받았는데, 이들은 식민주의/제국주의 학자들의 주장과는 달리 영국의 통치가 인도의 경제적 부를 앗아가 기근과 전반적인 빈곤을 초래했다고 주장했다. 그들은 영국의 분할 통치 정책이 종파 간 분열을 초래했고, 그 결과 1947년 유혈에 물든 분단과 인도 및 파키스탄이라는 두 국가의 탄생으로 이어졌다고 주장하였다. 1970년대 후반까지 인도 역사에서 중심이 된 논쟁은 대부분 민족주의와 식민주의의 본질과 상호 충돌에 관한 것이었다.

구하는 이러한 역사 서술이 어느 정도까지는 유용했다고 지적했다. 인도 엘리트 계층의 도움을 받아 식민 국가의 작동 방식을 조명했기 때문이다. 즉 식민지 인도의 계급 구조와 권력 정치(high

---

7 Dipesh Chakrabarty, "Foreword: The Names and Repetitions of Postcolonial History", in Rachel Harrison and Peter Jackson (eds), *The Ambiguous Allure of the West* (Hong Kong: University of Hong Kong Press, 2010), p. xiii.

8 Ranajit Guha, "On Some Aspects of the Historiography of Colonial India", in Guha and Spivak (eds), *Selected Subaltern Studies*, p.37.

politics)의 본질에 대한 지식을 제공했다는 것이다. 그러나 그가 보기에 이러한 역사 서술에는 "엘리트와는 무관하게, 즉 독립적으로 민중이 수행한 민족주의 및 정치 형성에의 기여"에 대한 설명이 전혀 없었다.[9] 그는 다음과 같이 지적했다. "이러한 역사 서술의 빈약함은 민족주의의 대중적 표현을 이해하고 평가하는 데 실패한 점에서 명백히 드러난다. 이 표현은 부정적으로는 법과 질서의 문제로, 긍정적으로는 특정 엘리트 지도자들의 카리스마에 대한 반응으로, 혹은 좀 더 유행하는 표현으로는 팩션의 조작(manipulation of factions)을 통한 수직적 동원으로 설명될 뿐이다".[10] 구하는 '서발턴'이라는 범주와 동의어로 사용하는 '민중(the people)'이 역사에서 부재한 것은 단순히 민족주의 학자로서의 역사가들의 해석 능력에 문제가 있었다는 것만을 의미하지 않았다. 이는 민족주의 현상 자체에 내재된 더 큰 문제를 반영하는 것이었다.

좌파적 성향과 문화적 문제에 대한 예리한 관심을 결합한 구하와 그의 동료들은 서발턴을 "전체 인도 인구와 엘리트로 묘사되는 모든 사람 사이의 인구학적 차이"로 정의하면서 이들의 분석에 관심을 돌렸다.[11] 이러한 방식으로 서발턴 집단을 정의하는 것은 포스트식민 역사 서술의 두 가지 핵심적 관심사와 맞닿아 있다. 하나는 모든 구성 요소를 대표한다고 주장하는 단일체로서의 민족국가에 대한 비판이고, 다른 하나는 자유주의적이고 세속적인 존재 방식에 부합하지 않는 집단들을 근대적이지 않다고 특징짓는 것에 대한 비판이다. 이러한 비판은 구하의 다음 진술에서 명확하게 표현된다.

---

9 *Ibid.*, p. 39.

10 *Ibid.*

11 *Ibid.*, p. 44.

> 이(서발턴 집단)는 엘리트 정치에서 유래하지도 않았고, 엘리트 정치에 의존하지도 않았기 때문에 자율적인 영역이었다. 그 뿌리가 식민지 이전 시대로 거슬러 올라갈 수 있다는 점에서만 전통적일 뿐, 결코 구식이라는 의미에서 낡은 것은 아니었다. 식민주의의 침투로 전통적인 유형의 엘리트 정치가 파괴되거나 사실상 무력해진 것과는 달리, 이 집단은 식민 통치(Raj) 하의 상황에 적응하고, 여러 측면에서 형식과 내용 모두에서 완전히 새로운 흐름을 발전시켰으며, 계속해서 활발하게 활동했다. 토착 정치만큼 근대적이면서도, 서발턴 집단의 정치는 시간적으로나 구조적으로, 상대적으로 더 깊이 있다는 점에서 두드러졌다.[12]

구하와 그의 동료들에게, 이러한 엘리트와 서발턴이라는 두 정치 영역의 공존—비록 서로 완전히 분리되어 있는 것은 아니더라도, 대체로 자율적으로 존재하는—은 한 가지 핵심적인 역사적 사실을 드러낸다. 즉, "인도 부르주아지가 국민 전체를 대변하는 데 실패했다"라는 것이다. "민중의 삶과 의식에는, 결코 부르주아 헤게모니에 통합되지 않았던 광범한 영역들이 존재했다".[13]

서발턴 역사 서술의 핵심은 농민, 노동자, 부족민 등의 서발턴 집단의 자발적인 동원에 대한 인식이었다. 이는 첫째, 기존 역사 서술에서 삭제된 서발턴을 역사 행위 주체로 복원해야 한다는 것. 둘째, 보다 도전적인 과제는 그러한 서발턴 동원을 '근대 정치행위'로 읽어내야 한다는 것이었다.

정치를 재정의하다

구하는 기존 민족주의 분석의 근본적인 결함은 민족주의 정서의 대중적 표출 문제를 다루지 않았다는 점이라고 강조했다. 서발

12 *Ibid.*, p. 40.
13 *Ibid.*, pp. 41-42.

턴 집단의 다른 구성원들은 인도의 농민 및 부족 사회에 대한 연구(아민(Shahid Amin), 하디만(David Hardiman), 차테르지(Partha Chatterjee)), 노동계급에 대한 연구(디페시 차크라바르티, 판데이(Gyanendra Pandey)), 종파 갈등과 공동체주의에 대한 연구(갸넨드라 판데이), 그리고 식민지 감옥과 같은 특정 제도에 대한 연구(아놀드(David Arnold))를 통해 이러한 비판을 뒷받침했다. 서발턴 연구 역사가들의 주된 목표는 서발턴 활동을 그들 자신의 방식대로 재현하는 것이었다.[14]

이 학자들은 민족주의 또는 마르크스주의 역사가들이 식민주의와 민족주의 역사를 재구성하기 위해 사용했던 신문 기사, 경찰 보고서, 정부 및 지방 행정 문서와 같은 동일한 '자료(sources)'를 참고했다. 그러나 차이점은 그들이 기록물에 접근하고 읽는 방식에 있었다. 구하는 서발턴 의식의 흔적을 찾기 위해 공식 문서를 거슬러 읽는(reading against the grain) 전략의 중요성을 강조했다.[15] 서발턴 역사를 연구하는 데 있어 어려운 점 중 하나는 자체적인 기록을 남기지 않은 집단을 연구하는 것이었다. 국가의 반란 진압 부대(경찰, 군대, 법 집행관)가 작성안 기록은 농민 폭동, 지주의 금고 약

14 이 프로젝트의 가장 주목할 만한 사례 중 일부는 다음 자료에서 찾을 수 있다. David Hardiman, "Origins and Transformations of the Devi", in Guha (ed.), *A Subaltern Studies Reader* 1986-1995, pp. 100-139; Gautam Bhadra, "The Mentality of Subalternity: Kantanama and Rajdharma", in Guha (ed.), *A Subaltern Studies Reader* 1986-1995, pp. 63-99; Shahid Amin, "Gandhi as Mahatma", in Guha and Spivak (eds), *Selected Subaltern Studies*, pp. 288-342; Ranajit Guha, "The Prose of Counter-insurgency", in Guha and Spivak (eds), *Selected Subaltern Studies*, pp. 45-84; and Dipesh Chakrabarty, "Conditions of Knowledge of Working- class Conditions", in Guha and Spivak (eds), *Selected Subaltern Studies*, pp. 179–230.

15 구하의 에세이 「반란의 산문("The Prose of Counter-insurgency")」과 그의 저서 『식민지 인도에서 농민 봉기의 기초적 측면들(*Elementary Aspects of Peasant Insurgency in Colonial India*)』은 서발턴 역사와 서발턴 주체를 다루는 동시에, 식민지 사회의 엘리트 집단이 남긴 기록에 대한 비판적 독해를 통해 그러한 주체성과 의식을 회복하는 방안을 제시한다.

탈, 기타 반란과 같은 사건들을 상세히 기록했는데, 이러한 사건들은 종종 종교 지도자들에 의해 영감을 받은 '반군(rebels)'들이 저지른 범죄로 묘사되었다. 그러나 서발턴 연구 역사학자들에게 이러한 활동은 민중 내부에서 벌어진 정치적 격변의 표현이었다. 구하는 역사학자가 자신의 독해 전략에 대해 자의식을 가져야 한다고 강조했다. 즉, 역사 문서에 담긴 엘리트적 편향을 분별하는 동시에, 그러한 문서가 생산된 권력의 역사에 도달하기 위해 그 문서들의 텍스트적 특성(textual properties)을 분석할 수 있어야 한다는 것이다.[16] 디페시 차크라바르티는 구하의 저작을 분석하면서 "독해라는 개입적인 은유(the interventionist metaphor of reading)는 E. P. 톰슨이 알튀세르(Louis Althusser)와의 논쟁 과정에서 역사가의 해석 행위를 묘사할 때 사용했던 수동적인 은유인 듣는 것(listening)과는 정반대"라고 언급했다. "독해(reading)에 대한 이러한 강조는 서발턴 연구 역사학이 문학과 서사 이론의 영향을 받을 수 있도록 했다".[17]

서발턴 의식을 역사 속 본래의 자리로 회복하려는 시도는 E. P. 톰슨과 에릭 홉스봄 같은 학자들이 개척한 아래로부터의 역사(history-from-below)라는 더 광범위한 운동의 '인도적(Indian)' 사례에 불과하다는 주장이 종종 제기되어 왔다. 차크라바르티는 위에서 인용한 그의 글에서 (아리프 딜릭(Arif Dirlik)을 비롯한 여러 학자들이 강력하게 제기한) 이러한 비난을 반박하며 서발턴 연구를 포스트식민 역사로 규정했다.[18] 차크라바르티는 서발턴 연구와 일부 영국 역사가들의 아래로부터의 역사 접근 방식 사이의 근본적인

16 구하는 그의 에세이 「반란의 산문」, pp. 45-84에서 이러한 전략을 보여준다.

17 Chakrabarty, *Habitations of Modernity*, p. 16.

18 아리프 딜릭(Arif Dirlik)은 "The Postcolonial Aura: Third World Criticism in the Age of Global Capitalism", *Critical Inquiry* 20(2) (Winter 1994), pp. 328-56에서 이러한 비판을 했다.

차이점은 전자가 이전 세대의 마르크스주의 역사가들이 종종 주창했던 대중 의식에 대한 단계적 관점(stadial view)을 거부한다는 점이라고 지적했다. 그는 '서발턴 연구'를 한다는 것은 "권력의 역사를 자본의 보편주의적 역사로부터 상대적으로 분리하고, 국가 형태를 비판하며, 권력과 지식의 관계(따라서 문서 보관소 자체와 지식의 한 형태로서의 역사)를 심도 있게 탐구하는 것을 수반한다"[19]라고 주장했다. 이러한 세 가지 특징은 "포스트식민 역사의 지적 의제를 이론화하는 새로운 방식의 시작"[20]을 의미했다. 이러한 접근 방식은 식민지 사회의 억압받고 소외된 계층의 정치적 주체성(political subjectivity)에 대한 새로운 이해를 제시했으며, 이는 서발턴 연구 집단의 저자들이 집필한 역사서와 톰슨이나 홉스봄 등이 개척한 아래로부터의 역사 접근 방식을 구분하는 방식이기도 했다. 차크라바르티는 "결정적인 이론적 단절은 구하가 식민지 인도와 관련하여 정치적 범주를 재정의하려 했던 방식에서 비롯되었다"[21]라고 지적했다.

구하는 자신의 주요 저서 『농민 봉기의 기초적 측면들』에서 에릭 홉스봄이 『원초적 반란자들(*Primitive Rebels*)』에서 도둑질과 반란을 '전정치적(pre-political)'이라고 규정한 것에 이의를 제기했다. 홉스봄은 반란군을 "세상에 대한 자신의 열망을 표현할 구체적인 언어를 아직 찾지 못했거나, 이제 막 찾기 시작한, 전정치적 사람들"이라고 묘사했다.[22] 홉스봄의 분석에 따르면 이러한 반란 행위는 세속적이지 않은, 즉 비세속적인 요소에 대한 믿음에서 비롯되었기 때

19 Chakrabarty, *Habitations of Modernity*, p. 8.

20 *Ibid.*

21 *Ibid.*

22 Chakrabarty, "A Small History of Subaltern Studies", in Chakrabarty, *Habitations of Modernity*, p. 9에서 인용했다.

문에 '근대적' 정치 행위로 간주될 수 없었다. 서발턴 연구는 이러한 입장을 거부하고, 농민을 근대 정치 영역 안에 포함시켜야 한다는 강력한 주장을 펼쳤다. 그들은 이러한 포함이 농민이 계몽주의 이후 합리주의 이데올로기에 대한 교육을 받은 후에 이루어진 것이 아니라, 식민지 및 토착 엘리트의 손에 의해 일상적으로 겪는 억압에 맞서 직접 행동함으로써 이루어졌다고 주장했다. 서발턴 연구는 고전적 자유주의나 마르크스주의 사상이 만들어낸 분석 장치에 내재된 종교와 국가, 공적 영역과 사적 영역 사이의 이념적 분리에 대해 비판적이었다.[23]

인도와 서구에서 시작된 마르크스주의 역사학은 종교를 허위의식의 표현이나 전체 사회 체계의 '안전밸브(savery-valve)' 기능 이외의 다른 것으로 취급하는 것에 불편함을 느끼거나 (또는 폄하)했다. 서발턴의 행위를 '정치적'인 것으로 이해하기 위해서는 역사가가 끊임없이 얽히고 충돌하는 역사적 논리에 주의를 기울여야 한다. 하나는 형식적-법적 및 세속적 통치 체제이고 다른 하나는 식민지와 포스트식민지(postcolony)의 일상생활에서 종종 다르마적(*dharmic*. 종교적)이고 비세속적인 직접적인 지배 관계이다. 포스트식민 국가와 엘리트 역사학이 이 두 가지 뚜렷한 실천 영역의 공존을 인정하고 이해하지 못한 것은 구하(와 그의 동료들)이 보기에 국가 권력이 결코 통합하지 못한 민중의 광범위한 삶과 의식의 존재를 방증했다. 이것이 바로 그가 식민지 국가와 그 뒤를 이은 민족국가를 '헤게모니 없는 지배(dominance without hegemony)'로 묘

---

23 이 단체의 일원인 데이비드 하디만(David Hardiman)은 서부 인도 구자라트(Gujarat) 주에서 데비(devi. 여신)의 영향력에 대한 연구에서 "종교적 신념과 관습은 더 나은 삶에 대한 열망을 반영하는 경우가 많았으며, 이는 단순히 내세뿐 아니라 현세에도 깊이 뿌리내리고 있었다. 이러한 열망은 일상적인 경험에서 비롯되었으며, 기존의 기반 위에 더 나은 미래를 건설하려는 시도였다"라고 주장했다. Hardiman, "Origins and Transformations of the Devi", p. 106을 참조하라.

사한 이유이다.[24]

이러한 비판은 서발턴 연구를 포스트식민 역사의 탁월한 사례로 확립했다. 식민지 지배 국가(colonial state)를 불법적 존재로 간주하고 그 전복을 주장했던 반식민지적(anti-colonial) 해석과는 달리, 서발턴 연구의 엘리트주의 비판은 그 기원을 식민지 시대로 거슬러 올라가는 주권적인 인도 민족국가에 대한 고발이었다. 그러나 초기 서발턴 연구 집단이 주장했던 역사 정치는 단순히 반식민 담론을 되풀이하는 것이 아니었다. 오히려 그들의 주된 과제는 식민지 시대로 거슬러 올라가는 인도 정치의 엘리트주의적 편향을 조명하는 역사학에 대한 비판이었다.[25]

두 번째 단계

포스트식민 민족주의

서발턴 연구는 1980년대 중반부터 전 세계 역사학계에서 중요한 논쟁의 대상으로 부상했다. 또한 1990년대까지 글로벌 사우스(Global South) 내부에서도 영감을 받은 일련의 대화가 이루어졌는데, 그중 하나가 『라틴아메리카 서발턴 연구 독본(*A Latin American*

24 이러한 관점은 Ranajit Guha, *Dominance without Hegemony: History and Power in Colonial India* (Cambridge, MA: Harvard University Press, 1997)에서 자세히 설명되어 있다.

25 구하의 후기 저서 『패권 없는 지배(*Dominance without Hegemony*)』, 파르타 차테르지의 『국가와 그 단편들(*The Nation and Its Fragments*)』, 그리고 갸넨드라 판데이(Gyanendra Pandey)의 논문 「단편을 옹호하여("In Defense of the Fragment")」는 부르주아 민족주의 담론의 비재현적(unrepresentative) 성격에 대한 포스트식민 비판을 더욱 발전시켰다.

Subaltern Studies Reader)』이라는 제목으로 출간된 논문집이었다.[26] 또한 이 시기부터 우리는 프로젝트의 방향에 미묘한 변화를 발견하는데, 서발턴 의식을 회복하는 데서 나아가, 주권 의식의 이미지를 만들어내는 데 기여했던 담론 장치에 대한 비판적 고찰로 전환된 것이다.[27] 다시 말해, 1980년대 중반부터 서발턴 연구는 유럽중심주의, 특히 계몽주의 이후 인본주의와 고전적 자유주의와 관련된 특정 사상 노선에 대한 지속적이고 자의식적인 비판을 시작했다. 1980년대 중반 이후 서발턴 연구의 범위는 사회 내 경제적으로 소외된 집단에 대한 연구를 넘어 확장되었다. 여성과 특정 카스트 집단의 문화적 소외가 서발턴 연구의 주제가 되었다. 무엇보다도 가장 급진적인 변화는 서발턴 연구 집단 내부에서 민족주의와 포스트식민 근대성의 지성사에 대한 사유가 이루어졌다는 점이다. 특히 파르타 차테르지(Partha Chatterjee)의 『민족주의 사상과 식민지 세계: 파생적 담론(*Nationalist Thought and the Colonial World: A Derivative Discourse*)』, 그리고 그 뒤를 이은 『민족과 그 파편들(*The Nation and Its Fragments*)』이 출간된 이후 더욱 그러했다. 이는 서발턴 연구가 사상사와 포스트식민 역사를 융합하는 방향으로 나아갔음을 의미했다.

이 두 권의 책에서 차테르지가 전개한 핵심 주제는 20세기 중

---

26 Ileana Rodríguez (ed.), *A Latin American Subaltern Studies Reader* (Durham, NC: Duke University Press, 2001).

27 가야트리 스피박의 획기적인 논문 「서발턴은 말할 수 있는가?("Can the Subaltern Speak?")」는 질 들뢰즈(Giles Deleuze)와 미셸 푸코(Michel Foucault)의 대화를 분석하여 역사학이 서발턴의 언어를 단순히 회복할 수 있다는 개념에 대한 가장 강력한 비판 중 하나를 제시했다. Gayatri Chakravorty Spivak, "Can the Subaltern Speak?", in P. Williams and L. Chrisman (eds), *Colonial Discourse and Postcolonial Theory: A Reader* (New York, NY: Columbia University Press, 1994), pp. 66-111. 또한 Rosalind O'Hanlon, "Recovering the Subject: Subaltern Studies and Histories of Resistance in Colonial South Asia", in Ludden (ed.), *Reading Subaltern Studies*, pp. 135-186을 참조하라.

반 탈식민화 시대에 아시아와 아프리카 여러 나라에서 발생한 민족주의의 고유한 특징을 분석하는 것이었다. 그는 보수주의적, 자유주의적, 마르크스주의적 민족주의 이론이 모두 민족주의가 서유럽에서 유래했다는 생각으로 수렴된다고 주장했다. 이는 존 플라메나츠(John Plamenatz), 한스 콘(Hans Kohn), 칼 도이치(Karl Deutsch), 엘리 케두리(Elie Kedourie), 어니스트 겔너(Ernest Gellner), 베네딕트 앤더슨(Benedict Anderson) 등 다양한 이론가들에게 공통적으로 적용되는 주장이었다. 차테르지는 특히 앤더슨의 『상상의 공동체(*Imagined Communities*)』(1983)에 대해 비판적인 시각을 펼쳤다.

차테르지는 앤더슨이 이전의 민족주의 이론가들과 달리 "일련의 외적이고 추상적인 기준"으로 국가를 정의하기를 거부했다고 지적했다. 그는 국가를 '상상된 정치 공동체'라고 주장함으로써 모든 기능적 결정론을 회피했다. 앤더슨은 국가를 상상의 산물이라고 묘사하면서 (겔너와 달리) 국가가 허위나 날조된 것이라고 주장하지 않았다. 오히려 개신교와 인쇄 자본주의라는 두 세력, 그리고 그 뒤를 이은 놀라운 변화들이 국가를 '사유(think)'할 수 있게 했다고 주장했다. 앤더슨은 이러한 발전의 결과로 세 가지 유형의 민족주의가 출현했다고 주장했다. 아메리카 대륙의 크리올 민족주의, 유럽의 언어 민족주의, 그리고 러시아에서 볼 수 있는 공식적 또는 국가적 지원에 의한 민족주의이다. 유럽과 미국에서 완전히 발전하고 결실을 맺은 이러한 민족주의는 나머지 세계의 모델이 되었다. 아시아와 아프리카의 민족주의 지도자들은 이제 150년이 넘는 인류 경험에 걸쳐 발전해 온 이러한 모델을 활용할 수 있게 되었다. 민족국가라는 개념이 지배하는 세상에서 민족주의 지도자들은 언어나 혈통의 공통성에 의존하여 민족이라는 이념적 정체성을 형성하는 대신, 다양한 모듈(modules)을 선택할 수 있었다. 차테르지는 이러한 틀 안에서 민족주의는 "대중 민족주의를 '동원'하고, 공식 민족주의의 '마키아벨리적' 수단을 사용하여 국가 권력을 장악하는 전위 지식인의 문제가 되었다"라고 주장했다. "종교나 친족 관계처럼, 민족주의는 인류학적 사실에 불과하며, 그 외에는 아무것도 아니다".[28]

특히 아시아, 아프리카, 라틴아메리카 등 전식민지였던 국가들의 관점에서 볼 때 이러한 서술은 논쟁의 여지가 있을까? 결국 앤더슨의 틀에는 민족주의 운동의 '지적 창조 과정(intellectual process of creation)'에서 작용하는 제3세계의 상상력을 설명할 만한 어떤 것도 없었다. 그러한 역사가 없다면, 세계 곳곳의 수많은 사람들은 단순히 '서구'가 만들어낸 모델의 수동적인 소비자로 전락할 것이다.

따라서 차테리지의 주요 목표는 민족주의의 지적 역사에서 서구의 이념적 우위에 의문을 제기하는 것이었다. 1986년 저서 『민족주의 사상과 식민지 세계』에서 그는 이 문제를 다음과 같이 기술했다. 민족주의 텍스트/사상은 한 국가의 '국민'에게 주권을 행사할 수 있음을 증명하는 동시에, 식민 지배자가 이국에서 통치할 정당성에 의문을 제기하는 이중적 부담을 져야 했다. "민족주의는 이 두 가지 모두에 대해, 후진국이 근대 세계의 조건에서 스스로를 통치하기에는 문화적으로 무능하다는 식민주의적 주장의 허위성을 입증하고자 했다". 따라서 민족주의는 (1) 식민지인의 '주장된 열등성(alleged inferiority)'에 도전하고 (2) 후진국이 문화적 정통성을 보존하면서 스스로를 근대화할 수 있다고 주장함으로써만 성공할 수 있었다. 이는 민족주의 사상의 거대한 업적이었지만, 차테르지는 이 업적의 근본 전제가 보편적 이성에 대한 충성이었다는 사실에도 주

28 Partha Chatterjee, *Nationalist Thought and the Colonial World: A Derivative Discourse* (London: Zed Books, 1986), p. 22.

못했는데, 이는 식민화 사명의 기반이 된 전제이기도 했다. 민족주의 사상은 언제나 권력 담론이었으며, 계몽주의 이후 부르주아-합리주의적 지식 형태와 별개로 고려될 수 없었다.

이는 민족주의 사상의 핵심에 모순을 낳았다. 즉, 민족주의가 정치적 지배에 대한 식민주의적 주장에 도전하면서도, 식민 지배의 기반이 되었던 '근대성'의 지적 전제를 수용했다는 것이다. 이러한 맥락에서 '근대성'은 '이성과 자본의 결합'이라는 특정 조건을 의미하며, "세계 어느 곳에서도 민족주의 자체(nationalism qua nationalism)"가 이러한 결합의 정당성에 도전하지 못했다.[29] 이러한 민족주의로부터 탄생한 국가는 이러한 이중성의 흔적을 지니고 있으며, 이는 포스트식민 국가 발전 과정에도 영향을 미친다.

그람시의 '수동 혁명(passive revolution)' 개념을 활용하여, 차테르지는 19세기 후반부터 1947년 독립 선언까지의 식민지 인도 국가의 역사를 '전형적(paradigmatic)' 사례로 제시하며 민족주의의 이념적 역사를 개괄했다. 그는 그람시의 도식을 사용하여 인도 민족주의 사상의 역사를 출발(departure), 기동(manoeuvre), 도착(arrival)의 세 가지 '국면(moments)'으로 추적했다. 그는 민족주의 사상이 "민족의 정치 생활을 국가 체제에 흡수"함으로써 '수도권(metropolitan capital)'과 '국민-국가(the people-nation)' 사이의 모순을 해결했다고 결론지었다. 민족(들)이 국가에 흡수되는 것은 민족주의의 '문화적-이념적' 작용의 결과이다. 이후 국가는 "생산적 투자의 주요 동원자, 계획자, 보증인, 그리고 정당화자(legitimator)"가 되었다.[30] 국가와 국민 사이의 인위적인 동일시에 의문을 제기하는 모든 정치 운동은 정당성을 인정받지 못했다.

---

29 *Ibid.*, p. 168.

30 *Ibid.*, pp. 168–169.

식민지 시대에서 포스트식민 시대로의 전환, 즉 차테르지의 용어를 빌리자면 '도착의 순간(moment of arrival)'에, '발전'이라는 기치 아래 국가의 삶에서 이성과 자본은 '인식론적 특권'의 지위를 얻는다. 인도 외에도 알제리와 멕시코의 민족주의는 이러한 과정의 극적인 사례로 제시된다.[31]

『민족주의 사상과 식민지 세계: 파생적 담론』의 논조는 이전 서발턴 연구의 글들보다 훨씬 더 음울했다. 차테르지는 민족주의와 계몽주의 이후 사상의 관계를 적대적이면서도 파생적이라고 규정함으로써, 과거 식민지였던 세계의 민족주의 사상이 진정으로 해방적일 수 있는지에 대한 근본적인 의문을 제기했다. 특히 릴라 간디에 대한 이 책의 분석은 국가가 어떻게 대안적이고 혁명적인 사상을 성공적으로 흡수하여 그 급진적 잠재력을 무력화시켰는지 보여주었다. 차테르지는 급진적 사상을 전복하거나 국가 기구에 흡수하려는 이러한 경향이 포스트식민 민족국가(postcolonial nation-states)의 구성 요소라고 주장했다.

그러나 이러한 타협에도 불구하고, 탈식민 제3세계의 민족주의 사상에는 독특하고 급진적인 무언가가 남아 있었다. 1993년, 차테르지는 그의 저서 『국가와 그 파편들』에서 포스트식민 민족국가의 역사와 유럽중심주의에 대한 광범위한 비판을 제시했다. 서두에서 그는 『민족주의 사상(*Nationalist Thought*)』에서 제기했지만 다소 모호하게 답했던 질문, 즉 제3세계 민족주의에서 상상력의 역할은 어디에 있는가?라는 질문에 답했다. 앤더슨과의 논쟁을 계속하면서 그는 다음과 같이 썼다.

> 앤더슨의 주장에 대해 나는 핵심적인 반론을 하나 제기하고자 한다. 만약 세

31 *Ibid.*

> 계 다른 지역에서의 민족주의가 유럽과 아메리카 대륙이 이미 제공한 특정 '모듈(modular)' 형태 중에서 상상의 공동체를 선택해야 한다면, 그들에게는 무엇을 상상할 수 있겠는가? 역사는 포스트식민 세계에 있는 우리가 근대성의 영원한 소비자일 뿐이라고 선언한 것 같다. 역사의 유일한 진정한 주체인 유럽과 아메리카 대륙은 우리를 대신하여 식민지 계몽과 착취의 대본뿐 아니라 우리의 반식민지적 저항과 포스트식민의 비참함의 대본까지 생각해 냈다. 나는 이 주장에 반대한다. 왜냐하면... 나는 이 주장을 반식민적 민족주의에 대한 증거와 조화시킬 수 없기 때문이다. 아시아와 아프리카에서 민족주의적 상상력이 낳은 가장 강력하고 창의적인 결과는 동일성이 아니라, 오히려 근대 서구가 전파한 민족 사회의 모듈 형태와의 차이에 기반한다.[32]

서발턴 연구 집단의 또 다른 학자인 갸넨드라 판데이(Gyanendra Pandey)는 민족국가에 대한 매끄럽지 못한 서사에 맞서기 위해 역사가들이 '단편적인(fragmentary)' 역사에 보다 주의를 기울여야 한다고 주장했다. 판데이의 표현을 빌리자면, "단편적 관점의 중요성 중 하나는 피상적인 동질화에 저항하고, '민족(nation)'과 미래의 정치 공동체에 대한 더 풍부하고 다른 정의를 위해 투쟁한다는 점"이다.[33] 차테르지는 판데이의 단편적 관점 옹호를 통해 반식민 민족주의의 포괄적인 역사를 서술했다. 그는 공식적인 반식민 민족주의와 항상 어울리지 않았던 특정 시기와 집단, 즉 여성, 하층 계급, 농민, 토착 언론의 역사를 살펴봄으로써 이 역사를 정리했다. 식민지 내 이러한 행위자와 운동에 대한 분석을 통해 차테르지는 식민지인이 식민 지배자에 대해 가지는 의식의 자율성을 설명할 수 있는 주권 이론(theory of sovereignty)을 제시할 수 있었다. 참고로, 여기서 말하는 '주권 이론'은 국가의 최종적이고 절대적인 권력

---

32 Partha Chatterjee, *The Nation and Its Fragments: Colonial and Postcolonial Histories* (Princeton, NJ: Princeton University Press, 1993), p. 5.

33 Gyanendra Pandey, "In Defense of the Fragment: Writing about Hindu-Muslim Riots in India Today", in Guha (ed.), *A Subaltern Studies Reader, 1986-1995*, p. 3.

인 '주권'의 본질, 근원, 행사 방식 등을 탐구하는 정치 및 법철학의 핵심적인 이론이다.

영어권 역사 학계에서 끊임없이 논쟁의 대상이 되어 온 한 주장에서, 차테르지는 "반식민지 민족주의는 제국주의 권력과의 정치적 싸움을 시작하기 훨씬 이전에 자체적인 주권 영역을 구축했다"라고 주장했다.[34] 그의 이론에서 민족주의의 역사와 그에 뒤따른 포스트식민 국가의 역사는 항상 내적/외적, 정신적/물질적, 사적/공적 삶의 영역이라는 이분법적 구분으로 특징지어진다. 내적-정신적-사적 영역은 식민지인이 식민 지배에 성공적으로 저항하고 서구에 주권을 행사한 영역에 해당하며, 외적-물질적-공적 영역은 동양이 서구의 정치적 의지와 이념적 권력에 굴복한 공식 정치와 직업 생활(professional life)의 영역을 포함한다. 민족주의가 내적 영역에서 식민 지배자를 견제하는 데 성공했다고 해서 이 영역이 변하지 않거나 변화로부터 고립된 것은 아니다. 오히려, 차테르지가 주장했듯이, "여기서 민족주의는 서구적이지 않은 '근대적인' 민족 문화를 창출한다. 만약 민족이 상상의 공동체라면, 바로 이곳에서 민족이 탄생한다. 이 진정하고 본질적인 영역에서 민족은 이미 주권을 행사하며, 국가가 여전히 식민 권력의 손에 있을 때에도 마찬가지다".[35]

내적/외적 또는 물질적/정신적 구분이라는 민족주의적 분리에 대한 차테르지의 분석은 많은 비판을 불러일으켰다. 이러한 이분법은 교회와 국가, 가정과 세상이라는 고전적 자유주의적 분리에 딱 들어맞아, 본국 모델의 모듈적 변형(modular variant of the metropolitan model)으로 남아 있다는 주장이 어느 정도 타당성을 가지고 제기되어 왔다. 특히 페미니스트 비평가들은 여성을 내적/

34 Chatterjee, *The Nation and Its Fragments*, p. 6.
35 *Ibid.*

정신적/사적 영역과 동일시함으로써 19세기 후반과 20세기 초 가부장제에 대한 비판과 여성의 직업적, 정치적 참여 증가에 대한 비판을 경시했다고 주장했다.

이러한 그리고 다른 비판에도 불구하고, 차테르지의 연구는 포스트식민 국가의 정치를 이해하는 데 매우 중요하다. 단편의 '근대성'('modernity' of the fragment)에 대한 그의 주장은 역사가들에게 세계화된 세계에서 예외주의 이론이 번성할 수 있도록 하는 담론적 조건을 탐구하도록 요구한다. 또한 이는 소위 '예외'가 보편적이라고 여겨지는 근대 권력 형태 속에서도 실제로는 강제적으로 억압된 요소로 내재되어 있음을 보여준다.[36] 그는 현대 세계에서 번성하지만, 자유주의-합리주의적 관점에서 분석할 경우 종종 전통적이거나 보수적이라는 비판을 받는 관행들을 깊이 있게 고찰할 수 있는 비판적 어휘를 제공했다.[37] 차테르지의 연구는 역사가들에게 '새로운 형태의 근대 공동체'를 사유할 수 있는 길을 열어주었고, '새로운 형태의 근대 국가'를 구상할 수 있도록 영감을 주었다.[38]

차테르지의 두 저서, 갸넨드라 판데이의 『식민지 인도의 공동체주의 구성(*The Construction of Communalism in Colonial India*)』과 앞서 언급한 「단편을 옹호하며("In Defense of the Fragment")」, 그리고 샤히드 아민(Shahid Amin)의 『사건, 기억, 은유(*Event, Memory, Metaphor*)』(1995)는 모두 서발턴 삶의 정치를 서술하는 데 있어 전체주의적 민족사의 효능에 의문을 제기할 역사적, 인식론적 근거를 제공했다. 이 저서들과 함께 포스트식민(postcolonial)은

---

36 *Ibid.*, p. 13.

37 예를 들어, 세계 여러 지역에서 베일(veil)을 둘러싼 정치, 서발턴 그룹이 초등학교 커리큘럼에 자신들의 언어를 포함하도록 확대해 달라는 요구, 중동 일부 지역 여성 단체가 정치적 권한 부여 방식으로 신앙심을 호소하는 것 등을 그의 경험적 모델을 통해 이해할 수 있다.

38 Chatterjee, *The Nation and Its Fragments*.

포스트민족(postnational)과 어우러지게 되었다.[39]

세 번째 단계

서발턴 연구는 2000년대를 맞이하며 어떤 위치에 있을까? 많은 사람이 동의하겠지만, 이 프로젝트는 단편적이다. 개별 기고자들의 저술에 내재된 다양성을 고려할 때, 역사가가 오늘날 서발턴 연구가 포스트식민 역사 서술 프로젝트로서 무엇을 의미하는지를 규명하기란 결코 쉬운 일이 아니다. 내가 평가하기에 세 가지 주요 경향이 두드러진다. 첫째, 라나지트 구하의 저서 『세계사의 한계에 선 역사(*History at the Limit of World History*)』(2002)는 명백하게 철학적, 역사학적 전환을 보여준다. 구하는 이 저서에서 헤겔의 '세계사' 개념에 기반한 세계관을 비판하고, 그에 맞서 '역사성(historicality)'이라는 범주를 제시했다. 역사성이란 구하가 과거의 방식이라고 일컬었던 '국가주의적 곤경(the statist predicament)' 속에서 서술된 역사, 즉 국가, 엘리트, 지배계층의 관점에만 치우쳐 서술된 역사를 벗어나는 사유의 방식이다. 두 번째 경향은 파르타 차테르지의 2004년 저서 『통치받는 자의 정치(*The Politics of the Governed*)』에서 잘 드러났다. 독자는 이 책에서 서발턴이 '통치받는 자'로 이름이 바뀌었다는 것을 알아차릴 것이다. 이러한 명칭 변화는 단순한 언어적 교체가 아니다. 오히려 유럽 정치 이론에 기반한 현대 세계의 정치사와 민주주의 이론에 관한 진지한 탐구를 시사한다. 이 두 가지 기여를 종합해 보면, 제3세계의 관점에서 유럽중심주의를 비판

---

39 1990년대 서발턴 연구 역사학의 변화에 대한 논의는 Chakrabarty, ***Habitations of Modernity***, pp. 16-18를 참조하라.

해야 한다는 서발턴 연구의 사명이 다른 방식이지만 서로 관련되어 발전해 온 과정을 알 수 있다. 이와는 다소 다른 세 번째 경향은 디페시 차크라바르티의 『유럽을 지방화하기(*Provincializing Europe*)』(2000)로 대표되는데, 이 책은 포스트식민 역사 서술에 지대한 영향을 미쳤다. 그러나 이에 대한 논의는 서발턴 연구 패러다임과의 독특한 관계 및 이탈 때문에 다음 장에서 다루도록 하겠다.

세계사와 역사성

구하의 역사학 비판의 핵심은 '역사(history)'와 '역사성(historicality)' 사이의 구분이다. 역사는 전문 역사가들이 집필하고 기록한 역사를 지칭하며, 민족국가의 형성과 깊은 연관을 맺고 있다. 이처럼 역사에 대해 이야기할 때 구하의 주요 대화 상대는 헤겔이다. 헤겔에게 근대 국가를 갖지 못한 민족, 또는 그런 국가에 대한 상상력이 없는 민족은 역사가 없는 민족이었다. 물론 이러한 생각은 여러 면에서 헤겔 이전에도 존재했다. 구하는 이를 15세기와 16세기 유럽 탐험가들에게서 찾았다. 그들은 양피지, 바위, 종이에 기록된 문자가 없는 민족들을 만나면서, 그들이 역사적 감각을 갖춘 문명사회의 범위를 벗어났다고 결론지었다. 이러한 개념은 헤겔에게서 가장 정교하게 발전했다.

구하는 국가와 역사의 근본적인 관계에 대한 헤겔의 사상을 자세히 논했다. 헤겔은 국가 형태 안에서만 사람들이 다양한 다원성과 차이를 극복하고 무엇이 일반적인지, 공통적인지, 보편적인지를 인식할 수 있다고 주장했다. 다른 모든 나라들, 그리고 인도와 중국 같은 곳들도 아직 신화적이고 시적인 혼돈에서 벗어나 그들 가운데 보편적 통치의 원리를 발견하지 못했다. 헤겔은 인도와 중국에 대해 다음과 같이 썼다.

두 나라는 자유라는 개념의 본질적인 자의식이 부족하다. 사실상 완전히 결여되어 있다. 중국인들은 자신들의 도덕 규범을 마치 신성한 자연법처럼 여기고, 적극적인 외적 계명, 강압적인 권리와 의무, 또는 상호 예의의 규칙처럼 여긴다. 이성이 지닌 실질적 규정을 윤리적 태도로 전환시키는 자유는 결여되어 있다. ... 그리고 감각, 욕망, 그리고 모든 세속적 이익을 포기하는 인도의 교리에서, 적극적인 윤리적 자유는 목표이자 목적이 아니라, 오히려 의식의 소멸과 영적, 심지어 육체적 생명의 정지이다.[40]

헤겔에게 자유란 "법과 정의와 같은 보편적이고 실체적인 대상들에 대한 인식과 긍정, 그리고 그것들에 상응하는 실재, 즉 국가의 산물에 불과하다". 그가 이러한 정의에 부합하는 국가의 실현을 본 유일한 곳은 유럽이었다. 독특한 국가성을 지닌 유럽은 세계사의 중심지로 지정되었지만, 세계의 다른 지역들은 각자의 산문적, 시적 표현 방식, 즉 역사성이라는 형식을 지닌 채 '선사 시대'에 정체되어 있다고 여겨졌다.[41]

구하가 말한 역사성이란 무엇인가? 간단히 말해, 역사성은 인간 존재의 다층적이고, 복수적이며, 경이로운 측면을 포착하는 과거에 대한 감각을 가리킨다. 역사성의 전달 방식은 오늘날 우리가 이해하는 역사적 서사가 아니라 신화, 시, 우화, 그리고 일상적인 지식을 통해 이루어졌다. 다시 말해, 역사성은 19세기 유럽의 식민화 이후 전 세계의 과거를 재현하는 가장 좋은 수단으로 여겨졌던 근대 역사학의 규칙에 저항하며 존재했던 개인들의 문학적 표현을 가리킨다.[42] 구하는 인도를 위한 인도 역사학에 대한 그의 초기 선언문에서 주장했던 바대로, 역사라는 식민주의적 지식 형태가 압도적으

40 Ranajit Guha, *History at the Limit of World History* (New York, NY: Columbia University Press, 2002), p. 38.

41 *Ibid.*, p. 23.

42 구하는 '세계사'의 지배를 서사학적 혁명(narratological revolution)이라고 부른다. Guha, *History at the Limit of World History*, pp. 5-6.

로 성공한 결과, 식민지 세계에는 국가주의의 논리가 지배하게 되었다고 본다. 세계사 모델에 따른 지식 생산은 식민지 시대부터 인도인들에게 너무나 깊이 내재화되어 오늘날의 역사가로서 우리는 이를 문제로 인식조차 하지 못한다. 서사시, 푸라나(*puranas*)(힌두교의 다양한 경전 중 하나로, 우주의 기원, 신화, 전설, 왕조의 역사 등을 담고 있는 방대한 문헌), 신화, 그리고 구하가 라빈드라나트 타고르(Rabindranath Tagore)의 표현을 빌려 '역사성'이라 부른 수많은 이야기는 '진정한 역사'의 자리를 국가의 공식 역사, 그리고 전문 역사학에 내주었다.[43]

구하는 이제 서발턴 역사가의 과제는 자신의 '국가주의적 곤경(statist predicament)'을 인식하는 것이라고 시사하는 듯하다. 첫째, 이는 우리가 세계의 다양한 억압의 역사를 분석할 때 사용하는 모든 범주가 사실상 개별 인물을 '노동자', '농민', '부족' 등 일반적이고 일반화 가능한 범주로 평준화한다는 인식을 함축한다. 둘째, 대부분 역사는 무력한 사람들이 어떻게 그렇게 되었는지 밝히고, 민족국가라는 틀 안에서 더 많은 권리를 확보하기 위한 그들의 투쟁을 진전시키는 데 초점을 맞추고 있기 때문에, 결국 이러한 역사도 국가 자체의 역사가 된다. 타고르에게서 영감을 얻은 구하는 민주주의 역사의 정신이 학문/세계사의 추상적인 총체성으로부터 역사적 행위자들의 고유성을 구출할 것이라고 주장한다.

물론 구하의 이러한 주장은 지나치게 낭만적이라는 비판도 존재한다. 서발턴 역사학의 대가인 그는 서발턴 경험을 미화한다는 비난을 받아왔다.[44] 그럼에도 불구하고 개인의 삶과 경험에 우선권을 부

---

43 타고르에 대한 구하의 논의에 대해서는 Guha, *History at the Limit of World History,* Chapter 5, pp. 75-94과 타고르의 수필 "Sahitye Aitihasikata" (Historicality in Literature)에 대한 그의 번역본, pp. 95-9를 참조하라.

44 구하의 저서와 이 책의 기반이 된 2000년 10월-11월 컬럼비아 대학교에서 열린 이탈리아 고등연구 아카데미 강연에 대한 비판에 대한 논의는 Dipesh Chakrabarty,

여하려는 구하의 역사성 옹호에는 근본적으로 민주적인 요소가 남아 있다고 볼 수 있다. 그러나 한 가지 비판은 여전히 남아 있다. 『세계사의 한계에 선 역사』는 포스트식민 사회에서 국가가 수행하는 중심성과 중요성을 충분히 고려하지 않았다는 점이다. 실제로 구하가 가장 밀접하게 관여하는 인도에서는 많은 사람이 국가주의적 정치와의 투쟁과 참여를 통해 자신의 상황을 개선할 방법을 실제로 찾았다. 국가의 역할에 대해 생각하지 않고는 포스트식민 인도에서 민주주의의 본질과 역사를 이해하는 것은 불가능할 것이다. 포스트식민 역사 서술은 '국가주의적 곤경'을 외면할 수 없으며, 오히려 비판적인 정신으로 이 문제에 접근해야 한다.

정치사회

파르타 차테르지의 『통치받는 자의 정치』는 바로 이러한 목적을 추구한다. 이 책은 차테르지 자신의 표현을 빌리자면 "세계 대부분의 지역에서 나타나는 대중 정치에 대한 성찰"로 구성되어 있다.[45] '대중 정치(popular politics)'는 난민, 불법 거주자, 이주민, 농민, 노동자, 그리고 '통치받는 자(governed)'의 범주에 속하는 다양한 계층의 사람들에 의한 정치적 실천으로 정의되며, 법이나 통치 제도에 구속되지 않지만, 동시에 그러한 제도에 의해 조건 지어진다. 이러한 정치는 세계 대부분 지역에서 정부와 주민 간의 관계를 형성한다. 차테르지가 제시한 '세계 대부분 지역(most of the world)'이라는 개념은 흥미롭다. 그는 현재 세계가 종종 '서구'라는 이름으

"History and Historicality". *Postcolonial Studies* 7(1) (2004), pp. 128-129를 참조하라.

45 Partha Chatterjee, *The Politics of the Governed: Reflections on Popular Politics in Most of the World* (New York, NY: Columbia University Press, 2004).

로 묶이는 근대 자본주의적 민주주의 국가들로 구성되어 있다고 주장한다. 그러나 서구/비서구의 이분법 구도는 포스트식민 세계에서 점점 더 복잡해지고 있다. "현대 서구는 많은 현대 비서구 사회에서 상당한 영향력을 행사하는 반면, 현대 서구 사회에는 반드시 현대 서구라는 역사적 실체에 속하지 않는 많은 부문이 존재하기 때문이다".[46] 서구와 비서구에 대한 이러한 정의는 우리를 발리바르의 유럽의 포스트식민적 곤경(Europe's postcolonial predicament)에 대한 설명으로 되돌아가게 한다. 또한 이는 근대 세계의 정치적 실천을 이해하기 위해서는 '서구/비서구'라는 광범위한 지리적 지표에 포함된 의미, 실천, 제도들을 분석할 필요가 있음을 시사한다. 이것이 바로 차테르지가 이 책에서 자신에게 부여한 과제이다.

차테르지는 탈식민화 이후와 서구 산업 국가에서 대중 민주주의 등장 이후, 통치 영역에서 '시민(citizen)'과 '인구(population)' 간의 구분이 점차 확대되었다고 주장한다. 이 구분은 다음과 같이 설명된다. "시민이라는 개념과 달리 인구라는 개념은 전적으로 기술적, 경험적이며, 규범적 부담을 지지 않는다. 인구는 식별되고, 분류되고, 설명될 수 있으며, 인구조사와 표본조사와 같은 통계 기법에 의해 다뤄질 수 있다".[47] 시민이라는 개념이 주권 개념과 연결될 수 있는 반면, 인구라는 개념은 통치와 규제를 위한 개념이다. 차테르지는 20세기가 진행됨에 따라 계몽주의 정치 개념의 핵심이었던 참여적 시민권과 정치적 대표성이라는 개념이 더 적은 비용으로 더 많은 사람에게 복지 증진을 약속하는 정부 개입이라는 '승리의 전진(triumphant advance)'에 자리를 내주었다고 주장한다.[48] "실제로

---

46 *Ibid.*, p. 3.

47 *Ibid.*, p. 34.

48 차테르지는 이러한 주장을 펼치면서 사회학자 니콜라스 로즈(Nikolas Rose), 피터 밀러(Peter Miller), 토마스 오스본(Thomas Osborne), 역사학자 메리 푸비(Mary

자본의 실제 정치사는 오랫동안 자유주의 정치 이론의 규범적 틀을 넘어 정부 기술(governmental technologies)을 통해 세계를 정복해 왔다고 말할 수도 있다".[49] 차테르지는 통치가 정치 참여의 약화를 의미한다고 주장하는 공동체주의 또는 공화주의 비판가들의 주장에서 자신의 주장을 뒷받침하는 증거를 찾는다. 정치, 또는 정치의 이름으로 행해지는 행위는 20세기를 거치며 많은 서구 자본주의 민주주의 국가에서 관리(management)와 조작(manipulation)의 문제로 전락했다.[50]

시민과 인구/통치받는 자들 사이의 구분은 또한 몇 가지 다른 개념적, 역사적 난제를 제기했다. 시민은 정의상 국가에 대한 공통된 소속으로 묶인 단일체였다. 그러나 통치받는 자는 부족, 인종, 계급, 즉 서로 다른 특징을 가진 다양한 집단으로 구성된 단일 불가분의 실체로 결코 인식될 수 없었다. 이러한 상황은 과거 식민지였던 국가들에서도 마찬가지였는데, 민족주의자들의 열망은 식민주의로부터 국가를 해방시켜 단일하고 동질적인 시민 집단을 만드는 것이었다. 그러나 탈식민화 이후, 대부분 국가에서 발전 또는 근대화 단계에 이르러 시민 집단을 '통치받는 자'로 분류하고, 열거하고, 지도화하는 식민 정책이 지속되었다. 이로부터 차테르지는 다음과 같은 문제를 제기한다.

> 따라서 우리는 두 가지 개념적 연관성을 설명했다. 하나는 시민사회와 국민주권에 기반하고 시민에게 동등한 권리를 부여하는 국가와의 연관성이다. 다

Poovey), 철학자 미셸 푸코(Michel Foucault), 이안 해킹(Ian Hacking)의 연구를 인용하고 있다.

49 Chatterjee, *The Politics of the Governed*.

50 차테르지는 2001년 9월 11일 사건 이후 미국과 영국에서 시민의 삶에 대한 정부 규제가 논의 주제가 되었지만, 사실 그 현상은 그 비극적 사건보다 수십 년 전부터 있었다고 주장한다.

> 른 하나는 인구와 다양한 안보 및 복지 정책을 추구하는 정부 기관과의 연관성이다. 첫 번째 선(line)은 지난 2세기 동안 민주주의 정치 이론에서 매우 자세히 설명된 정치 영역을 가리킨다. 두 번째 선은 다른 정치 영역을 가리키는 것일까? 나는 그렇다고 생각한다. 이를 시민사회의 고전적인 결사체 형태와 구별하기 위해 나는 이를 '정치사회(political society)'라고 부른다.[51]

반식민 민족주의의 맥락에서는 엘리트/서발턴의 이분법이 유효했지만, 포스트식민 시대에는 이것이 시민사회/정치사회라는 구도로 변환된다. 인도와 같은 나라에서 식민 지배국(colonial state)은 많은 서발턴 활동을 범죄적, 반란적, 또는 반항적이라고 규정했다. 그러나 이후 등장한 민족국가는 시민사회로 규정된 집단, 즉 문화적으로 준비된 소수의 시민과는 매우 다른 활동을 하는 대다수 인구를 다루기 위해 다른 정치적, 개념적 어휘를 찾아야 했다. 정치사회를 구성하는 수많은 사람이 행하는 여러 행위는 종종 '엄격한 법의 경계(strict line of legality)'를 위반했다.[52] 예를 들어 무허가 정착촌에 거주하거나, 불법으로 전기나 식수를 끌어 쓰거나, 대중교통에서 무임 승차하는 행위 등은 차테르지가 언급한 대표적 사례들이다. 이러한 관행은 인도 근대 민족국가의 삶에 너무나 만연하여 무시할 수 없으며, 정부 또한 이러한 집단을 합법적인 사회적 목적을 추구하는 시민 단체로 대우할 수 없다. 이 정치사회의 변덕스러운 집단들은 정당들의 표밭이며, 정부의 불완전한 복지 정책을 '비합법적인 방식으로' 보완하는 존재다. 이러한 행동이 생계, 정치적 기동성, 그리고 폭력 문제와 연관되어 있다는 점을 고려할 때, 차테르지는 이러한 활동을 '정치적'인 것으로, 즉 인도와 같은 포스트식민 사회에서 이루어지는 민주 정치의 진정한 본질로 재평가하고자 한다.

---

51 Chatterjee, *The Politics of the Governed*, pp. 37-38.

52 *Ibid.*, p. 40.

1980년대 후반과 1990년대 서발턴 연구의 비판적 논조를 연상시키는 어조로, 그는 다소 비꼬듯이 이렇게 썼다. "오늘날 우리의 정치 이론은 아리스토텔레스가 말한 이상적 헌정 기준을 받아들이지 않는다. 하지만 우리의 실제 정부 운영은 여전히 "모든 사람은 통치할 수 없다"라는 전제 위에서 이루어진다". 정치사회라는 개념은 세계 여러 지역의 사람들이 생계 문제를 해결하는 새로운 방법을 고안함으로써 대중 주권의 추상적인 약속을 무시하거나 제쳐두는 경우가 많다는 것을 보여준다. 이는 또한 그들이 통치받는 방식을 어떻게 상상하는지를 보여주는 것이기도 하다. 차테르지는 정식 정치 이론에 대한 포스트식민적 불경스러움의 정신으로 다음과 같이 결론짓는다.

> 정치사회의 여러 형태는 ... 아리스토텔레스의 지지를 받지 못할 것이라고 생각한다. 왜냐하면 아리스토텔레스에게는 이러한 형태들이 대중의 지도자들이 법보다 우선하는 것처럼 보이기 때문이다. 하지만 우리는 이러한 방식으로 국민들이 배우고, 통치자들이 자신들이 선호하는 통치 방식을 배우도록 강요한다고 그를 설득할 수 있을 것이다. 현명한 그리스인(아리스토텔레스)도 그것이 민주주의에 대한 훌륭한 윤리적 정당화가 될 수 있다는 점에 동의할 것이다.[53]

결론

서발턴 연구 집단의 지난 30여 년 동안의 궤적은 포스트식민 역사 서술 프로젝트에 대한 그들의 지속적인 기여를 분명히 보여준다. 첫째, 이 집단은 전 세계 역사 서술의 많은 부분을 특징지었던 유럽 중심주의에 맞서는 가장 지속적인 비판 양식 중 하나를 발전시켰다.

---

53 *Ibid.*, pp. 77-78.

둘째, 식민주의를 통해 세계 여러 중심부에 도달했던 유럽중심주의의 유산 속에서 현대 민족국가에 대한 비판적 시각을 확립했다. 마지막으로, 서발턴 연구는 역사가들에게 '정치적 주체로서의 서발턴'을 역사 속으로 다시 호출할 수 있는 비판적 어휘를 제공했다.

지금까지의 분석 결과, 서발턴이라는 범주는 안토니오 그람시로부터 도출되었지만, 서발턴 집단 역사가들의 저작에서 이 범주가 활용되면서 그람시적, 마오주의적 계보에서 벗어나 있음을 확인했다. 이 집단의 저작들은 마오처럼 당에 대한 신뢰를 보여주지 않았다. 또한 서발턴 행동의 '자발성(spontaneity)'에 대한 그람시의 회의론도 공유하지 않았다. 디페시 차크라바르티가 최근 지적했듯이,

> 서발턴 연구는 아마도 길고 긴 전 세계적인 좌파 역사의 마지막—혹은 가장 최근의—사례일 것이다. 이는 20세기 후반 러시아 등지에서 시작된, 비산업적 혁명 주체를 찾는 낭만적-대중적 탐색이었다. 이러한 낭만적 포퓰리즘(populism)은 20세기 마오주의의 많은 부분을 형성했고, 당을 근대 군주(Modern Prince)로 보는 안토니오 그람시 사상의 이율배반과 모호함에도 그 흔적을 남겼다.[54]

차크라바르티의 통찰, 즉 '서발턴'은 아마도 세계적 혁명 주체를 찾는 탐색의 가장 최근 사례였을 것이라는 점에는 많은 의미가 담겨 있다. 이러한 탐색은 세계 각지에서 '농민(peasant)'(마오), '대지의 저주받은 자들(the wretched of the earth)'(파농), '주체로서의 당(the party as Subject)'(레닌/루카치(Georg Lukacs)), '다중(multitude)'(하트(Michael Hardt)와 네그리(Antonio Negri))', '지배받는 자(the governed)'(차테르지)와 같은 이름들로 선행되고 계승되었다. 차크라바르티는 이러한 범주 각각의 '본질적인 성격

54 Chakrabarty, "Foreword: The Names and Repetitions of Postcolonial History", p. xiv.

을 인식하는 것'이 "반식민 민족주의의 대중 정치를 통해 출현한 민주주의의 역사를 쓰는 첫걸음"이라고 주장한다.[55] 그러나 이러한 역사의 중심에 있는 대중 주체를 온전히 이해하기 위해서는 포스트식민 역사 서술이 의식적으로 "유럽 사상의 한계를 넘어" 작업해야 한다.[56] 그래야만 우리 시대의 주요 포스트식민 비평가 중 한 명인 호미 바바(Homi Bhabha)가 골몰했던 질문, 즉 새로움은 어떻게 세상에 들어오는가?라는 질문에 답하기 시작할 수 있다. 그리고 그러한 여정의 첫걸음은 바로 '유럽을 지방화하기(provincializing Europe)'라는 프로젝트에서 시작될 것이다.

55 *Ibid.*, p. xv.

56 *Ibid.*

포스트식민 역사 쓰기

Writing Postcolonial History

03

유럽을 지방화하기 개념

03 유럽을 지방화하기 개념

> 유럽을 '지방화'한다는 것 ... 그것은 사고가 장소와 어떻게 연결되는지를 묻는 것이었다.[1]

디페시 차크라바르티(Dipesh Chakrabarty)의 2000년 저서 『유럽을 지방화하기: 포스트식민 사상과 역사적 차이(*Provincializing Europe: Postcolonial Thought and Historical Difference*)』는 포스트식민 역사 서술의 중요한 전환점을 이루었다. 이 책의 기획은 앞서 살펴본 서발턴 연구 프로젝트와 차크라바르티의 긴밀한 연관성에 힘입은 바 크지만, 동시에 역사학의 패러다임에서 현저하게 벗어났

1 Dipesh Chakrabarty, ***Provincializing Europe: Postcolonial Thought and Historical Difference*** (Princeton, NJ: Princeton University Press, 2007), p. xiii.

다.『유럽을 지방화하기』는 남아시아사라는 영역을 넘어 역사학 전반에서 폭넓은 반향을 일으켰기에, 본 장은 다음과 같은 구성으로 진행된다.[2] 우선 이 책의 주요 주제들을 분석함으로써,『유럽을 지방화하기』가 어떻게 포스트식민 역사 서술의 의제를 형성하는 데 기여했는지를 밝히고자 한다. 이어서『유럽을 지방화하기』에 제시된 역사학적 통찰이 지금까지 포스트식민 역사 서술과 관련 없는 분야에서 활동하는 역사가들에 의해 어떻게 활용되었는지 자세히 분석할 것이다. 본 연구의 목표는 포스트식민적 전환(postcolonial turn)이 유럽학자, 중세학자, 종교사학자, 그리고 미국 역사가들에게 역사학이라는 학문을 재조정하는 새로운 질문들을 가능하게 해주었는지를 보여주는 것이다. 마지막으로, 유럽중심주의에 대한 포스트식민 역사학의 비판적 시각을 글로벌 또는 세계의 역사 속에서 유럽의 위치를 탈중심화하려는 최근의 다른 역사 연구들과 비교 분석하고자 한다.

『유럽을 지방화하기』는 유럽중심주의적 사고에 대한 도전이다. 유럽중심주의적 사고는 수년간, 적어도 비서구가 발전하고, 서구를 따라잡아야 한다는 생각이 (다양한 형태로) 지배해 온 기간 동안, 전

---

2 남아시아 역사에는 '유럽을 지방화하기' 개념을 다루며 연구와 저술의 새로운 지평을 연 주목할 만한 저작들이 많이 있다. 풍부하고 다채로운 이 저작들을 고려할 때, 이 지역에 관심 있는 학생들이 이 저작들을 더욱 면밀히 분석하는 데 도움이 되기를 바라는 마음에서 몇 권의 중요한 저서만 소개하고자 한다. Debjani Ganguly, *Caste, Colonialism and Counter-modernity: Notes on a Postcolonial Hermeneutics of Caste* (London: Routledge, 2005); Ritu Birla, *Stages of Capital: Law, Culture, and Market Governance in Late Colonial India* (Durham, NC: Duke University Press, 2009); Sanjay Seth, *Subject Lessons: The Western Education of Colonial India* (Durham, NC: Duke University Press, 2007); Rochona Majumdar, *Marriage and Modernity: Family Values in Colonial Bengal* (Durham, NC: Duke University Press, 2009). 아자이 스카리아(Ajay Skaria)의 최근 서평 논문은『유럽을 지방화하기』와 차크라바르티의 다른 저작을 면밀히 검토하여 유럽의 지방화 프로젝트를 논의한다. Ajay Skaria, "The Project of Provincializing Europe: Reading Dipesh Chakrabarty", *Economic and Political Weekly* 44(14) (4 April 2009), pp. 52-59.

세계 수많은 역사적 사고와 저술의 핵심적인 조직 원리로 기능해 왔다. 『유럽을 지방화하기』는 세 가지 관련 질문을 제기함으로써 이를 실현한다. 첫째, 보편적 사상은 그들의 특정 지역의 기원을 반영하는가? 아니면 보편적으로 타당하다고 인정되는 사상은 실제로 어디에서 구현되든 똑같이 보이는 추상적인 개념에 불과한가? 차크라바르티가 이 주제에 대해 탐구한 내용을 통해 결론지을 수 있는 답은, "보편적이었던 유럽 사상들은 동시에 매우 특수한 지적·역사적 전통에서 비롯되었다"라는 것이다.[3] 그러나 이것이 이러한 사상의 세계적 연관성이 약화된다는 것을 의미하지는 않는다. 이는 이 프로젝트의 두 번째 주제로 이어진다. 즉, 본래 보편적이지 않은 보편적 사상들이 원래의 장소에서 다른 장소로 이동하면서 어떻게 번역(및 변형)되는지를 묻는 것이다. 그러한 변형에는 어떤 역사적 변화가 수반되는가? 그리고 사상은 어떻게 이동하는가? 마지막으로, 어떤 역사적 조건이 유럽을 지방화하는 이러한 프로젝트에 착수할 필요성을 부여하는가? 차크라바르티에 따르면, 이러한 질문들은 19세기 이후 유럽의 사상과 정치 영역의 확장에 따라 현대 세계를 지배해 온 특정 형태의 단계적 사고에 대한 비판적 인식을 불러일으키려는 충동에서 비롯된다. 차크라바르티는 이러한 종류의 국가적 또는 발전주의적 사고를 '역사주의(historicism)'라고 부른다. 다음 절에서는 『유럽을 지방화하기』의 논점을 자세히 검토하면서 이러한 명제를 하나하나 풀어보도록 하겠다.

『유럽을 지방화하기』에 대한 논의를 시작하기에 앞서, 저자가 이 책 전반에 걸쳐 '유럽'이라는 범주를 사용하는 방식을 명확히 하는 것이 중요하다. 이 책에서 유럽은 유럽이라고 불리는 세계의 지리적 영역과 일대일 대응 관계를 갖지 않는다. 오히려 이 책에서는 "지리

3 Chakrabarty, *Provincializing Europe*, p. xiii.

적 지시 대상이 다소 불확실한 특정 상상력의 형상들"을 지칭하는 '초현실적(hyperreal)' 용어로 사용된다.[4] 차크라바르티는 유럽 역사의 내적 이질성과 이 분야를 특징짓는 지역적 다양성을 인지하고 있다. 이러한 내적 차이에도 불구하고, 그가 글로벌 유럽을 하나의 사고 범주로 설정하는 데 내세우는 주장은 다음과 같다. "우리 중 일부가 그것을 비판적으로 인식한다고 해서 오리엔탈리즘이 사라진 것이 아닌 것처럼, 일상적 권력관계의 현상적 세계에서 근대의 탄생 현장으로 구체화되고 찬양되는 특정한 형태의 '유럽'이 역사 담론을 계속해서 지배하고 있다".[5]

역사와 유럽의 지배

『유럽을 지방화하기』는 '유럽'이 역사학(즉, 학계 역사가들이 만들고 집필하며 대학에서 생산되고 가르치는 학문)에서 주권적이고 중심적인 존재라는 주장으로 시작한다. 차크라바르티는 인도, 중국, 케냐 등 표면적으로는 세계의 다른 지역을 다룬 역사서에도 이러한 주장이 적용된다고 주장한다. 이러한 유럽의 지배를 보여주는 명백한 일상적 사례는 대부분의 제3세계 역사가들이 유럽 역사가들의 연구를 참고하는 반면, 유럽 역사가들의 연구에서는 상응하는 시급성을 찾아볼 수 없다는 점이다. 이러한 주장은 제3세계 역사가가 유럽 역사학자들에 대해 품고 있는 반감에서 비롯된 것이 아니다. 이는 더 큰 현상, 즉 현대 세계의 많은 역사학 또는 기타 사회과학적 연구가 계몽주의 이후, 그리고 그 이전 시대의 유럽 학자와 철학자

4 *Ibid.*, p. 27.
5 *Ibid.*, p. 28.

들이 숙고하고 추론해 온 이론적/철학적 가정에 기반을 두고 있다는 현상의 징후이다. 평등, 자유, 근대적 정의, 선거 민주주의, 시민사회, 문화, 개발, 공론장 등 전 세계 역사가의 연구에 필수적인 개념들은 유럽 사상가들의 손에서 최초로 이론적으로 발전했다. 유럽 사상가들은 다른 지역에 대한 직접적인 지식 없이 이러한 사상을 만들어낸 경우가 많았다. 하지만 이러한 사실이 비유럽권 역사가나 사람들에게 이러한 사상이 쓸모없다는 의미는 아니다. 차크라바르티는 마르크스, 베버, 헤겔, 심지어 프로이트와 같은 인물들이 역사적 저술과 사고에 얼마나 중요한 역할을 했는지를 예로 든다. 역사가들은 출신 지역에 관계없이 이러한 사상가들이 제시한 사상들을 활용하여 자신들의 경험적 연구 문제를 깊이 생각해 왔을 가능성이 높다.

이러한 사상가 중 다수는 세계의 다른 지역을 후진성의 장소로 명시적으로 보지 않았지만(존 스튜어트 밀이나 존 로크 같은 일부는 그렇게 보았지만), 그들의 사상은 다양한 역사적 배경에서 발전 이론이나 자본주의/사회주의 근대성으로의 이행 서사를 구성하는 데 핵심적인 근거가 되었다. 마르크스주의 역사에는 전(前)자본주의, 봉건제 또는 전부르주아로 묘사되는 역사적 단계에 대한 언급이 많다. 이러한 범주 사용의 암묵적 또는 명시적 가정은 사회가 전자본주의에서 자본주의로, 또는 봉건제에서 근대로 이동함에 따라 결국 세계 무대로 수렴한다는 것이다. 그러나 그때까지 비서구 사회는 발전 경쟁에서 앞서 나가는 사람들이 세운 모델을 따라가야만 한다는 생각이 지배적이다.

이러한 유형의 단계론적 사고(stadial thought)가 갖는 정치적 함의는 추론하기 어렵지 않다. 18세기 후반과 19세기 식민지 역사를 살펴보면, 인도, 아프리카, 또는 그 이전의 신대륙과 같은 지역에 대한 유럽의 지배 논리가 종종 이러한 머나먼 땅의 민족들에게 근대 세계에서 정치적 자율성을 누릴 자격을 갖춘 문명이나 전통이 없다는 관념에 기반했음은 의심할 여지가 없다. 서구 정치와 예의범절, 다시 말해 '정치적 근대성'을 배워야만 비로소 자치 능력을 갖춘 존재로 여겨졌던 것이다. '역사주의'는 차크라바르티가 국가와 세계의 과거를 이해하는 이러한 특정 방식에 붙인 특별한 명칭이다. 그가 주장하듯이, "역사주의는 근대성이나 자본주의를 단순히 세계적인 것으로 보기보다는 시간이 흐르면서 한 곳(유럽)에서 발원하여 그 밖으로 확산된 것으로 보이게 만든 것이다".[6] 이러한 확산의 매개체는 식민주의였다. 그는 이러한 사고방식이 요하네스 파비안(Johannes Fabian)이 유럽 통치자들과 함께 세계 각지의 주민들에게 '동시성의 부정(denial of coevalness)'이라 부른 인식의 틀을 가능하게 했다고 주장한다. 또는, '유럽을 지방화하기' 개념의 영향력 있는 약칭으로, 역사주의는 세계 인구의 상당 부분을 상상의 '대기실(waiting room)'로 내몰아 원칙적으로 보편적인 것으로 여겨지는 권리를 받을 '아직(not yet)' 준비되지 않았다는 말을 듣게 하는 수단이다. 식민 지배자의 '아직'이라는 명령에 대한 대응은 민족주의자의 '지금(now)'이라는 선언이었다. 대부분의 반식민지 민족주의는 식민지 주민들이 서구의 고전적 자유주의 사상의 잣대로 측정한 교육 수준이나 정치적 의식과 관계없이 언제나 자치할 준비가 되어 있다고 주장했다.[7] (참고로, 인류학자 요하네스 파비안이 그의 저서 『시간과 타자: 인류학이 어떻게 자신의 대상을 만드는가(*Time and the Other: How Anthropology Makes Its Object*)』(1983)에서 제시한 개념인 '동시성의 부정'은 타자를 우리와 같은 시간 속에 존

6 *Ibid.*, p. 7.

7 *Ibid.*, pp. 8-9.

재하지 않는 것으로 여기는 태도, 특히 서구 중심적인 시각에서 비서구 문화나 민족을 마치 다른 시간대에 존재하는 것처럼, 즉 '과거'에 머물러 있거나 '지체된' 상태에 있는 것처럼 간주하는 것을 의미한다).

그러나 반식민지 민족주의의 성공이 단계적 사고, 곧 역사주의적 사고의 종말을 의미하지는 않았다. 비서구 역사 연구자들 대부분이 알고 있듯이, 발전주의 사상은 제3세계의 수많은 교육받지 못한 대중에게 올바른 시민적 행위를 교육하려는 국가 정책 전반에 깊이 스며들어 있다. 그러나 이러한 국가 중 다수에 정치적 민주주의가 도입되면서, 문맹인 서발턴조차 선거 시 투표 행위를 통해 시민으로서의 지위를 동시에 획득하게 되었다. 이처럼 서발턴이 시민이 되면서 발생하는 이중성은 탈식민 국가들에서 '정치적 근대성의 역사와 본질'에 긴장을 불러일으켰다. 차크라바르티는 이 긴장을, 호미 바바(Homi Bhabha)가 다소 다른 맥락에서 사용한 바 있는 '교육적(pedagogic)' 시간성과 '수행적(performative)' 시간성 간의 긴장으로 비유하며, 서발턴-시민의 복잡한 양상을 다음과 같이 설명한다:

> 하나는 시민으로 교육받아야 하는 농민으로, 따라서 역사주의 시대에 속하는 존재이다; 다른 하나는 정식 교육을 받지 않았음에도 이미 시민으로 존재하는 농민이다. ... 농민이나 서발턴이 민족주의 운동의 일원으로서, 혹은 '부르주아 시민'으로서의 자격을 갖추기 위해 '준비' 작업을 할 필요 없이 정치체의 본격적인 구성원으로서 근대 정치 영역에 등장하는 이 순간에 우리는 정치적인 것을 어떻게 '생각(think)'해야 할까?[8]

8 바바는 그의 유명한 에세이 「민족의 산종("DissemiNation")」에서 국가 형태의 이중적인 시간성을 환기하기 위해 '수행적(performative)'이고 교육적인 측면을 사용했다. 그에게 교육적인 측면은 "과거에 미리 주어지거나 구성된 역사적 기원에 기반하는 것"인 반면, 수행적인 측면은 "국민적 삶이 재생산 과정으로서 구원되고 반복되는 현재의 징표"였다. Homi Bhabha, "DissemiNation", in *The Location of Culture* (London: Routledge, 1994), p. 145 (''안은 원문에서 강조).

독자는 글을 읽지 못하는 농민을 근대 정치 행위자로 어떻게 사유할 것인가에 대한 질문이 서발턴 연구의 핵심 관심사 중 하나였음을 기억할 것이다. 차크라바르티는 자신이 창립 멤버였던 서발턴 연구에 대한 자신의 빚을 인정하면서도, 서발턴에 대한 이러한 분석을 다른 방향으로 밀고 나간다. 그는 유럽 사상의 두 가지 비판적 철학 전통, 즉 분석적 전통과 해석학적 전통에 의지하여, 이러한 역사 서술 방식을 추동하는 것이 '포스트식민적 복수(postcolonial revenge)'의 정신이 아니라, 사유 자체 내의 모호성에 주목함으로써 유럽적 인본주의 사상을 갱신하려는 열망임을 보여준다. 이러한 인본주의 철학의 성향은 인종이라는 범주를 통해 유럽 철학의 사유를 한계까지 확장하고자 했던 프란츠 파농과 같은 사상가들의 사상과 더욱 맞닿아 있다. 차크라바르티는 인종 자체를 그렇게 고려하지 않았다. 인종은 파농이 직면한 역사에서만큼 영국의 인도 식민 통치에서는 강력한 요인이 아니었을지도 모른다. 그러나 그의 출발점은 유럽 식민주의자들이 자신의 좁은 이익을 추구하기 위해 '인간(human)'이라는 범주를 찬탈한 방식에 대한 파농의 인식이다.

차크라바르티는 유럽 철학의 분석적(analytic) 전통과 해석학적(hermeneutic) 전통을 대표하는 마르크스(Karl Marx)와 하이데거(Martin Heidegger)를 활용하여 비서구 세계의 서발턴성(subalternity)과 정치적 근대성이라는 관념을 탐구한다.[9] 마르크스가 판단력을 흐리게 하는 이데올로기의 작동을 보여줌으로써 세상을 탈신비화하는 데 주요 기여를 한 사상의 흐름을 대표한다면, 차크라바르티에게 하이데거는 다양한 집단이 어떻게 세상에 안주하

---

9 차크라바르티는 대부분의 사상가들이 어느 정도 중복되는 부분을 공유하기 때문에 두 개의 철학 전통을 구분하는 것이 인위적임을 인정한다. 그는 이러한 구분을 자신의 분석을 위한 휴리스틱 장치(heuristic device. 발견적 도구 또는 경험 기반 도구로 번역), 즉 복잡한 문제를 해결하거나 결정을 내릴 때 유용한 도구나 방법으로 삼는다.

고자 하는지에 주목하는 사고방식을 대표한다. 하이데거는 차크라바르티가 '정서적 역사(affective histories)'를 쓰는 데 영감을 준 인물이다.[10] 후자의 사상은 역사가가 인간 삶의 세계의 다양성에 접근할 수 있도록 해준다. 이 두 근본 사상가의 철학적 차이를 서발턴 또는 제3세계의 과거에 대한 대화로 가져옴으로써, 차크라바르티는 다음과 같은 방식으로 포스트식민 조건의 역사에 새로운 빛을 비춘다: (1) 그는 마르크스의 '자본(capital)' 개념을 면밀히 독해하면서, "역사와 세속적 인간이라는 개념 모두가 자본주의가 새롭게 형성한 세계 질서—즉 '세계적인 것(the global)'—의 산물임을 밝힌다. 다시 말해, 인간 평등이라는 개념은 유럽의 사상, 특히 마르크스에게서 유래된 것이다.[11] (2) 그는 마르크스의 분석과 계몽주의 사상의 유산에 매우 중요한 추상적이고 평등한 인간의 모습이 역사가의 작업에 중요한 역사적 차이의 개념, 즉 "소속과 다양성의 문제를 가리기도 한다"라는 점을 보여준다.[12] (3) 마지막으로, 하이데거의 통찰을 활용하여, 포스트식민 탈식민지 역사가가 보편적인 존재의 추상적 형상을 탐구할 수 있는 새로운 길을 제시한다. 인간과 함께 장소가 인간의 소속감을 형성하고 역사적 차이를 만들어내는 방식에 대한 특정한 설명을 복원한다.

차크라바르티는 마르크스가 분석한 자본주의 발전의 보편적 논리를 역사 1(History 1)이라고 부른다. 그는 여기에는 자본이 전제 조건으로 제시한 모든 역사적 발전이 포함된다고 주장한다.[13] 마르크스주의 역사는 역사 1의 사례로 가득하다. 여러 국가의 산업화 역사, 봉건제에서 자본주의로의 전환, 노동의 기계화는 모두 역사 1의

10 Chakrabarty, *Provincializing Europe*.

11 *Ibid.*

12 *Ibid.*

13 *Ibid.*, p. 63 (괄호 안의 단어는 저자의 것).

사례이다. 그러나 차크라바르티가 역사 2라고 부르는 또 다른 종류의 역사가 있는데, 이 역시 자본의 '선행 조건들(antecedents)'을 포함한다. 이러한 자본의 전제(역사 2)와 자본 자체가 설정한 과거(역사 1)의 차이점은 전자가 자본의 생애 과정의 일부가 아니라는 것이다. 역사 2는 '자본의 자기 재생산'에 기여하지 않는다. 그런 의미에서 역사 2는 마르크스의 자본 논리에 내재된 것은 아니다.

마르크스주의 역사학에 있어 이러한 구분은 상당한 의미를 지닌다. 상품 형태, 화폐, 그리고 실질 노동과 추상 노동(real and abstract labour)을 면밀히 분석한 차크라바르티는 마르크스 자신의 저서에서 "자본이 마주치는 과거의 총체적 세계는 자본의 논리적 전제들이 구축되는 요소들의 합보다 크다"라는 증거를 발견할 수 있다.[14] 자본의 논리는 역사 1이 결국 모든 역사 2를 파괴하거나 예속시킬 것을 요구한다. 그러나 마르크스 자신은 자본의 한계가 "끊임없이 극복되지만, 마찬가지로 끊임없이 상정된다"라고 썼다.[15] 차크라바르티는 다음과 같이 결론짓는다:

> 역사 1과 역사 2를 함께 살펴보면, 전 세계가 자본의 지배 아래 놓였다고 말할 수 있는지에 대한 논쟁을 특징짓는, 외부와 내부의 통상적인 위상학적 구분(topological distinction)이 무너진다. 이 설명에서 차이는 자본의 외부적인 것이 아니다. 자본에 포섭된 것도 아니다. 차이는 자본과의 관계 속에서 때로는 반대하며, 때로는 중립적인 방식으로, 친밀하고 복수적인 관계 속에 존재한다.[16]

차크라바르티의 주장에 따르면, 자본의 논리, 즉 그가 근대성이라고 부르는 시간적 특성에는 본질적으로 역사적 차이가 내재되어 있다. 이 차이는 민족, 국가, 인종, 젠더 등 다양한 집단 간에 나타나는

14 *Ibid.*, p. 64.

15 *Ibid.*, p. 65에서 인용했다.

16 *Ibid.*, pp. 65-66.

차이를 의미한다. 자본은 전 세계로 확산되면서 모든 곳에 "유럽 계몽주의의 보편적 주제들"을 가져왔다. 이것이 바로 자본주의 생산양식으로의 이행이라는 역사이다. 이는 역사 1이 다양한 삶의 관행들을 지배하고 길들여 하나의 보편적인 인간됨의 기록으로 삼으려는 과정을 가리킨다. 그러나 이 과정의 일부는 '번역(translation)' 행위이기도 하다. 이 번역에는 미리 정해진 청사진이 없으며, 이를 통해 보편적인 것은 세계 자체만큼이나 다양한 역사 2에 의해 수정된다. 차크라바르티는 우리가 자본의 추상화된 논리에 안주하게 되는 것은, 우리의 다양한 역사 2가 역사적으로 자본의 논리에 의존하지 않는 특정 삶의 세계(lifeworlds)의 존재를 증진하기 위해 그 논리를 수정하는 데 동원되는 정도에 달려 있다고 주장한다.

이것은 역사 서술에 어떤 의미를 갖는가? 장소의 문제를 생각해보자. 역사 1의 논리에서 장소는 궁극적으로 다른 어떤 범주와도 교환 가능한 추상적인 범주이다. 그러나 역사 2는 역사가에게 그러한 추상화 메커니즘을 거부하는 방식으로 인간 경험의 특수성을 염두에 두도록 촉구한다. 그들은 장소, 지역, 그리고 현지성의 특수성에 주목한다. 위에서 논의된 바와 같이 유럽을 지방화하는 프로젝트는 세계화된 세계, 즉 자본의 확산과 역사 1의 보편적 논리에 의해 이미 변형된 세계에서만 이루어질 수 있다. 이제 어떤 특정한 경우 자본이 실제로 인간 존재의 특정 역사를 촉진할 수도 있다. 그러나 역사 2의 개념은 우리가 "세계화가 초래하는 손실에 대해서도 이야기할 수 있는 입장"을 찾을 수 있게 해준다.[17] 이러한 방식으로 자본주의의 역사와 후자와 관련된 진보 사상을 개념화함으로써, '유럽을

---

17 차크라바르티는 여기서 폴 스티븐스(Paul Steven)의 논문, 「상상력의 이질화: 세계화, 『베니스의 상인』 그리고 문학의 역할("Heterogenizing Imagination: Globalization, *The Merchant of Venice* and the Work of Literary Criticism")」, *New Literar History* 36(3) (2005), pp. 425-437에 실린 자신의 책에 대한 해석을 언급하고 있다.

지방화하기'에 구현된 포스트식민 비판은 유럽중심주의의 문제점들을 명확하게 드러낸다. 하지만 유럽을 지방화하는 것은 유럽적 사상의 범주를 거부하는 것이 아니다. 오히려 이는 세계 각지의 다양한 인구 집단의 삶과 존재에 특화된 '복수의 규범적 지평들(plural normative horizons)'을 이해하고 설명하는 데 있어 유럽적 사상이 부족함을 보여주는 것이다.

차크라바르티는 이러한 역사 서술의 구체적 사례로 19세기 말에서 20세기 초의 벵골(Bengal)을 분석 대상으로 삼는다. 그는 "내 주장에 대한 심층적인 역사적 고찰을 제공하기 위해, 나는 권리, 시민권, 형제애, 시민사회, 정치, 민족주의 등의 사상에 의식적으로 영향을 받았던 집단을 살펴봐야 했다"라고 설명한다.[18] 따라서 『유럽을 지방화하기』에서 벵골 중간계급은 인도 포스트식민 국가 전체를 대표하지 않는다. 오히려 그의 요점은 유럽 계몽주의에서 도출된 가치에 의해 스스로를 형성했다고 자각했던 사회 집단의 역사를 이해하는 데 위에 나열된 유럽 사상의 범주/개념이 필수적이면서도 부적절하다는 것을 보여주는 것이다. 예를 들어, 차크라바르티는 20세기 초 벵골의 가족 제도 변화를 설명하면서, 핵가족이라는 관념이 아내가 남편에게, 자녀가 부모에게 헌신해야 한다는 상충되는 이상들과 항상 마주쳤다는 점을 보여준다. 따라서 현대 벵골의 '핵가족(nuclear family)'은 프랑스나 영국의 핵가족과는 상당히 다른 모습을 보인다. 마찬가지로, 도시의 공공 공간과 때로는 사적인 공간에서 이루어지는 장시간의 비형식적 담화인 벵골의 사회적 관행인 아따(*adda*)에 대한 현대적 기억은 표면적으로는 하버마스가 18세기와 19세기 유럽에 대해 이론화한 공론장의 사례와 유사해 보이지만, "도시의 다른 즐거움과 위험에 의해 현재 밀려나 버린 도시적

18 Chakrabarty, *Provincializing Europe*, p. 21.

근대주의 관행에 대한 진혼곡"으로 웅변적으로 묘사된다.[19] 아따를 근무 시간에 이뤄졌다는 이유로 근대적 규율이 결여된 게으른 벵골적 습속으로 간주하는 대신, 차크라바르티는 그것이 벵골인들이 근대성 속에서 '자신의 자리'를 만들어가려는 사회적 실천이었다고 기술한다.

『유럽을 지방화하기』는 에드워드 사이드가 『오리엔탈리즘』에서 개척한 유럽중심주의 비판에서 분명한 진전을 이루었다. 그 지속적인 공헌은 지금까지 그러한 영향에서 상당히 벗어나 있던 역사 서술 영역에 포스트식민성(postcoloniality)이라는 개념을 도입한 것이었다. 포스트식민 역사학은 유럽적 범주에 대한 전면적인 거부로 인해 발생한 토착주의적 경향을 상징하는 것이 아니라, 역사 서술에서 이러한 범주의 불가피성(indispensability)과 부적합성(inadequacies)을 인내심 있게 역사적으로 기록하는 것임을 다시 한번 강조할 필요가 있다. 따라서 유럽을 지방화한다는 개념은 역사가 프레데릭 쿠퍼(Frederick Cooper)가 "식민지 연구와 포스트식민 연구에서 선호되는 활동이 되었다"라고 주장하는 "계몽주의와 근대성을 맹공격하는 것(bashing Enlightenment and modernity)"이라는 조잡하거나 단순한 시도와는 거리가 멀다.[20] 이 장의 나머지 부분에서는 다른 분야의 역사가들이 유럽을 지방화하기 개념을 어떻게 수용하고 적용해 왔는지 몇 가지 사례를 통해 보여줄 것이다.

---

19 *Ibid.*, p. 182.

20 Frederick Cooper, *Colonialism in Question: Theory, Knowledge, History* (Berkeley and Los Angeles, CA: University of California Press, 2005), p. 6.

포스트식민 역사와 미제국

포스트식민 역사 서술이란 패권적 권력 중심의 관점에서 서술된 역사들에 도전하는 것을 의미한다. '유럽을 지방화하기'는 제국주의와 식민화의 역사를 새롭게 탐색하는 길을 열어줌으로써 이 작업을 한 걸음 더 나아가게 했다.

줄리안 고(Julian Go)가 미국 예외주의에 대한 수정주의적 해석에서 '유럽을 지방화하기' 개념을 언급하는 방식은 새로운 영역에 대한 포스트식민 역사의 영향을 파악하는 데 좋은 출발점을 제공한다. 줄리안 고의 연구는 이전에 미국에 편입되지 않았던 영토들을 공식적으로 획득함으로써 제국이 된 20세기 초의 새로운 미제국(American empire)의 역사를 분석한다. 공식적인 제국의 수립은 또한 미국의 자유주의적인 예외주의가 최초로 표명된 시기와 일치한다. 이 이론의 옹호자들은 미제국이 제국주의 강대국이었지만, 그 이전의 영국, 스페인 또는 다른 제국들과는 본질적으로 달랐다는 점을 기꺼이 인정했다. 이러한 예외주의의 주장은 미국이 제국의 지배지에서 동의(consent)와 수용(accommodation)의 원리에 입각하여 통치함으로써 18-19세기의 전통적 제국들과는 달랐다는 '자애적 통치'의 논리를 근거로 삼는다.

줄리안 고는 이러한 여러 영토에 대한 미국의 주권 수립에 수반된 특정 조건들을 면밀히 분석함으로써, 필리핀에서의 미국의 정책은 실제로 온건했지만, 사모아와 괌에서는 그렇지 않았음을 보여준다. 따라서 그는 자유주의적 예외주의 주장은 맥락에 따라 수정되어야 한다고 주장한다. 그의 주장에 따르면, 자유주의적 예외주의는 푸에르토리코와 필리핀에서 식민지 형태로 구현되었지만, 그것은 미국의 독특한 정치적 가치나 특별한 국가적 성격에서 비롯된 것이 아니다. 오히려, 후견 정책(tutelage policy)은 식민지 자체의 특수한 특징과 발전에서 비롯되었다. 이는 미제국의 '지방성(provinciality)'을 보여준다. 만약 미국의 통치가 예외적으로 보였다면, 그것은 미국의 예외적인 성격 때문이 아니라 제국이 통치하고자 했던 사람들의 독특한 특성 때문이었다는 것이다.[21]

예외주의 논제의 비판자들은 제국주의에 의해 '진정한(true)' 미국의 가치와 '성격(character)'이 타락했기 때문에 미제국은 전혀 자애적(benign)이지 않았다고 주장했다. 고는 유럽을 지방화하기 개념을 새롭게 적용하여 예외주의 논제의 옹호자들과 반대자들 모두에게 이의를 제기한다. 그는 다음과 같이 썼다.

> 유럽을 지방화한다는 것은 전통적인 유럽 서사를 폐기하는 것을 의미하는 것이 아니라, 이러한 서사와 '유럽' 자체가 주변화된 공간과 사람들과의 관계 속에서 어떻게 형성되고 재형성되어 왔는지 드러내는 것을 의미한다. '유럽'은 제국의 지방으로 단순히 확장된 특권적인 중심지가 결코 아니었다. 그 정체성과 서사 그 자체는 제국의 속주들과의 복잡한 상호작용을 통해 형성되었다.[22]

그는 같은 비유를 미제국에도 적용하며 자유주의적 예외주의 논제의 맹점을 지적한다. 미국이 공언하는 예외주의는 미국 고유의 미덕에서 비롯된 것이 아니라, 제국 정책과 제국의 '지방 공간(provincial spaces)' 사이의 상호작용의 결과였다.

---

21 Julian Go, "The Provinciality of American Empire: Liberal Exceptionalism and U.S. Colonial Rule, 1898-1912", *Comparative Studies in Society and History* 49(1) (2007), pp. 76-77.

22 Go, "The Provinciality of American Empire", p. 102.

유럽의 탈중심화

'유럽을 지방화하기'라는 개념은 또한 터키나 유럽의 '남부'(포르투갈, 이탈리아, 그리스, 스페인—외교 담론에서 냉소적으로 'PIGS'라 불리기도 함)와 같이 유럽의 주변부로 여겨지는 국가들에 대한 수정주의적 포스트식민 역사 서술에서도 중요한 영향을 끼쳤다. 이 작업의 대부분은 유럽의 경계나 주변부의 관점에서 유럽의 문학 및 철학 전통을 수정주의적으로 읽어냄으로써 유럽중심주의를 비판하는 포스트식민적, 지적/문학적 역사 작업에 가깝다.

포스트식민 문학사

로베르토 다이노토(Roberto Dainotto)는 그의 논문 「아랍주의 이론의 은밀한 매력(*The Discreet Charm of the Arabist Theory*)」에서 포스트식민 문학사의 훌륭한 사례를 제시한다. 유럽주의자들이 포스트식민 및 서발턴 연구의 틀을 활용하는 것이 중요하다고 지적한 또 다른 포스트식민 역사가 이얀 프라카시(Gyan Prakash)의 요청과 차크라바르티의 유럽을 지방화하기 개념에 응답하여, 다이노토는 "근대/식민 세계 체제의 내부 경계로부터 지식 생산에 대한 비판적 성찰을 ... 유럽 내부에서 명확히 표현"하기 위해 '경계 인식론(border gnoseology)'을 제시한다.[23] 다이노토는 차크라바르티가

23 Roberto M. Dainotto, "The Discreet Charm of the Arabist Theory: Juan Andres, Historicism, and the De-centering of Montesquieu's Europe", *European Historical Quarterly*, 36(1) (2006). p. 8. 참고로, 로베르토 다이노토(Roberto Dainotto)의 '경계 인식론(border gnoseology)'은 전통적인 인식론의 한계를 넘어서려는 시도로, 주로 포스트식민주의 맥락에서 논의된다. 이 개념은 경계(border)나 주변부(periphery)에 위치한 사람들이 세상을 인식하는 방식에 주목한다. 기존의 인식론이 서구, 중심부, 즉 '정상'이라고 여겨지는 관점에서 세상을 이해하

그의 저서에서 지방화하려 했던 실체화된(hypostatized) 유럽, 즉 '유럽'의 뿌리가 18세기로 거슬러 올라간다고 주장한다. 그는 그것이 분명히 '프랑스의(French)' 또는 프랑코 중심(Franco-centred)의 유럽이었으며, 그 개념화는 대륙의 동쪽과 남쪽 변방에서 도전을 받고 있었다고 지적한다. 프랑스 계몽주의는 '이성'을 '근대성'의 기반으로 삼았다. 그렇게 함으로써 프랑스 철학자와 백과사전 연구자들은 18세기 프랑스를 고대 그리스와 로마의 진정한 상속자로 만들어야 했다. 동시에 『법의 정신(*The Spirit of the Laws*)』과 같은 작품에서 근대성의 새로운 공간적 역사를 그린 새로운 세계지도가 그려졌다. 이성이 지배하지 않았고 프랑크 왕국 이후의 프랑스처럼 법의 지배가 정교화되지 않은 아시아, 아프리카, 아메리카 등 세계의 모든 지역은 '원시적'인 장소가 되었다. 이와 같은 위계는 유럽 내부에도 적용되어, 이탈리아나 스페인과 같은 남유럽 국가들 역시 '유럽 내 야만'으로 묘사되었다. 문학은 남유럽을 유럽 내 후진 지역으로 규정하고, 프랑스를 고전 문명의 진정한 계승자로 내세우는 데 중요한 역할을 했다. 페트라르카(Francesco Petrarch)의 장식적인 취향과 스페인 바로크는 프랑스의 순수 문학(belle lettres)은 물론, 프랑스의 사상, 이성, 법치주의와 (훨씬 더 강하게) 대조를 이루며 병치되었다. 이러한 후자의 특징들은 프랑스를 유럽 근대성의 중심지로 만들었다.

다이노토는 후안 안드레스(Juan Andres)의 저작, 특히 『모든 문학의 기원과 발전(*Origin and Progress of All Literature*)』에 주목하며, 유럽의 지방화 프로젝트의 핵심 범주인 역사주의 개념을 복잡하게 만드는 세 가지 주요 논점을 제시한다. 첫째, 그는 프랑스 계몽주

려 했다면, 경계 인식론은 그 바깥에 있는, 소외되거나 억압받는 사람들의 시각과 경험을 지식의 원천으로 삼아야 한다고 주장한다.

의가 '단일한(monologic)' 역사, 즉 야만에서 문명으로 발전하는 하나의 텔로스(목표. telos), 다시 말해 진보의 방향이 "언제나 프랑스를 향하는" 역사를 제시했다고 주장한다. 진정한 역사주의는 선형적인 진보 개념에 근본적으로 반대하는 '상대주의 개념'이었다. 이는 "각 장소는 고유한 역사를 가지고 있으며, 서구와 북유럽의 근대성에 기반을 둔 가상의 역사의 끝이라는 관점이 아닌, 해당 지역의 역사에 기초하여 판단되어야 한다"라는 점을 인식한 것이다.[24] 이러한 도식에서 진보는 지속적인 완성 가능성의 목적론이 아니라, "쇠퇴하는 한 국가에서 부상하는 한 국가로 문화적 헤게모니가 연대순으로 이동하는 것"이었다.[25] 그러한 역사주의의 작동 방식을 보여주기 위해 다이노토는 후안 안드레스의 문학사, 혹은 아랍주의 이론(Arabist theory)으로 더 잘 알려진 것에 대한 분석이라는 두 번째 논점으로 넘어간다. 안드레스는 잠바티스타 비코(Giambattista Vico)의 『새로운 학문(*New Science*)』을 잘 알고 있었으며, 아마도 이븐 할둔(Ibn Khaldoun)의 『무깟디마(*Muqaddimah*)』에 대한 간접적인 지식도 가지고 있었을 것이다. 이러한 독서를 바탕으로 그는 문학, 특히 시는 외부적인 기준으로 판단될 수 없으며, 특정 시대의 '고유한 문화적 발전의 표현'으로 이해되어야 한다고 주장했다. 이러한 기준으로 볼 때, 페트라르카의 시나 스페인 바로크는 문학적 정교함과 탁월함의 새로운 경지를 구현했다. 이렇게 말함으로써 안드레스는 프랑스 고전주의의 주장을 반박했을 뿐만 아니라, 고대 그리스나 로마가 아닌 다른 곳에서 유럽 문학 번성의 기원을 찾았다. 마찬가지로 문학의 미래는 이탈리아에서 멈추지 않고 다른 궤도를 그리며 스페인으로 이동했다.

---

24 Dainotto, "The Discreet Charm of the Arabist Theory", p. 18.

25 *Ibid.*

이로써 우리는 다이노토가 제기하는 마지막 요점에 이르게 되는데, 바로 유럽 문학의 아랍 기원설에 관한 것이다. 안드레스는 문학예술(art of lettres)의 진정한 탁월함은 몽테스키외 등이 주장한 것처럼 샤를마뉴가 설립한 프랑크 학교와 수도원에서 비롯된 것이 아니라고 주장했다. 프랑크 왕조 치하에서 번성했던 스콜라주의(scholasticism)는 교회와 연결되어 있었고 특정 종교 정신에 봉사했다. 안드레스는 근대 유럽 문학은 바그다드에서 유래했다고 주장했다. 그는 비코의 주장을 따라 "과학뿐 아니라 순수 문학(Belle Lettres)에서도 근대 문학은 아랍을 그 어머니로 인정한다"라고 언급했다.[26] 이것이 유럽을 탈중심화하는 것에 미치는 영향은 상당하다. 다이노토가 지적했듯이, "안드레스는 아랍 이론을 창안한 것이 아니다. 그러나 그는 아랍학자, 민족 문학 이론가, 그리고 문학 장르 비평가들의 제한된 영역에서 벗어나 그 이론을 확장하고 있었다".[27] 이처럼 기존 이론을 재구성함으로써 근대 유럽의 기원이 프랑스가 아니라 유럽 외부에서 유래했다는 다소 논란의 여지가 있는 주장이 제기되었다. 남부 유럽, 특히 스페인은 아랍에서 유럽으로 전파된 근대성의 주요 수용처가 되었다.

후안 안드레스가 자신의 문학사에서 시도했던 프랑스 유럽의 탈중심화는 문제가 없는 것은 아니었다. 사실, 다이노토가 지적했듯이, 안드레스는 그의 저서 『기원(*Origins*)』 어디에서도 아랍인에 대한 공감을 전혀 보여주지 않았다. 그는 아랍인을 '유랑하는 유목민족'으로, 무함마드를 '유명한 사기꾼(famoso impostore)'으로 칭했다.[28] 결국 안드레스는 진정한 유럽 시(European poetry)를 유럽과

---

26 *Ibid.*, p. 22.

27 *Ibid.*

28 *Ibid.*, p. 23.

아랍 문명이 만나는 곳에서 찾지 않았다. 대신, "아랍이 유럽에 전해준 모든 것이 아랍의 흔적 없이 현대 유럽 언어로 정화되고 체계화된" 두 번째 번역의 순간에서 유럽 시를 발견했다.[29] 안드레스의 역사주의는 유럽의 또 다른 중심을 프랑스 대신 스페인으로 설정하게 했다. 즉, 그의 아랍주의 이론은 궁극적으로 (비록 중심은 다르지만) 유럽을 모든 사상, 역사, 예술의 지배적인 주체로 유지하는 데 이용된 것이다. 다이노토는 바로 이러한 단점 때문에 안드레스가 "유럽을 국경 내부에서 지방화하려고 시도할 때 여전히 직면할 수 있는 문제와 어려움에 대한 우화(allegory)"가 되었다고 결론짓는다.[30] 이러한 문제에도 불구하고, 안드레스의 학문적 경력과 저작은 유럽중심주의의 단일성과 획일성에 균열을 가하며, 유럽 계몽주의 정전(canon)을 재검토할 여지를 열어준다. 즉, 파리와 에든버러뿐만 아니라 이탈리아 역사주의, 안드레스의 비교 문학사가 유럽 근대성의 유산으로 간주될 수 있는 가능성을 보여주는 것이다.[31]

포스트식민 지성사

다이노토가 '유럽을 지방화하기'의 비전을 활용하여 18세기 유럽 계몽주의의 새로운 지도를 그리는 반면, 앤드류 데이비슨(Andrew Davison)은 현대 터키 지성사를 통해 유럽의 또 다른 포스트식민 역사를 제시한다. 터키 사회학자이자 작가, 시인인 지야 괴칼프(Ziya Gökalp, 1876-1924)에 대한 논문에서 데이비슨은 괴칼프의 저작을 '불완전한 서구주의'로 분석했던 기존의 견해에 이의를 제

29 *Ibid.*

30 *Ibid.*, p. 25.

31 *Ibid.*, p. 26.

기한다. 괴칼프는 이슬람이 터키 정체성과 문화의 핵심 요소라고 항상 주장했기 때문이다. 괴칼프는 에밀 뒤르켐(Emile Durkheim)과 페르디난트 토니스(Ferdinand Tonnies)의 저작에 깊은 영향을 받은 사회학자였다. 데이비슨은 "국민 사회학자의 자기 이해를 바탕으로 괴칼프는 실증주의적 관념주의, 연대주의적 조합주의, 평등주의적 민족주의와 같은 유럽 사회학적 전통을 수용하고 발전시켜 터키가 근대화에 성공적으로 이행할 수 있는 조건과 방식을 명확히 제시했다"라고 썼다.[32] 그러나 데이비슨은 케말 아타튀르크(Kemal Ataturk)의 터키 근대화 계획과 비교했을 때, 괴칼프는 터키 민족주의 맥락에서 종종 '아직(not yet)'으로 여겨진다고 주장한다. 데이비슨은 '유럽을 지방화하기'가 제시하는 포스트식민 역사학의 패러다임을 활용하여 괴칼프의 근대주의 사상과 터키-이슬람 의식의 옹호를 하나의 지평에서 통합하려 시도한다.

데이비슨이나 마사미 아라이(Masami Arai)와 같은 연구자들은 괴칼프의 프로젝트를 '서구화가 아닌 근대화'의 일환이라고 설명한다.[33] 이는 '현대적 무슬림 튀르크주의'라는 이념을 만들어내는 것을 의미했다. 괴칼프는 자신의 전체 저작을 관통하는 주요한 개념 구도, 즉 '문명(civilization)'과 '문화(culture)' 간의 구분을 통해 이 기획을 수행했다. 이 두 개념은 각각 국제적 삶과 국가적 삶에 해당한다. 괴칼프에 따르면 '문명'은 '사회 위의 사회'이자 '다양한 민족에 공통된 전체'이다.[34] 문명이 모든 민족이 참여하는 '심포지엄'을 나타낸다면, 문화는 특수성, 즉 '민족의 정신(ethos)', 신념, 도덕, 의

---

32 Andrew Davison, "Ziya Gokalp and Provincializing Europe", *Comparative Studies of South Asia, Africa, and the Middle East*, 26(3) (2006), p. 80.

33 Arai Masami, *Turkish Nationalism in the Young Turk Era* (Leiden: E.J. Brill, 1992).

34 Davison, "Ziya Gokalp and Provincializing Europe", p. 82.

무, 미학, 이상에 대한 규범을 나타낸다. 문화는 엘리트가 국민에게 전달해야 할 '토착어(vernacular)'였다. 괴칼프에게 터키의 근대성과 진보는 '문명/문화 역학의 양극에 대한 인식'을 통해 달성될 수 있었다. 터키 국민이 "보수주의와 급진주의의 맹목적인 길"이 제시하는 것처럼 한쪽으로만 치우치는 환원주의적 선택을 피하기 위해서는 그들의 구별이 중요했다.[35]

괴칼프는 "근대주의(Modernism)가 반드시 유럽주의를 의미한다고 생각하는 것은 오류이다. 근대화와 유럽화는 완전히 다른 것이다. ... 둘 사이에는 유사점이 있지만 동일성은 없다"라고 경고했다.[36] 이러한 구분을 더욱 자세히 설명하면서, 터키는 (유럽) 문명으로부터 '언어학의 방법론'은 취하되 '국어(national language)'는 받아들이지 말고, '미학의 방법'은 취하되 '아름다움의 기준'은 수용하지 말아야 하며, '윤리학의 과학적 탐구 방법'은 취하되 '유럽의 도덕률'은 채택하지 말아야 한다고 주장했다. 따라서 학습을 강조함으로써 터키의 발전은 유럽 문명의 특정 주요 서사를 고수했다. 그러나 이러한 서사를 구성하는 관행들은 문화적으로 구별되었다. 데이비슨의 말에 따르면, "유럽의 개념과 관행을 문화 영역, 즉 취향, 체화(embodiment), 그리고 여러 세대에 걸쳐 받아온 감각의 문화적 훈련에 적용해서는 안 된다. 이 영역에는 엄청난 세계적 다양성이 존재하고, 현재는 근본적으로 단일하지 않기 때문이다".[37]

유럽과의 동시성(coevality) 주장의 핵심은 터키의 문화적, 종교적 정체성을 유지하려는 의지였다. 괴칼프는 "종교와 국가적 정체성을 잃지 않고 서구 문명을 받아들인" 일본의 사례를 들어, 터키가

35 *Ibid.*

36 *Ibid.*, pp. 84-85.

37 *Ibid.*, p. 85.

왜 "서구 문명을 확고하게 받아들이면서도 여전히 터키인이자 무슬림으로 남을 수 없는가?"라고 질문했다. 문명과 문화를 유럽과의 동일성과 차이점을 나타내는 지표로 삼는 이러한 태도는 괴칼프가 유럽이 "모든 인간에게 자연스럽게 나타나는 사고방식"의 원천으로서 불가결하면서도 동시에 불충분하다는 사실을 인정하는 것이었다. 실제로 그는 문화적 차이, 다원성, 그리고 번역에 대한 논점을 더욱 발전시켜, 민족, 가족, 국가, 자유와 같은 제도들이 '형태(form)'와 '의미(meaning)'라는 이중성을 내포하고 있다고 주장한다. 문화가 여러 제도의 총체라는 점에서, 문화는 그 정의상 장소에 따라 다를 수밖에 없다는 것이다.

괴칼프가 대변하는 터키 근대성에 대한 데이비슨의 연구에서, 우리는 유럽을 지방화하기 개념을 통해 매개된 포스트식민적 전환을 분명히 볼 수 있다. 따라서 괴칼프에 대한 데이비슨의 마지막 성찰로 이 장을 마무리하자면, 정치적 근대성은 이 터키인 이론가에게 다음과 같은 이해를 의미했다.

> 근대성 속에서 공존하는 삶의 방식 - 민족 문화가 지구를 세계화하는 다양한 방식. 서구에 대한 그의 비판은 모방주의, 오만한 강요, 동시대 사회학적 추세에 대한 무감각, 불평등주의, 그리고 가장 근본적으로는 유럽을 지방화하는 것과 관련하여 타자성에 대한 적대감을 비판하는 것을 포함한다. 그는 유럽의 변방에서 글을 쓰면서도 그 지배적인 규범을 활용했고, 그 규범들을 수용하여 터키 민족 문화의 고유한 특징을 그 위에 새겨 넣었다.[38]

38 *Ibid.*, p. 89.

소수자 역사로서의 포스트식민 역사

지금까지 우리는 『유럽을 지방화하기』가 어떻게 유럽중심주의에 대한 비판을 가능하게 했는지를, 유럽의 주변부로 간주되어 온 국가들에 대한 수정주의 역사 분석을 통해, 혹은 미국의 경우처럼 서구의 문명화 사명을 뒷받침하는 일부 이상들에 대한 재평가를 통해 살펴보았다. 『유럽을 지방화하기』의 포스트식민적 시각이 남긴 또 다른 중요한 유산은 역사 탐구의 본질과 규범 자체에 의문을 제기한 것이었다. 앞서 언급했듯이 포스트식민 역사 서술의 주요 목표 중 하나는 국가 중심 서사의 지배적인 성격과 단계론적 사고방식(stadial mode of thinking)의 유효성에 의문을 제기하는 것이다. 이러한 유형의 역사적 설명은 본질적으로 특정한 위계를 내재하고 있다. (민족국가 형태에 구현되거나 지배적 역사학의 합리주의적 관점을 통해 볼 때) 진보라는 정해진 목적론과 상충되는 방식으로 행동하거나 살아가는 모든 행위자는 시대착오적이며, 따라서 많은 역사적 설명에서 뒤떨어진 것으로 간주된다. 포스트식민 역사 서술은 이러한 기존 역사 서술 관행의 규범에 근본적으로 의문을 제기한다. 이 점은 마법의 역사(history of magic)와 종교의 역사라는 두 가지 사례를 통해 자세히 설명할 수 있다. 또한 한 가지 명확히 해야 할 점이 있다. 나는 다음 두 가지 사례를 통해 일종의 역사적 상대주의를 주장하려는 것이 아니다. 많은 비평가는 유럽을 지방화하려는 프로젝트, 또는 더 일반적으로 포스트식민 역사 서술이 역사적 진실이라는 개념을 폐기한다고 비난해 왔다. 하지만 포스트식민 역사 서술을 역사를 민주화하고, 그로 인해 역사적 진실이라는 개념을 더욱 복잡하게 만드는 작업으로 이해하는 것이 더 유익할 것이다.

> 소수자 역사를 옹호하는 행위는 서발턴 과거를 발견하게 했고, 이는 역사학의 관행에 내재된 시각의 한계를 직시하는 데 도움을 주는 역사성을 구축했다. (『유럽을 지방화하기』, p. 106)

포스트식민 역사 서술은 서발턴 과거를 서술하려는 윤리적 책무를 내포한다. '서발턴의 과거들'은 특정한 개인이나 집단이 과거에 경험한 실천 가운데, 전통적 역사 서술의 패러다임 안에서는 그 의미가 축소되거나 왜곡될 수밖에 없는 것들을 의미한다. 이는 특히 종교, 주술적 관행, 또는 마법의 역사에서 두드러지는데, 역사가가 역사 서술의 합리적 규범을 고수해야 한다는 불안감 때문에 가야트리 스피박이 말하는 일종의 '인식론적 폭력'을 무의식적으로 과거의 대상에게 가할 수 있기 때문이다.

패트릭 커리(Patrick Curry)는 마법의 역사를 이 주제에 관한 두 권의 중요한 저서, 키스 토마스(Keith Thomas)의 『종교와 마법의 쇠퇴(*Religion and the Decline of Magic*)』(1971)와 앤서니 그래프턴(Anthony Grafton)의 『카르다노의 우주(*Cardano's Cosmos*)』(1999)를 참고하며 되짚어보며, 두 책 모두 역사학의 이정표임에도 불구하고, 대상의 경험을 진정으로 담아내지는 못한다고 지적한다. 해당 분야의 최고 권위서 중 하나인 이 작품들에서 특화된 것은 과거 사건에 대한 '설명'이지 '이해'가 아니라는 것이다. 커리의 말에 따르면,

> 이 책들은 역사적 주체들, 즉 점성가들과 그들의 고객들의 삶의 경험을 – 그것들을 기록하는 역사가의 경험과 정확히 같은 정도로, 같은 자격으로 – 실제로 진실되게(real and true) 온전히 존중하고 수용하는 데 실패한다. 한마디로, 성찰성(reflexivity)이 부족하다.[39]

---

39 Patrick Curry, "The Historiography of Astrology: A Diagnosis and A Prescription", in K. von Stuckrad, G. Oestmann and D. Rutkin (eds),

다시 말해, 특정 과거는 학술적 작업에서 항상 서발턴 지위를 유지한다. 이러한 과거는 실질적인 모든 측면에서 완전히 죽어 있는 상태이며, 기록된 삶은 시대착오적으로 보일 수밖에 없다. 커리와 같은 역사가들이 강조하는 요점은 기존의 모든 역사적 추론 방식을 거부하는 것이 아니라, 객관화하는 추론 방식이 현재 "비록 전 세계적으로 지배적인 방식이지만" 하나의 방식일 뿐임을 인식해야 한다는 것이다. 그는 이러한 인식이 자신의 한계를 인식하는 더욱 성찰적인 역사 서술로 이어질 것이라고 주장한다. 또한 이는 항상 거대한 진보 서사를 만들어내는 방식이 아닌 다른 방식으로 역사적 행위자(historical agency)에 대해 사유할 수 있도록 해준다.

이와 같은 행위자에 대한 문제는 「젠더, 행위자, 그리고 종교사 속 신성("Gender, Agency, and the Divine in Religious Historiography"」이라는 글의 주제이기도 하다.[40] 이 글의 저자 에이미 할리우드(Amy Hollywood)는 포스트식민 역사학, 특히 『유럽을 지방화하기』가 중세 유럽에서 행위자, 특히 여성 행위자(female agency)에 대해 기존의 사고방식을 비판적으로 성찰할 수 있는 방법을 제공한다고 말한다. 여기서 할리우드가 13세기 중세 성인 마드게부르크의 메히틸드(Mechthild of Magdeburg)에 대한 자신의 기존 연구로 돌아가 여성 성인의 종교적 경험에 대해 글을 쓰면서 스스로 세운 가정 중 일부에 의문을 제기하는 것은 주목할 만하다. 이 글에서 할리우드의 논지는 복잡하며, 여기서는 그녀의 주요 주장 중 일부만 간략하게 설명하겠다. 메히틸드에게, 실제로 중세 시대의 많은 여성 종교인에게, 신의 말씀을 쓰거나 설교할 수 있는 능

Horoscopes and Public Spheres: Essays on the History of Astrology (Berlin and New York, NY: Walter de Gruyter, 2005), p. 264.

40 Amy Hollywood, "Gender, Agency, and the Divine in Religious Historiography", *The Journal of Religion*, 84(4) (2004), pp. 514-528.

력은 종종 신성한 행위자(divine agency) 덕분이었다. 메히틸드의 경우, 신은 그녀의 여성성이 그의 메시지를 전달하는 더 나은 매개체가 되게 했기 때문에 그녀를 지상에서 자신의 대리인으로 삼았다. 메히틸트의 설명에 따르면, 그녀의 책 『흐르는 빛(*Flowing Light*)』은 여성의 비참함과 겸손함 덕분에 써졌다. 1995년 출간된 그녀의 저서에서 할리우드는 메히틸드가 제시한 설명을 남성 지배적인 세상에서 여성의 권한 강화를 위한 수단으로 이해했다. 다시 말해, 그녀의 해석은 메히틸드가 스스로의 비참함을 주장하는 데 일정 정도의 도구성(instrumentality)을 부여했다. 메히틸드는 자신을 유순하고 무력하며 평범한 여성으로 선언함으로써만 신학 작가이자 신비주의자로서의 역할을 수행할 수 있었다.

이러한 종류의 역사적 '설명(explanation)'은 기독교 중세 시대에 대한 기존의 역사 서술과 완벽하게 일치한다. 캐롤라인 워커 바이넘(Caroline Walker Bynum), 피터 드롱케(Peter Dronke), 엘리자베스 페트로프(Elizabeth Petroff), 바바라 뉴먼(Barbara Newman)과 같은 역사가들은 남성이 지배하는 세계에서 중세 여성 성인들이 자신의 복종을 자기 승인과 정당화의 한 형태로 읽었다고 기록했다. 웨인 프라우드풋(Wayne Proudfoot)과 같은 종교학자들은 종교 텍스트를 읽을 때 '설명(explanation)'과 '이해(understanding)'를 구분하는 것이 중요하며, 그래야 행위자 문제에 대한 인식론적 모호함이 없어진다고 경고했다. 즉, 어떤 집단이나 개인이 자신의 종교성이나 깨달음을 신의 축복에 돌렸다 하더라도, 사회과학자는 집단이나 개인의 사건 이해와 분석가의 설명을 구분하는 것이 중요했다는 것이다.

할리우드는 이러한 배경에서 종교 역사가가 직면하는 두 가지 상호 관련된 문제점을 지적한다. 첫째, 모든 종교적 주체, 특히 여성 종교적 주체가 신을 자신의 행동의 대리인으로 삼는 데 있어 도구적으로 행동하는가? 둘째, 역사가의 인식론적 틀을 구성하는 설명과 이해 사이의 불일치를 어떻게 조화시킬 것인가(아니면 인정할 필요가 있는가)?

할리우드가 포스트식민 역사, 특히 『유럽을 지방화하기』에서의 차크라바르티의 행위자(agency) 분석에 접근하는 것은 이러한 이중적 딜레마를 염두에 두고 중세 여성 성인의 종교성에 대한 새로운 사고방식을 제시하기 위해서이다. 그녀는 앞서 논의된 차크라바르티의 역사 1과 역사 2에 대한 개념화를 인용하며, 영국 법정에서 심문을 받던 식민지 인도 반란 지도자들이 신이 시켜서 반란을 일으켰다고 말한 사건에 대한 그의 논의를 언급한다. 이 사건에 대한 이전 분석에서, 가장 민주적인 사고방식을 가진 역사가들조차도 "하느님이 반란을 일으키게 했다"라는 반란군들의 진술을 그들의 행동에 대한 실제 역사적 원인으로 받아들일 수 없었다. 차크라바르티는 이러한 무능력(inability)은 역사 분석에서 초자연적 힘에 행위성을 부여하는 것이 역사학의 기반이 되는 세속적이고 보편적인 시간성 이해와 상충되기 때문에 발생한다고 주장한다. 그러나 현대인인 우리가 이해할 수 있는 논리로 과거 행위자의 행동을 합리화하는 것은 오히려 과거를 있는 그대로 재현하려는 역사학의 책무를 훼손하는 결과를 낳는다.

차크라바르티가 이러한 이중고(double bind)에서 벗어나는 길은, 할리우드가 메히틸드를 수정주의적으로 해석하는 방식과 마찬가지로, '당시의 이질성(heterogeneity of the moment)'을 유지하는 것이다. 역사 서술은 역사가의 당대 가치 체계와 그 연구 대상의 가치 체계 사이에 끊임없는 긴장감을 유지해야 한다. 메히틸드와 같은 중세 여성에게 자유는 오늘날 우리가 이해하는 자유와는 다른 의미를 지녔을지도 모른다. 동시에, 역사를 완전히 중세적 관점에서만 서술하는 것은 그 시대의 뿌리 깊은 여성혐오를 자연스럽게 만들거나 정당화할 수도 있다.

캐롤라인 딘쇼(Carolyn Dinshaw)의 마저리 켐프(Margery Kempe)에 대한 분석은 유사한 문제를 제기하며, 포스트식민 역사학, 특히 유럽을 지방화하기의 시간성에 대한 분석을 중세 인물들에게 적용했을 때 얻을 수 있는 풍부한 성과를 보여준다. '현존하는 최초의 영어 자서전'인 『마저리 켐프의 책(*The Book of Margery Kempe*)』(1권은 1436년에서 1438년 사이에 쓰인 89장으로 구성되었고, 2권은 1438년부터 시작하는 10장이 추가됨)의 저자인 마저리 켐프는 1373년경 잉글랜드 동부 지역인 이스트 앵글리아(East Anglia)에서 태어났다.[41] 그녀는 29세에 결혼했고, 난산을 겪었으며, 양조업자로, 그리고 제분업자로 사업을 시작했다. "이러한 시도에서 엄청난 실패를 겪은 후, 그녀는 신의 벌을 받았다고 느끼고 결국 열정적이고 독실한 신앙의 삶으로 전환한다". 그녀가 구술하고 사제들이 받아 적은 이 책은 딘쇼에게 있어서는 "무엇보다도 영적인 자서전(above all a spiritual autobiography)"이었으며, 중세 시대 여성의 일상생활을 생생하게 묘사한 것이기도 했다.

딘쇼에게 마저리 켐프의 삶은 역사-페미니즘적 질문을 제기한다: 역사가로서 우리는 그리스도와의 '합일(union)'에 대한 마저리의 주장을 어떻게 분석해야 하는가? 아론 구레비치(Aron Gurevich)와 같은 학자들은 중세 사람들이 종종 모순되는 듯 보이는 다양한 시간적 지평을 경험했다고 언급했다. 따라서 시간은 "농경적, 계보적, 순환적, 성서적, 역사적"으로 경험되었다. 그러나 "마저리는 자

41 Carolyn Dinshaw, "Margery Kempe", in Carolyn Dinshaw and David Wallace (eds). *The Cambridge Companion to Medieval Women's Writing* (Cambridge: Cambridge University Press, 2003), pp. 222-239.

신이 동료들과 분리되어 있고, 성스러운 존재와 결합되어 있지만, 지상의 동료들과는 차별화된 존재임을 반복적으로 경험한다. 그녀는 (시간적으로 이질적인) 자신의 시대에서조차 시대착오적인 인물이다".[42]

딘쇼의 과제는 바로 여기에 있다. 페미니스트 역사가로서, 그녀는 마저리 자신의 시간 개념, 즉 중세 시대와 그리스도의 시대를 진지하게 다루어야 한다는 의무감을 느낀다. 이러한 맥락에서 딘쇼는 차크라바르티의 '좋은 역사(good history)'와 '서발턴 과거들'에 대한 생각을 인용한다. 학문 분야를 더 포괄적으로 만들어 학문적 범위를 넓히는 좋은 역사 서술이라 할지라도, 학문을 지배하는 특정 기본 규칙을 여전히 준수해야 한다. 이러한 이유로 역사적 설명과 추론은 세속적이어야 한다. 학문적 역사는 세속적이고 세속적인 사건에 대한 초자연적 원인을 인정할 수 없다. 이것이 역사를 기억과 신화의 영역과 구분하는 지점이다. 그러나 딘쇼는 이렇게 질문한다. "마저리를 젠더와 섹슈얼리티를 포괄하는 역사 속에 위치시키는 것에 더하여, 차크라바르티를 따라 그녀의 존재 방식이 우리 자신의 삶과 우리가 현재라고 정의하는 것에 대한 가능성이 될 수 있을까? [마저리는] 우리가 특정한 상황에서 살아가는 원리를 이해하는 데 도움이 될까?"[43] 딘쇼가 차크라바르티를 인용한 것으로 글을 마무리하겠다. 다만 식민지 시대의 인도 농민을 중세 여성으로 대체할 뿐이다. 아래의 인용문은 포스트식민 연구와 중세사 사이의 생산적인 관계를 시사하는데, 이 주제는 이후 장에서 더 자세히 다루어질 것이다.

역사가가 [중세 여성]을 만나는 순간의 이질성(heterogeneity of the

42 *Ibid.*, p. 236.

43 *Ibid.*, p. 236.

moment) 속에 머문다는 것은 이 두 가지 행위 사이의 차이를 유지하는 것과 같다. 하나는 사회정의와 민주주의의 역사를 위해 [마저리]를 역사화하는 것이고, 다른 하나는 역사화를 거부하고 [마저리]를 현재의 삶의 가능성을 비추는 인물로 보는 것이다. 이 두 가지 행위를 종합해 볼 때, 우리는 우리 자신의 현재를 구성하는 다양한 존재 방식과 마주하게 된다.[44]

결론

유럽을 지방화하거나 역사적(혹은 사회과학적) 설명에서 유럽의 특권적 지위에 의문을 제기하는 프로젝트는 포스트식민 역사의 영역에만 국한되지 않는다. 최근 산자이 세스(Sanjay Seth)가 지적했듯이, 잭 구디(Jack Goody), 앙드레 군더 프랑크(Andre Gunder Frank), 사미르 아민(Samir Amin), J. M. 블라우트(James Morris Blaut), 존 홉슨(John Hobson) 등 다양한 학문적 배경을 가진 학자들은 모두 각기 다른 방식으로 "근대 세계의 형성사를 유럽이 중심이 아닌 방식으로 다시 서술하고자" 노력해 왔다.[45] 위 목록에 켄 포메란츠(Ken Pomeranz), 산제이 수브라마니암(Sanjay Subrahmaniam), 크리스토퍼 베일리(Christopher Bayly)와 같은 역사가들도 포함될 수 있다. 이들의 18세기와 19세기 초 중국, 인도, 인도양 세계에 대한 연구는 일반적으로 가정되는 것처럼 유럽과 아시아 간의 '대분기(great divergence)'가 종교개혁이나 계몽주의 시기가 아니라 이보다 훨씬 늦게 발생했음을 입증했다. 유럽의 급성장 뒤에는 일종의 유럽 예외주의보다는 매우 우연적인 요인들이 복

44 *Ibid.*, p. 237.

45 Sanjay Seth, "Historical Sociology and Postcolonial Theory: Two Strategies for Challenging Eurocentrism", *International Political Sociology*, 3(3) (2009), p. 334.

합적으로 작용하는 경우가 많았는데, (예를 들어, 포메란츠는 석탄의 발견이 유럽이 중국을 앞지르는 데 얼마나 중요한 역할을 했는지 보여준다). 이와 유사하게, 앙드레 군더 프랑크는 세계체제론에서 도출된 자신의 초기 입장을 발전시켜 1998년 저서에서 다음과 같이 주장했다.

> 유럽은 스스로의 경제적 자력(bootstraps)으로 성장한 것이 아니며, 특히 합리성, 제도, 기업가 정신, 기술 등 유럽의 '예외주의' 덕분에 일어선 것은 더더욱 아니었다. ... 대신 유럽은 미국에서 얻은 자금으로 아시아의 생산, 시장, 무역에 강력하게 개입하고 그로부터 이익을 얻었다. 한마디로 세계 경제에서 아시아의 지배적 위치로부터 이익을 얻은 것이다.[46]

포스트식민 역사, 근대 초기 세계사, 그리고 역사사회학이 모두 유럽중심주의를 벗어나거나 세계사에서 핵심적 위치나 지적 헤게모니로서의 유럽의 위치에 의문을 제기하는 프로젝트에 전념한다면, 우리는 어떻게 이들을 구분할 수 있을까? 앞서 언급한 산제이 세스의 논문은 이 질문에 답하는 데 도움을 주고, 유럽중심주의에 대한 비판을 제기하는 다양한 방법론들을 구분할 수 있게 해준다. 세스의 주장에 따르면 (그리고 나는 그의 주장을 현재 우리 시대 최고의 유럽중심주의 비판가인 산제이 수브라마니암, 크리스토퍼 베일리, 켄 포메란츠 등으로 확장하고 싶다), 그들이 근대성의 선구자로서 유럽의 특권적 지위에 의문을 제기하는 방식은 "근대가 유럽에서 시작되어 외부로 확산된다는 전통적인 역사 서사"에 대한 대안을 제시하는 것이다. 이러한 역사 연구들은 다양한 문서고를 활용한다는 점과 근대 이전/근대 초기와 근대 사이의 경계에 의문을 제

46 Andrew Gunder Frank, *ReOrient: Global Economy in the Asian Age* (Berkeley, CA: University of California Press, 1998), pp. 4-5.

기하는 방식에서 놀라운 성과를 보인다. 이 그룹의 역사가들은 대개 두 개 이상의 언어로 연구를 수행하고 여러 지리적 장소를 살펴본다. 그 결과, 17세기, 18세기, 그리고 19세기 초 유럽, 아시아, 라틴아메리카의 역사를 하나로 아우르는, 섬세하고 풍부한 연관성을 지닌 비교사가 탄생하는 경우가 많다.

우리가 논의했던 일부와 앞으로 이어질 장에서 더 많은 예시가 나올 포스트식민 역사는 역사학(또는 더 일반적으로 사회과학)을 이끄는 많은 개념이 서유럽의 지적, 신학적 전통에서 유래했다는 전제에서 출발한다. 다시 말해, 이 장의 시작 부분에서 언급했듯이, 포스트식민 역사가들은 '장소(place)'와 역사적 사고 사이의 관계를 매우 중요하게 생각한다. 이는 포스트식민 역사가의 연구에 있어 유럽적 범주와 개념의 중요성을 폄하하는 것이 아니다. 오히려 그들의 연구 대부분은 비서구적 행위자들의 역사적 삶을 설명하는 데 있어 유럽적 사고에서 도출된 모델들의 '부적합성(inadequacy)'과 '필수불가결성(indispensability)'을 동시에 입증하는 데 전념한다. 유럽을 지방화하려는 프로젝트에서 영감을 받은 포스트식민 역사 서술은 비유럽적 삶의 세계의 맥락에서 유럽의 사회적·정치적 범주의 '역량'과 '한계'를 모두 탐구한다.

따라서 유럽 중심적 설명을 문제화하려는 목표를 공유하더라도, 포스트식민 역사가들과 다른 학자들 사이의 근본적인 관점 차이는 그들 작업의 질감(texture)에서도 차이를 드러낸다. 세스의 표현을 빌리자면, 포스트식민 역사들은 다음과 같다.

> '더 두터운(thicker)' 역사이며, 종종 자료 연구에 기반을 두고 있다. 또한, 부분적으로는 이 때문에 대개 한 지역에 국한된다. 이들의 목표는 비서구 역사 또는 그 일부를 동원하여 우리가 사고하는 범주들이 그 역할을 온전히 수행하기에 충분치 않다는 것을 보여주는 것이므로, 놀랄 것도 없이 이 역사는 첫 번

짜 그룹(앞서 언급된 광범위한 역사 연구)에 비해 경험적 범위는 부족하지만, 더 넓은 범위의 이론적 참조들을 통해 이를 보완한다.[47]

따라서, 첫 번째 그룹의 역사 서술이 우리의 역사 지식을 확장하는 데 기여한다면, 포스트식민 역사 서술은 역사학의 지배적인 전제들 중 일부를 문제 삼고자 한다. 물론 이 두 가지가 서로 경쟁하는 담론일 필요는 없다. 미래의 역사가들은 아마도 두 경향 모두에서 이점을 얻고 이를 통합하게 될 것이다. 이어지는 장들에서는 포스트식민 역사의 이러한 비판적 특징이 중세 및 젠더 연구 분야에서 역사 지향적인 설명에 어떻게 활용되었는지 살펴볼 것이다.

47 Seth, “Historical Sociology and Postcolonial Theory”, p. 335.

포스트식민 역사 쓰기

Writing Postcolonial History

04

포스트식민 중세사

04

포스트식민 중세사

처음에는 모순되는 것처럼 보일지 몰라도, 포스트식민 중세사는 지난 10년간 역사학계에서 활발히 연구되는 분야로 떠올랐다. 일부 중세 역사가들은 "포스트식민 사회는 역사적 특수성과 밀도를 지니고 있어 전근대 세계에 그대로 적용하는 데에는 어려움이 있다"라고 정당하게 경고해 온 반면, 다른 역사가들은 유럽 중세에 대한 포스트식민적 접근 방식이 중세주의(medievalism)와 포스트식민성(postcoloniality) 모두에게 중요한 역사학적 통찰을 제공할 수 있음을 입증했다.[1] 이전 장에서 암시했듯이, 일부 중세 역사학자들은 유럽을 지방화한다는 개념에 대해 지속적인 대화를 나눠왔다. 본 장에

1 Gabrielle M. Spiegel, "Epater les Medievistes [Impressing the Medievalists]", *History and Theory*, 39(2) (May 2000), p. 250.

서는 이러한 대화의 본질을 더 자세히 살펴보고, 이를 중세사 연구에 대한 수정주의적 접근 방식으로 특징지을 수 있는 개괄적인 조사를 통해 확장하고자 한다. 포스트식민 이론은 이러한 수정주의적 접근 방식을 시도한 중세 연구자들에게 중요한 도구가 되어왔다. 내가 중세 역사가(medieval historians)보다는 '중세사 연구자(medievalists)'라는 용어를 사용하는 이유는 중세와 포스트식민의 연결 고리에 다양한 학문 분야를 아우르는 학자들이 포함되어 있기 때문이다. 그럼에도 불구하고, 앞으로 살펴보겠지만, 이들의 연구는 중세 시대와 중세 개념의 역사와 개념화를 확장하고 풍부하게 했으며, 역사학 내에서 활발한 논쟁을 불러일으켰다.

포스트식민성과 중세사 사이의 시너지 효과를 살펴볼 수 있는 세 가지 관련 영역이 있다. 첫째, 중세 역사가들은 역사가의 작업에서 핵심적인 역할을 하는 역사적 시대구분의 관행에 의문을 제기하기 위해 포스트식민 이론의 시간성 개념을 활용했다. 그들은 시대구분이 결코 순수한 행위가 아니었으며, 항상 정치적 문제와 불가분의 관계에 있다고 주장했다. 따라서 로마제국의 멸망부터 르네상스 및 종교개혁에 이르는 천 년의 기간을 유럽 역사의 '암흑시대(dark ages)'로 분류한 것은, 많은 학자가 입증했듯이, 유럽 제국주의, 식민주의, 주권 문제와 밀접하게 연관되어 있었다. 이러한 중세사 연구에서 얻은 통찰력은 중세라는 범주를 사용하여 특정 사회 형태(민족, 제도, 국가)를 비판하는 자들이 휘두르는 이데올로기적 권력을 인식하게 한다. 둘째, 포스트식민적 경향에 영향을 받은 많은 수정주의 연구는 18세기 후반부터 20세기에 이르기까지 근대성 논쟁에 중세가 끊임없이 개입해 왔음을 보여준다. 학자들은 중세와 근대를 서로 완전히 분리된 시간과 문화의 단위로 파악하기보다는, 오히려 '중세적' 사유가 '근대'를 구성하는 데 핵심적인 역할을 해왔음을 증명한다. 또한 근대 안에 중세의 흔적이 잔존하고 있다는 사실은, 근대 내부에 존재하는 어떤 저항적이고 비판적인 흐름을 시사한다. 마지막으로, 많은 중세 연구자들은 유럽중심주의에 대한 포스트식민 비판을 활용하여 중세를 순전히 유럽적인 현상으로 보는 공간적 개념에 의문을 제기했다. 제국, 민족주의, 제국주의의 역사를 추적함으로써, 이들은 중세사의 영토적 분포가 훨씬 이질적이고 광범위하다는 점을 보여주었다. 요컨대 중세사 연구와 포스트식민 연구 사이의 왕래는 다양한 경로를 통해 이루어진다고 주장할 수 있다. 일부 학자들에게는 소위 중세를 그들만의 용어로 묘사하는 것보다 그러한 시대구분 장치가 오늘날 어떤 목적을 수행했는지를 묻는 것이 더 중요하다. 또 다른 많은 이들에게, 이 프로젝트는 포스트식민 이론 또는 반식민 이론의 도구 중 일부를 사용하여 중세라는 시대를 서술하고 분석하는 작업이다.

이전 장들에서 보여주었듯이, 포스트식민 역사학(postcolonial historioghrphy)은 특정 학문적 매개변수(parameters)에 대한 근본적인 의문을 제기함으로써 역사학을 민주화하려는 노력에 의해 촉진된다. 마찬가지로, 포스트식민 중세사에 헌신하는 역사가들은 앞서 언급한 시간성과 공간성에 대한 비판을 통해 중세사의 학문적 경계를 넓히고자 노력해 왔다. 이러한 개입은 새로운 중세사 서술에 영향을 미쳤을 뿐만 아니라, 포스트식민 이론의 근본적인 가정에도 도전했다. 이러한 도전은 이 장의 결론 부분에서 간략하게 논의할 것이다.

출발점

캐슬린 비딕(Kathleen Biddick)이 1998년에 출간한 『중세주의의 충격(*The Shock of Medievalism*)』은 중세 역사 서술에 나타난 이러한 비판적 경향을 일찍이, 그리고 논쟁적으로 제기한 저서였다. 비딕은 이 책에서 중세 연구를 역사화하여 이 분야의 설립을 특징짓고, 중세 연구의 후원하에 수행된 연구에 여전히 영향을 미치고 있는 불안감(anxieties)과 전제들(presuppositions)을 조명하고자 했다. 그녀는 중세 연구의 정통성이 19세기 영국에서 중세사 연구가 하나의 학문 분야로 자리 잡았을 당시 식민주의적이고 제국주의적인 우려에서 비롯되었다고 주장한다. 대중적인 중세 문화 연구와 자신들을 분리하고 격상시키기 위해, 19세기의 새로운 학계의 중세 연구자들은 실증주의의 영향을 받아 자신들의 관행을 과학적이라고 규정하고, 덜 실증적이고 '비과학적(non-scientific)'이라고 간주하는 관행들을 중세주의(medievalism)라고 명명하며 배척했다.[2] 특정 연구 영역을 가상의 바깥(putative outside) 또는 외부(exterior)로 추방하는 것은 중세 역사를 하나의 분야로 확립하는 결과를 가져왔는데, 이는 많은 역사가들이 이 분야를, 타자(Other)가 나와 명확하고 타협 불가능하게 구별되는 존재임을 강조하는 표현인, '날카로운 타자성(hard-edged alterity)'으로 찬양했던 특징적인 현상이었다. 비딕은 또한 동시대 중세 연구자들이 19세기 이 분야의 '아버지들(fathers)' 또는 창시자들(founders)과 거리를 두는 학문적 경향인 '신중세주의(new medievalism)'에 대해서도 비판적이었다.

---

2 Kathleen Biddick, *The Shock of Medievalism* (Durham, NC: Duke University Press, 1998), p. 1.

이러한 거리두기 행보는 아이러니하게도 현대 학자들이 애초에 이러한 경계가 어떻게 설정되었는지 질문하기보다는 '학문의 내적 경계와 외적 경계'를 강화하는 역전 현상을 초래했다. 중세 역사가가 포스트식민, 페미니즘, 퀴어(queer) 연구에서 얻은 통찰력을 중세 연구에 개방하기 위해 제시한 가장 논쟁적이고 도전적인 제안 중 하나인 비딕의 『중세주의의 충격』은 현재주의(presentism)에 대한 역사가들의 불안감, '이론'에 대한 반감, 그리고 중세 연구와 중세주의의 분리를 거부하면서 중세 연구를 역사화하는 과업을 수행했다.[3]

『중세주의의 충격』은 다섯 가지 광범위한 사례를 연구한 책이다. 그중 두 가지 사례를 비딕이 주창했던 역사 서술의 사례로 살펴보겠다. 이 책은 학문으로서의 중세 역사가 시작된 시점으로 돌아가면서 시작한다. 비딕은 1866년 스텁스 주교(Bishop Stubbs)가 옥스퍼드 대학교 근대사 왕립 교수(Regius Professor)로 임명되던 과정을 상세히 분석한다. 스텁스의 임명은 영국에서 과학적 역사의 관행, 즉 유럽 대륙에서 레오폴트 폰 랑케(Leopold Von Ranke)의 업적과 널리 연관된 역사적 탐구 방식의 시작을 알렸다. 스텁스 임명의 역사에서 종종 간과되는 사실은 그가 골드윈 스미스(Goldwin Smith)의 후임이었다는 사실이다. 비딕에 따르면, 스미스는 1865년 자메이카 봉기 이후 영국에서 발생한 논란 중에 옥스퍼드 교수직에서 '사임'했다. 다음 장에서 자세히 논의될 모란트 베이 봉기(Morant Bay uprising)는 영국 총독 에드워드 존 에어(Edward John Eyre)가 자메이카에서 영국의 토지 및 노동 정책에 반대하여 폭동을 일으킨 '반군'에게 가혹한 보복을 명령한 사건이었다. 에어의 행동은 영국 여론을 뒤흔들었고, 인종 및 식민 정책 문제에 대한 영국 내부의 극심한 대립을 드러냈다. 골드윈 스미스는 에어에 대한

3 *Ibid.*, p. 4.

반대 의견을 표명했고, 이는 결국 그의 '사임'을 초래했다. 스미스는 자신의 역사적 통찰력을 바탕으로 당대의 사건들에 대해 논평한 역사가였다.

왕실 교수로 임명된 후, 스텁스는 17세기 초 이후의 근대사를 가르치기를 단호히 거부했으며, 전임자처럼 일반 대중을 위한 글을 쓰지도 않았다. 이는 모든 역사적 탐구에 적합한 경계를 보여주기 위한 의도적인 행동이었다. 스텁스에게 오늘날의 현실에서 비롯된 우려는 역사학의 범주에 속하지 않았다. 그의 '깊이 있는 정치적' 프로젝트 중 하나는 대영제국에서 고딕 건축 양식의 부활을 옹호하는 것이었다. 고딕 예술에 대한 이러한 헌신, 그 개조와 보존, 그리고 '현재주의'(당시 사건에 대한 관여)를 역사학으로부터 엄격히 배제하려는 태도는, 학계 내에서 중세사가 어떤 방식으로 성립되었는지를 이해하는 데 있어 스텁스를 중요한 인물로 만들었다. 비딕은 "태동하는 중세 연구의 중심에는 수도원의 침묵과도 같은 스텁스의 침묵이 있다. 이 침묵은 식민지 인종 관계를 둘러싼 격렬한 논쟁과 영국 대학의 식민지적 전환 속에서 그의 임명이 성사된 조건을 여전히 말하지 않은 채 남겨놓고 있다"라고 주장한다.[4]

스텁스 이야기는 비딕이 자신의 책에서 다루는 다른 사례들의 하나의 전형이 된다. 이 사례들은 모두 19세기와 그 이후 중세 시대의 특정 주제에 대한 관심이 부활하는 과정을 근대 식민지 및 포스트식민 발전의 관점에서 맥락화함으로써 중세 역사를 역사화해야 한다는 주장을 뒷받침한다. 이러한 주제 중 하나는 1952년에 창간된 주요 역사 저널인 『과거와 현재(*Past and Present*)』가 초기에 로빈 후드(Robin Hood)의 이야기에 상당한 관심을 보였던 이유를 탐구하는 것이다. 비딕은 로빈 후드에 대한 역사적 관심의 부활을 20세기

4 *Ibid.*, p. 9.

중반 영국의 인도 상실과 연결함으로써 이 문제에 대한 혁신적이고 파격적인 설명을 제시한다. 그녀는 식민지 인도가 영국 본토인들에게 영국의 전원적인/목가적인 과거를 상징했다고 주장한다. 이들 영국 관료, 행정가, 자유주의적 사상가들은 인도의 마을 공동체와 토지 소유 제도 속에서 앵글로색슨 마을의 모습을 떠올렸던 것이다.

19세기 영국 역사가들은 '국민의 자유를 향한 진보적 역사'를 집필하는 프로젝트에 착수하면서, 독일의 튜턴족(Teutonic) 마을 공동체에 대한 연구를 참조했는데, 이는 '색슨족(Saxon) 마을을 민주주의의 실험실로 상상하는 지침서'로 간주되었다.[5] 그러나 이러한 상상 속의 농촌의 과거는 산업화 시대의 영국이 아니라 식민지 인도에서 발견되었다. 게르만족의 촌락은 영국의 과거 농촌에 대한 관념을 매개로 하여, 추정상의 인도-아리아인 촌락 공동체에 투영되었다. 헨리 메인(Henry Maine)의 『동서양의 마을 공동체(*Village Communities in the East and West*)』(1871)는 "인도를 영국의 농촌 과거로, 그리고 영국을 식민지의 헌법적 미래로 만드는 데 기여했다".[6] 탈식민화는 인도에서 발견되었던 이 '상상의 농촌 과거'로부터 영국을 분리시켰다. 로빈 후드에 대한 관심의 급증은 동시대 사람들이 그러한 상실감을 극복하기 위해 고안한 여러 가지 방법 중 하나였다. 비딕의 분석에 따르면, 『과거와 현재』에 실린 로빈 후드에 대한 글들은 탈식민화 이후 영국 농민에 대한 새로운 목가적 역사 서술을 모색했던 움직임을 드러낸다. 이는 영국 역사가들이 "중세 영국 마을을 복원하고, 그렇게 함으로써 '제국주의적-민족' 문화의 연속성과 변화라는 문제를 해결"하려는 노력의 일환이었다.[7]

5 *Ibid.*, p. 65.
6 *Ibid.*
7 *Ibid.*, p. 66.

시대구분과 문제점

캐슬린 비딕의 아이디어 중 많은 부분은 중세 역사가들로부터 지속적이고 중요한 비판을 불러일으켰다. 특히 가브리엘 스피겔(Gabrielle Spiegel)은 비딕이 중세사 이해에 대한 관련성을 먼저 입증하지 않고 (포스트식민주의와 같은) 이론적 틀을 시대착오적으로 적용했다고 비난했다.[8] 이와 관련된 스피겔의 두 번째 비판은 중세 연구가 왜 "당대의 관심사와 조응하는 연결(connections)과 추구(pursuits)를 굳이 생성해야 하는가"라는 문제 제기이다.[9] 이러한 문제의식은 포스트식민 중세사 연구를 고찰하는 데 있어 여전히 근본적인 문제이므로, 이 장의 후반부에서 다시 다룰 것이다. 다만 지금은 『중세주의의 충격』이 중세사 연구가 포스트식민 비평과 만난 초기 사례로서 여전히 중요한 의미를 갖는다는 점만을 짚고 넘어가고자 한다. 그 이후로 중세에 대한 포스트식민적 접근 방식은 역사적 탐구의 방향을 더욱 발전시킨 일련의 중요한 저작들을 배출해 왔다. 이 중 주목할 만한 개입 중 하나는 캐슬린 데이비스(Kathleen Davis)의 저서에서 찾아볼 수 있다.

데이비스의 『시대구분과 주권(*Periodization and Sovereignty*)』(2008)은 근대 역사의식의 근본적인 전제, 즉 세속적 근대성이 종교적이고 봉건적인 중세와의 최종적인 단절로부터 탄생했다는 가정에 근본적인 도전을 제기한다. 봉건적, 종교적, 비이성적 중세와 계몽적이고 자본주의적이며 세속적 근대를 병치하는 이러

8 Spiegel, "Epater les Medievistes", pp. 243-250.

9 Nadia Altschul, "Postcolonialism and the Study of the Middle Ages", *History Compass*, 6(2) (2008), pp. 588-606. 알트슐은 이 글에서 슈피겔에 대한 자세한 비판을 제시한다.

한 시대구분 방식은 많은 역사 연구에서 흔히 발견되는 이행 서사(transition narrative)의 기반을 제공한다. 이는 또한 빈곤 국가의 발전 역사에서도 핵심적인 위치를 차지하는데, 이들 국가는 그들의 경제 조직과 성장이 '중세적'이라고 간주되는 것에서 얼마나 멀리 떨어져 있는지에 따라 선진국 또는 후진국으로 분류된다. 독자들은 또한 이라크, 소말리아, 아프가니스탄과 같은 국가들에 대한 현대 정치 및 미디어 묘사에서 '중세적'이라는 꼬리표가 만연하게 사용된다는 것을 알 수 있을 것이다. 이 꼬리표는 그들(국가)이 서구와 본질적으로 다르다는 것을 나타내고, (서구의) 근대성과 일치시키기 위해 군사적 또는 다른 방식의 개입이 시급함을 강조한다.[10] 데이비스의 목표는 시대구분이라는 역사적 관행의 기저에 있는 '은폐(occlusions)와 실체화(reifications)'를 다루는 것이다. 그녀는 다음과 같이 질문한다. "목적론적이고 단계 지향적인 역사에 대한 모든 도전에도 불구하고 중세/종교적/봉건적, 그리고 근대/세속적/자본주의적(또는 발전된) 역사라는 거대한 이항 구도가 여전히 지속되고 있으며, 그것은 어떤 목적을 수행하고 있는가?"[11]

데이비스의 질문은 시급한데, 중세가 단순히 유럽적 현상으로만 기능하지 않기 때문이다. 중세는 주권적이고 세속적인 국가의 위기나 부재가 존재하는 세계 모든 지역을 나타내는 메타포로 확장되어 있기 때문이다. 이러한 이유로, "'중세'는 과거 '근대성'이 그랬던 것처럼 유럽적 범주에서 전지구적 시간 범주로 도약했다".[12] 그 결과

10 정치적으로 보수적이고 근본주의적인 세력의 수사학에서 중세주의가 어떻게 작동하는지에 대한 풍부하고 복합적인 독해를 위해서는 Bruce Holsinger, *Neomedievalism, Neoconservatism, and the War on Terror* (Chicago, IL: University of Chicago Press, 2007)을 참조하라.

11 Kathleen Davis, *Periodization and Sovereignty: How Ideas of Feudalism and Secularization Govern the Politics of Time* (Philadelphia, PA: University of Pennsylvania Press, 2008), p. 2.

12 *Ibid.*, p. 5.

많은 역사 연구를 특징짓는 특정한 모순이 발생한다. 한편으로 우리는 아시아, 아프리카, 유럽, 또는 중동의 정치, 문화, 사회, 경제사를 고대/중세/근대의 시간 구분에 따라 정리한다. 마치 전 세계가 "식민주의, 민족주의, 제국주의, 오리엔탈리즘이 한창이던 시기에 그것들과 함께 써진 한때 유럽적인 이야기에 맞춰 일사불란하게 움직이는 것"처럼 말이다.[13] 다른 한편으로, 이는 시대구분의 아이러니를 보여주는데, '중세'는 삶의 조건이 근대성의 규범적 조건과 일치하지 않는 세계의 모든 지역을 묘사하는 용어가 되었다. 이처럼 중세는 선진국들의 공동체로 다시 편입되거나, 근대화와 근대성을 향한 보편적인 진군을 가능하게 하기 위해 계몽된 시각에 노출됨으로써 완전히 제거되어야 할 모든 '후진적이거나 퇴보적인' 지역과 관행을 가리킨다. 다시 말해, 시대구분은 역사 연구와 대학의 역사학과 조직뿐만 아니라 현대 정치 무대에도 영향을 미친다. 중세에 대한 이러한 추론 방식은 리사 로우(Lisa Lowe), 데이비드 로이드(David Lloyd), 디페시 차크라바르티(Dipesh Chakrabarty)의 포스트식민 학문과의 연관성을 언급하는 데이비스의 도발적인 진술을 뒷받침한다. "시대 구분은 역사를 여러 부분으로 나누는 단순한 과거 서술을 의미하는 것이 아니라, 근본적인 정치 기법, 즉 절충하고, 나누고, 규제하는 방식을 의미하며, 항상 현재에 그 기능을 발휘한다. 어떤 의미에서 우리는 과거를 시대 구분할 수 없다".[14]

데이비스는 중세와 관련된 두 가지 핵심 개념, 즉 봉건제와 세속화의 역사를 연구함으로써 시대구분에 대한 비판을 더욱 심화시킨다. 그녀는 신중하고 광범위한 문헌 분석을 통해 "시대구분의 역사는 법적인 것이며, 주권의 정의와 위치를 둘러싼 투쟁을 통해 발전

13 *Ibid.*
14 *Ibid.*

한다"라고 밝힌다.[15]

'봉건적(feudal)'이라는 형용사는 10세기부터 사용되어 왔지만, 한 시대 전체를 묘사하는 명사로서의 '봉건주의'는 18세기, 특히 프랑스 혁명 시대의 사상적 격변기에 이르러서야 비로소 생겨났다는 것은 잘 알려진 역사적 사실이다. 이 시기에 봉건주의는 유럽의 과거와 여러 유럽 식민지의 현재를 상징하는 정치적으로 경멸적인 용어가 되었다. 이것이 어떻게 가능하게 되었을까? 데이비스는 16세기부터 18세기까지의 법률 및 판례를 분석하여 '봉건적 중세'가 형성되는 데 복잡한 두 단계의 과정이 작용했음을 보여준다.

첫 번째 단계는 16세기 법학자 중 일부가 주권 개념을 이해하기 위해 봉건법—즉 봉토, 군주, 영주, 신하 사이의 봉건 관계—연구에 몰두한 것을 다룬다. 봉건법은 12세기로 거슬러 올라가는 로마법 논문집인 『리브리 푀우도룸(*Libri Feudorum*)』을 지칭하며, 여기에는 봉토에 대한 주석들이 포함되어 있다. 데이비스는 전문 법학자('봉건법학자(feudists)'로 불리는)인 울리히 차시우스(Ulrich Zassius, 1461-1535), 샤를 뒤 물랭(Charles du Moulin, 1500-1566), 프랑수아 오트만(Francois Hotman, 1524-1590)의 『리브리』 주석에 초점을 맞춰, 합스부르크가와 프랑스 간의 정치적 투쟁 및 프랑스 내전이라는 맥락에서 이들이 어떻게 봉건 역사학(feudal historiography)을 발전시켰는지 그 과정을 기록한다.

데이비스의 연구에서 드러나는 주요한 통찰은 다음과 같다. 첫째, 프랑스, 이탈리아, 독일의 법학자들이 각자의 민족 문화의 기원을 추적하기 위해 봉건 과거로 눈을 돌렸다는 점이다. 이러한 이야기를 만들어내면서 그들은 봉건법에 서로 다른 민족적 기원을 부여했다. 프랑스의 뒤 물랭은 프랑스가 제국으로부터 주권을 주장할 수

15 *Ibid.*, p. 6.

있다는 논리를 위해 봉건법(feudal law)을 프랑크족에서 유래했다고 주장했다. 반면 이탈리아와 독일 법학자들은 로마의 권력과 합스부르크 제국의 권력을 정당화하기 위해 같은 법이 로마에서 유래했다고 주장했다. 둘째, 이 봉건 법학자들은 페트라르카(Francesco Petrarch)와 로렌초 발라(Lorenzo Valla) 같은 르네상스 인본주의와도 긴장된 관계를 맺고 있었다. 그들은 모두 '포스트고전적 야만성(postclassical barbarism)'을 제거하여 봉건 문헌을 정화해야 한다는 페트라르카의 주장을 따르고자 했지만, 봉건법과 법률 주석을 전면적으로 거부할지 여부에 대해서는 이견이 있었다. 마지막으로, 영주와 봉신 간의 봉건 관계, 혹은 더 일반적으로 봉토에 대한 주석들은 경쟁적인 주권 이론의 기반이 되었다.

이 간략한 요약조차도 『리브리 푀우도룸』에 구현된 봉건법이 로마법과 미묘한 관계를 맺고 있었음을 보여준다. 이러한 통찰은, 암흑의 중세와 르네상스로부터 시작된 유럽의 부흥 사이에 뚜렷한 단절이 존재한다는 주장에 의문을 제기한다. 위에 언급된 16세기 법학자 모두는 자신들의 민족적 기원을 중세 과거에서 찾으려 했다. 그들은 그곳에서 당대 사회의 정권에 대한 정당성을 모색했다.

데이비스의 봉건제 논의의 두 번째 주장은 위에서 논의된 법학 문헌의 결과물들이 노예제 논증에 어떻게 활용되었는지를 보여준다. 샤를 뒤 물랭과 같은 법학자들의 손에 의해 봉건법 해석은 왕권 절대주의라는 정치적 목표에 맞춰졌다. 뒤 물랭은 '충성 서약(homage)'이라는 봉건적 관계를 해석하면서, 신민이 맺을 수 있는 다른 모든 관계를 소멸시키고, 국왕과 신민 사이의 관계만이 유일하게 정당한 복종 관계임을 강조하였다. 뒤 물랭 이후 한 세대 만에, 장 보댕(Jean Bodin, 1530-1596)은 이러한 봉건법 해석을 활용하여 노예 제도를 비판하고, 뒤 물랭의 주장이 당대 유럽에 대한 긍정적 묘사라는 것을 부정했다. 이로써 종속 상태에 있는 사람들이 절대 군주에게 충성을 바치던 봉건 유럽은 유럽의 과거가 되었거나, 유럽 주변부나 아시아 및 아프리카의 먼 땅으로 밀려났다.

위에서 논의된 내용은 봉건제와 시대구분에 대한 데이비스의 주장을 구성한다. 책의 나머지 부분에서 그녀는 세속주의라는 개념과 중세에 세속주의가 부재했다는 주장에 대해서도 유사한 비판을 한다. 이 두 가지를 종합해 볼 때, 이 책은 현대 사회에서 봉건제와 세속화가 정치적 개념으로 기능하며, 세계 인구의 상당 부분을 정체된 과거에 갇힌 무기력한 집단(inert masses)으로 전유하는 데 동원되고 있음을 보여준다. '세속화(secularization)'라는 표현이 일상적으로 사용되는 방식에서 누락되어 있는 것은 "세속주의란 기독교가 자신을 종교로서 정립하면서, 동시에 타자들을 '종교들'이라 명명했을 때 자신에게 부여한 이름"이라는 것이다.[16]

마찬가지로 역사적 복잡성을 제거당한 봉건제는 농민의 억압과 후진성의 이야기가 되었고, 이는 "노예제를 유럽의 과거 또는 타지역의 현상으로 위치시켜, 유럽과 이후 미국의 정치적 자유와 민주주의의 발전사를 노예제 및 예속과 반대되는 역사로 구성하는 데 기여하였다. 심지어는 이 민주주의의 역사가 수백만 명을 노예화하고 경제적으로 억압하는 것과 함께 발전했음에도 그러했다고 한다.[17]

데이비스는 유럽 발전의 거대 서사를, 특정한 개념들(그녀의 경우 봉건주의와 세속화)이 시대구분과 주권에 복무하게 된 방식과 연결시킨다. 그녀는 시대구분이 특정 주권 주장의 전제 조건임을 보여준다. 진보와 시대구분의 이러한 결합은 이러한 개념들을 구체화하고, 그것들에 내재한 구체적이고 복잡한 역사를 지워버린다. 비판적인

16 Gil Anidjar, Davis, *Periodization and Sovereignty*, p. 133에서 인용됨.

17 Davis, *Periodization and Sovereignty*.

‘포스트식민 중세주의(postcolonial medievalism)’[18]는 이러한 지워진 역사를 분석하기 위해 과거에 접근한다.

식민주의와 중세

중세에 대한 개념과 식민화의 관행(practices of colonizaitons) 사이의 공모 관계는 중세 역사에 대한 많은 수정주의 연구를 지배하는 주제이다. 2000년 『중세 및 근대 연구 저널(*Journal of Medieval and Early Modern Studies*)』 특집호에 실린 논문 모음집 서문에서 존 다게네(John Dagenais)와 마거릿 그리어(Margaret Greer)는 제국의 본국 세력들이 식민지를 정복하면서 세 가지 과정이 동시에 발생했다고 지적했다. 첫째, 원주민과 그의(his) 관행 및 이해는 식민 통치자에 비해 원시적이고, 멀리 떨어져 있으며, 이질적인 것으로 규정되었다. 둘째, 이러한 타자성은 시간의 지도 위에 배치됨으로써 이해될 수 있게 되었다. 즉, 원주민의 현재는 식민 통치자의 과거였다. 아이러니하게도, 비록 다른 공간에 살았음에도 불구하고 새로 식민화된 땅의 사람들과 중세 시대의 사람들은 동일한 시간대에 속한 존재로 인식되었다. 마지막으로, 원주민 역사의 자연스러운 흐름은 식민 지배 세력의 등장과 함께 중단되었다. 근대성의 도래로 중세가 막을 내렸듯이, 원주민 삶의 세계의 다양성 역시 유럽의 진보 사상과 연관된 선형적이고 동질적인 시간에 맞춰야 한다는 압력을 받게 되었다.

이러한 통찰을 바탕으로 다게네와 그리어는 다음과 같은 도발적

18 이 표현은 브루스 홀싱거(Bruce Holsinger)가 만들었으며, 그의 연구는 다음 페이지들에서 논의될 것이다.

인 질문을 던진다. "역사 영역을 식민화하는 것이 지리 영역을 식민화하는 것만큼 가능한가?" 그들의 분석에 따르면 그 대답은 명백히 '그렇다'는 것이다. 현재 다수의 중세사 연구는 역사적 범주로서의 중세가 유럽의 제국주의 및 식민지 팽창과 동시대적이었음을 보여주었다. 유럽이 '문명화 사명'을 세계 곳곳으로 확장해 나가면서, 아프리카가 지리적 암흑대륙이 된 것과 마찬가지로 중세는 유럽의 역사에서 암흑대륙으로 명명되었다.

> 중세를 현재의 역사와 자연스럽게 연결하려는 시도를 위협할 수 있는 시간(과 민족)의 연속성이나 침해는 있을 수 없다. 중세를 역사로부터 분리하는 연대기적 단절은 절대적이어야 한다. 그래야 어떤 계보학(예를 들어, 중세를 '유럽의 유아기'로 보는 것)도 현재의 통제하에 구성될 수 있고, 어떤 혼합(miscegenation)도 완전히 억압될 수는 없을지라도 신중하게 규제될 수 있다. 서구의 명백한 역사는 고대의 찬란함에서 페트라르카를 비롯한 그 자연스러운 후계자들까지 직접적으로 이어져 내려와야 한다. 그 사이에 놓인 천 년은 역사 속의 커다란 공백으로 간주되었다. 그러나 이 공백은 서구의 전형적 역사 서술을 구성하는 도구로 기능할 수도 있었다.[19]

그러나 중세 학자들의 최근 저작들이 보여주듯이, 중세와 근대의 경계는 식민 지배자와 식민지인을 구분하는 경계만큼이나 허술했다. 지난 몇 년간 출판된 많은 저서는 포스트식민적 관점으로 중세와 근대의 연결성, 그리고 근대 속에 존재하는 중세의 흔적을 보여준다.[20]

---

19 John Dagenais and Margaret Greer, "Decolonizing the Middle Ages", *Journal of Medieval and Early Modern Studies*, 30(3) (Fall 2000), p. 435.

20 Jeffrey Jerome Cohen (ed.), *The Postcolonial Middle Ages* (New York, NY: St Martin's Press, 2000); Patricia Clare Ingham and Michelle R. Warren (eds), *Postcolonial Moves: Medieval through Modern* (New York, NY: Palgrave Macmillan, 2003); Ananya Kabir and Deanne Williams (eds), *Postcolonial Approaches to the European Middle Ages: Translating Cultures* (Cambridge: Cambridge University Press, 2005); Kathleen Davis and Nadia Altschul (eds), *Medievalisms in the Postcolonial World: The Idea of 'the Middle Ages' Outside Europe* (Baltimore, MD: The Johns Hopkins University Press, 2010).

몇몇 엄선된 작품을 자세히 언급하며 이러한 분석의 본질을 간략하게 설명하겠다. 이러한 연구의 성과는 식민주의와 중세에 대한 우리의 이해를 더욱 심화시킬 뿐만 아니라, 식민주의가 근대 초기 또는 근대적 현상이라는 개념에 의문을 제기하는 데에도 기여한다.

이와 관련하여, 최근 학문적 노력들이 '중세'라는 개념을 유럽 밖의 공간, 즉 멕시코, 서아프리카, 인도, 호주, 레바논, 라틴아메리카와 같이 다양한 곳으로 확장하려는 시도가 있었음을 주목하는 것도 중요하다. 이 연구자들의 목적은 '중세주의'가 식민지와 포스트식민지(postcolonies)에서 어떻게 작동했는지 분석하고, 중세라는 개념이 비유럽 지역에 적용되었을 때 어떤 일이 발생했는지 보여주는 것이다. 이러한 강조는 중세주의의 개념을 다양화할 뿐만 아니라, 중세라는 범주가 제국주의와 식민주의 과정과 함께 탄생한 역사적/지적 창조물이었음을 보여준다. '유럽 밖 중세의 개념'에 대한 학술 연구는 현재 활발히 진행 중인 프로젝트이므로, 이 시점에서는 몇몇 사례만을 간단히 언급하고자 한다.[21]

아나냐 카비르(Ananya Kabir)는 자신의 논문 「번역에서의 비유: 로마, 잉글랜드, 인도("Analogy in Translation: Rome, England, India")」(2005)[22]에서 18세기 후반과 19세기 초반 영국 학자, 행정가 및 역사가들의 일련의 문학 및 역사 작품을 분석하여, 이 작가들이 인도에서의 자신들의 사명을 제국 로마에 본떴던 방식을 보여준다. 그러나 곧 식민지 동양학 학자들(진정한 인도-유럽어 연구가 등장하기 전의 초기 비교 언어학자들)의 초기 관심은 토마스 매콜리

21 "유럽 밖의 '중세'라는 개념"이라는 표현은 캐슬린 데이비스(Kathleen Davis)와 나디아 알츠슐(Nadia Altschul)의 최근 저서 *Medievalisms in the Postcolonial World: The Idea of 'the Middle Ages' Outside Europe* (Baltimore, MD: The Johns Hopkins University Press, 2010)의 제목에서 가져온 것이다.

22 Ananya Kabir, "Analogy in Translation: Rome, England, India", in Ananya Kabir and Deanne Williams (eds), *Postcolonial Approaches to the European Middle Ages* (Cambridge: Cambridge University Press, 2005), pp. 183-204.

(Thomas Macaulay)와 찰스 트레벨리언(Charles Trevelyan)과 같은 사람들의 열성적인 영국식 개혁으로 바뀌었다. 이 시점에서, 카비르는 로마 시대의 브리튼과 인도 사이의 '비유(analogy)가 '목적론(teleology)'이 되었다고 주장한다. 윌리엄 존스(William Jones), 존 길크리스트(John Gilchrist), 제임스 토드(James Tod), H. T. 콜브룩(Henry Thomas Colebrooke), 나다니엘 핼히드(Nathaniel Halhed)와 같은 동양학자들에게 영국 중세와 초기 식민지 인도 사이의 비유는 단순히 18세기 후반 인도를 영국 중세와 비교했다는 의미가 아니었다. 오히려 그들은 정복을 '문화 변화의 원동력'—영국의 로마 정복과 인도의 무슬림 정복—으로 만듦으로써, 한편으로는 색슨족과 노르만족의 관계를, 다른 한편으로는 힌두교도와 무슬림의 관계를 동일한 담론적 영역에 배치했다.[23] 이러한 행위는 동양학자들이 '모국어 색슨어에서 힌두스탄어(Hindustani)와 같은 북인도 언어로 영어의 발전 경로를 연결시킬 수 있게 하였다. 카비르에 따르면 동양학자들은 인도 언어에 깊은 이해를 가지고 있었다. 그들에게 산스크리트어나 페르시아어는 그리스어나 라틴어에 필적하는 언어였고, 벵골어, 힌디어 및 다른 토착어들은 영어와 프랑스어에 비유되었다. 따라서 인도에서의 동양학적 개혁은 이들 중 고전어 또는 토착어 중 어느 것이 국가의 후원을 받아야 하는지에 대한 질문에 초점을 맞추었다. 영국 중세와 식민지 인도 사이의 유추(analogy)는 동양학자들에게 서술적 목적을 제공했다.

영어학자(Anglicist) 후임자들의 손에서 유추는 더욱 비판적으로 변질되었는데, 중세와 19세기 인도 모두 진보적인 근대성을 도입하기 위해 극복해야 할 역사적 조건을 제시했기 때문이다. 카비르는 주로 영국 정부의 인도 언어 및 교육 정책에 초점을 맞추면서,

23 *Ibid.*, p. 187.

맥컬리 경의 발언에 내재된 암묵적 위계질서에 주목한다. 그의 (악)명((in)famous) 높은 『인도 교육에 관한 회의록(*Minute on Indian Education*)』(1835)에서 매콜리는 르네상스가 그동안 세련되지 못했던 색슨족과 노르만족의 문학(연대기와 로맨스)에 문화를 되찾아 준 것처럼, 종교개혁 이후의 영국 문학이 인도의 토착어나 고전 언어 학습을 대체해야 한다고 주장했다. 이는 인도의 '르네상스'를 이끌기 위함이었다. 동양학자들과 달리 영어학자들은 인도 고전어와 토착어 모두를 '중세적'으로 간주했다. 그들은 인도 식민지가 근대화를 향해 나아가려면, 국가의 후원을 이 두 언어 집단에서 거두고 영어 연구를 장려하는 데 사용해야 한다고 주장했다.

맥컬레이의 동시대인이었던 트레벨리안 역시 이와 유사한 견해를 피력하며 "서구의 학문을 아우른 영어의 학습은 … 인도에 계몽을 가져다줄 첫 번째 단계"라고 역설했다.[24] 르네상스 당시 고전 학문의 부활이 근대 유럽 언어들을 '야만적 상태'에서 탈피하게 했던 것처럼, 문학이 부재한 인도 토착어 또한 영어와의 접촉을 통해 다듬어져야 한다는 것이었다. 그러나 이번 경우 유추는 동시에 목적론적 기능도 하였다. 19세기 인도는 식민지에 대한 영국의 후견을 정당화하기 위해 중세 영국과 비교되었다. 중세 영국처럼 인도도 뒤떨어져 있었고, 영국이 자신들이 이전에 만들어 놓은 길을 따라가도록 해야만 그 상태에서 벗어날 수 있었다.

위에서 논의된 동양학자와 영어학자 간의 논쟁이 토착화와 서구화라는 상호 대립하는 세력 간의 단순한 싸움이 아니었다는 점을 분명히 해야 한다. 포스트식민 학자 데브자니 강굴리(Debjani Ganguly)가 최근 주장했듯이, 두 집단과 그들의 인도 지지자들 모두 인도에 영어 교육이 도입되는 것을 필수적이고 불가피한 것으로

24 *Ibid.*, p. 193.

여겼다. 강굴리는 근본적인 차이점은 각 집단이 교육 정책을 실질적으로 구현하는 방식과 식민지의 기존 텍스트와 자료에 부여한 위상에 있다고 주장한다. 그녀가 지적했듯이,

> 동양학자들은 인도의 고전 및 페르시아-아랍 유산이 유럽의 지식 형태를 수용하고, 변형하고, 심지어 되살릴 만큼 풍부하고 광대하다고 생각했다. 그들은 고전 산스크리트 유산과 궁정 페르시아 문화로 대표되는 인도의 기존 문명적 깊이에 접목하고 이를 더욱 강화할 수 있는 형태의 영어 교육을 선호했다.[25]

이러한 이유로 그들은 영어학자가 대표하는 관점, 즉 영어를 '진보적인' 세계 언어로 도입하여 인도의 전근대적 언어 및 문화의 사멸해가는 잔재를 없애야 한다는 견해에 반대했다. 매콜리와 같은 영어학자는 인도의 고전에서 영감을 받은 교육학과 문화에서 실용적인 가치를 찾지 못했다. 이러한 것들을 중세적이라고 낙인찍으며, 그들은 영어 교육이 행정 개혁의 해법이자, 전파(transmission)와 삼투(osmosis) 과정을 통해 인도 토착어를 활성화하는 데 필요한 해독제라고 규정했다. 영국 중세는 전략적인 은유, 즉 아나냐 카비르가 말하는 '유추'였고, 영어학자는 이를 통해 인도의 후진성에 대한 자신들의 주장을 펼쳤다.

카비르는 문화 번역 과정—영국 중세와 18세기 후반 및 19세기 초 인도 사이—에 초점을 맞춰 다음과 같은 점들을 보여준다. (1) 식민지 사업과 '중세에 대한 담론' 사이의 밀접한 연관성; (2) 현대에 동원되는 중세 개념의 다층적 성격; 그리고 (3) 식민지 정책 형성에 있어서 중세의 존재. 중세라는 개념의 이러한 전략적 활용은 인도에서의 영국 교육 및 언어 정책에만 국한된 것이 아니었다. 다른 곳에

25 Debjani Ganguly, Bhekizizwe Peterson, "The Language Question in India", in Ato Quayson (ed.), *Cambridge History of Postcolonial Literature* (Cambridge: Cambridge University Press, 2012), pp. 649-702.

서도 카비르는 영국이 인도 아대륙의 토지 개혁 정책에서 중세주의를 어떻게 활용했는지 보여준다.[26]

매우 다른 형태의 포스트식민 중세주의는 니콜라스 하우(Nicholas Howe)의 논문, 「앵글로색슨 잉글랜드와 포스트식민의 공백("Anglo-Saxon England and the Postcolonial Void")」(2005)에서 찾을 수 있다.[27] 하우는 로마 군단이 철수한 410년부터 기독교 선교사들이 본격적으로 도래하는 597년까지의 기간, 즉 초기 앵글로색슨 시기의 잉글랜드 역사를 하나의 포스트식민 사회로 분석해야 한다고 주장한다. 그의 연구는 코피 O. S. 캠벨(Kofi O. S. Campbell)의 연구와 마찬가지로, 식민주의를 중세에 위치시킴으로써 식민주의의 확립된 시간성에 의문을 제기한다.[28]

하우는 영국과 로마제국의 동일시가 실제로 포스트식민지(postcolony) 시대, 즉 로마제국이 영국에서 공식적으로 철수한 이후부터 시작되었음을 보여준다. "포스트식민 문학이란 식민 관계를 비판적으로 면밀히 검토하는 문학"이라는 전제하에, 하우는 길다스(Saint Gildas, 500-570)와 베다(Saint Bede, 673-735) 같은 작가들과 『방랑자(*The Wanderer*)』, 『폐허(*The Ruin*)』, 『막심스 II(*Maxims II*)』 같은 시들을 통해 로마제국의 기억이 이러한 작품

26 카비르는 타키투스(Tacitus)의 저서 『게르마니아(*Germania*)』 26장이 인도의 마을 공동체에 대한 유럽인의 상상력 형성에 어떤 역할을 했는지 분석한 내용을 참고한다: *Medievalisms in the Postcolonial World*, pp. 51-79.

27 Nicholas Howe, "Anglo-Saxon England and the Postcolonial Void", in Ananya Kabir and Deanne Williams (eds), *Postcolonial Approaches to the European Middle Ages* (Cambridge: Cambridge University Press, 2005), pp. 25-47.

28 캠벨(Campell)은 12세기경 잉글랜드가 여러 차례 식민 지배를 받았다고 주장했다. 그는 또한 스코틀랜드에 대한 잉글랜드의 식민지적 관심이 10세기경 시작되었다고 언급했으며, 초서 시대(time of Chaucer)부터 프랑스 문화적 지배를 막으려는 잉글랜드의 시도에 이르기까지 문학적 영어의 부상을 주장했다. 분명히 '식민주의'는 캠벨의 경우 상당히 포괄적인 범주로 작동한다. 하지만 나디아 알츠슐이 유용하게 지적했듯이, 중세에 대한 학문적 사고에 식민성(coloniality)을 포함시켜야만 중세와 근대 식민주의(그리고 그것들이 야기한 상이한 포스트식민 조건) 사이의 차이를 분석하기 시작할 수 있다.

들에 어떻게 각인되었는지, 특히 로마 건축물, 석조 구조물, 전리품(spolia)에 대한 언급을 통해 살펴본다. 이러한 문학 텍스트들은 당시 교회 건축물에 대한 면밀한 연구와 함께 보완되는데, 이는 로마 제국이 공식적으로 철수한 이후 몇 년 동안 실제로 브리타니아 속주의 제국 수도가 되었음을 보여준다. 이는 "과거 위에 기반한 것이기도 했던" "영국의 제국 수도로서의 역할과는 근본적으로 다른 영적, 종교적 방식으로" 이루어졌다.[29]

로마화된 브리튼의 흔적은 중세 잉글랜드의 문학 및 예술 전반에 걸쳐 광범위하게 나타났다. 길다스는 로마인들이 건설한 석조 기념물과 도로에 구현된 문명 세계가 야만인 무리의 공격을 받아 사라지는 것을 애도했고, 베다는 자로(Jarrow) 수도원 교회에서 돌과 전리품의 사용에 대해 기록했다. 더럼주(County Durham) 에스콤(Escomb)의 성 요한 교회에는 로마 건물에서 통째로 가져온 것으로 보이는 아치가 특징적으로 자리하고 있다. 이처럼 로마는 초기 앵글로색슨 잉글랜드에서 살아있는 기억이었다. 하우는 라틴어 혹은 고대 영어의 문해력이 드물었던 사회를 연구하기 위해 앵글로색슨 잉글랜드의 풍경에 초점을 맞춘다. 그가 이러한 '기념비적인 기록(monumental accounts)'으로 눈을 돌린 것은, 이 사회를 포스트식민적이라고 규정한 것에 대해 의문을 제기할 수 있는 잠재적 회의론자들에게 답하려는 노력이기도 하다.

예를 들어, 어떤 이들은 하우가 에스콤 교회의 아치—앵글로색슨 건축물에 놓인 로마 아치—를 포스트식민의 증거, 즉 "해석적 브리콜라주(bricolage) 행위에서 역사적 재료를 교묘하게 활용한 것"으로 해석하는 데 이의를 제기할 수 있다. 회의론자들은 당시 앵글로색슨인이라면 누구나 과거 섬나라에 남아 있던 제국의 흔적에 대

29 Howe, "Anglo-Saxon England and the Postcolonial Void", p. 42.

해 그런 식으로 생각했을 것이라고 추론하는 것이 타당한가라고 물을 수 있다. 하우는 이러한 반론에 대해 세 가지 잠정적인 답변을 제시한다. 첫째, 교회 건축에서 전리품이 예술적으로 정교하게 통합되었다는 점은 건축자들이 그 아름다움과 중요성을 예리하게 인식했음을 보여준다. 둘째, 위에서 언급한 문학 작품들을 바탕으로 건축 분석을 보완하면, 라틴어나 고대 영어로 글을 쓴 앵글로색슨인들이 "건축용 석재의 역사와 그것들이 역사적 시기를 구분하는 방식에 관심이 있었다"라는 것을 알 수 있다. 마지막으로, 하우는 "당시 사람들이 약 1,200년 후의 우리보다 자신의 역사의 복잡성에 덜 민감했을 것"이라고 가정할 근거는 없다고 주장한다.

하우는 "본국과 식민지, 중심과 주변부 사이의 관계는 강력한 자와 소유를 빼앗긴 자의 단일하고 불변하는 관계로 설정될 수 없다"라고 결론짓는다. 로마인들이 공식적으로 영국을 떠난 후에도, 기독교의 경험과 이미 사라진 문명의 기억 속에서 로마는 영국의 제국 수도로 남았다. 하우의 분석에서 포스트식민적 함의는 로마가 영국에서 살아있는 기억이며, 반식민지 감정이 아니라 포스트식민 정서에 의해 촉진되는 기억이라고 주장할 때 가장 강력하게 드러난다.

하우의 분석은 중세 사학자의 방법론적 훈련과 포스트식민 학자의 세계를 보는 시각 사이의 자연스러운 유사성을 강조한다. 전자의 훈련은 중세 사학자로 하여금 "물질적 대상에 결합된 다면적 세계와 수세기에 걸친 해석 행위가 이러한 대상에 미친 영향을 인식하게 한다. … 텍스트, 필사본은 그림, 교회, 지도 또는 기타 유물의 존재를 보여준다. … 그것들의 다면적인 수용의 시간적 층위와 흔적을 보여준다".[30] 아토 퀘이슨(Ato Quayson)은 이러한 "방법론적 변주, 그리고 포스트식민주의에서 얻은 특정 통찰력의 이전뿐만 아니라

30 Altschul, "Postcolonialism and the Study of the Middle Ages", p. 10.

… 중세 연구에서 발견되는 세심한 내재화 작업"이 두 분야 간의 생산적인 대화를 여는 것이라고 말했다.[31]

포스트식민 중세주의의 마지막 예시는 호주의 정착민 식민지 맥락에서 가져왔다. 카비르의 분석과 비교할 때, 이는 빅토리아 중세주의에 대한 다른 식민주의적 해석을 제시한다. 루이즈 다르센스(Louise D'Arcens)는 「호주의 목가: 테니슨의 중세주의에 대한 초기 호주 번역("Antipodean Idylls: An Early Australian Translation of Tennyson's Medievalism")」(2003)이라는 논문에서 식민지, 제국 및 민족사에서 중세주의의 역할을 더 완전하게 이해하기 위해서는 빅토리아 시대 중세주의의 범위를 식민지 환경으로 확장하는 것이 중요하다고 주장한다. 이 논문에서 그녀의 목표는 또한 '제국주의적 이상을 위한 수단'으로서의 중세주의 역할에 대한 분석을 넘어, 식민주의 실천의 핵심 담론으로서의 중세주의를 분석하는 것이다. 이러한 재정립은 빅토리아 중세주의에 대한 전통적인 개념이 식민지에서 어떻게 새로운 용도로 사용될 수 있었는지를 보여준다.

이 논문에서 다르센스가 주목하는 인물은 1852년부터 시드니 대학교의 초대 학장이자 고전학 교수였던 존 울리(John Woolley)이다. 울리의 공개 연설, 개인 서한, 그리고 그가 대학을 위해 설계한 교과 과정은 빅토리아 시대 중세주의와 관련된 가장 잘 알려진 텍스트 중 하나인 알프레드 테니슨(Alfred Tennyson)의 『왕의 목가(*Idylls of the King*)』에 대한 그의 깊은 존경심을 드러내고 있다. 그러나 중요한 것은 울리가 테니슨의 『왕의 목가』를 읽는 방식은 영국 내 동료들과는 현저하게 달랐다는 것이다. 정착민 사회의 맥락에서

31 Ato Quayson, "Translations and Transnationals: Pre- and Postcolonial", in Ananya Kabir and Deanne Williams (eds), *Postcolonial Approaches to the European Middle Ages* (Cambridge: Cambridge University Press, 2005), p. 260.

울리는 테니슨이 아서 왕의 과거를 문학적으로 묘사한 것을 호주 현지의 상황에 맞게 재구성했다. 테니슨의 모든 등장인물과 장소—에니드(Enid), 일레인(Elaine), 아서(Artjir), 그리고 데번(Devon)의 숲, 애스톨랏(Astolat) 성, 카멜롯 홀(halls of Camelot)과 같은 장소들—는 호주의 유사 사례로 확장되었다. 울리는 아서 왕의 기사도 이상을 1852년 그의 학부생들과 다양한 (백인) 대학 설립자 및 후원자들에게 설교했으며, 1862년에는 시드니의 의용군(volunteer forces)에게 행한 설교에서도 같은 내용을 다시 한번 강조했다.

울리가 정착민 식민지 맥락에서 중세 기사도를 언급한 것은 기사도가 제국을 위해 사용되는 것이 아니라 제국에 대항하여 사용될 이상(ideal)이라는 주장과는 상반된다. 다르센스가 지적했듯이, 울리의 경우 기사도적 행동을 통치자의 특성으로 보는 것이 아니라, 보호하는 기사나 제국의 시선 아래 행동하는 가신의 특성으로 본다. 즉, "여왕은 지켜보고 있으며, 그녀의 식민지 수호자들은 여왕의 명예를 수호하고 드높여야 한다"라는 것이다.[32] 교육, 시, 의무는 모두 『왕의 목가』에 대한 독특하지만 다소 특이한 해석을 통해, 정착민의 기사도적 노력의 일환으로 묘사되었다.

울리의 『왕의 목가』 해석과 식민지 시대 호주의 맥락에서 빅토리아 시대 중세주의를 차용한 데 대한 다르센스의 설명에서 특히 주목할 세 가지 요소가 있다. 첫째, 테니슨(Alfred Tennyson)을 읽고 그 후 학생과 동료들에게 시를 장려한 것은 독립적인 정착민의 목소리를 확립하려는 시도였다. 즉, 유럽인이지만, 원래는 유형 식민지로 상상되었던 머나먼 땅에 거주하는 유럽의 이등 시민의 목소리를 대변하는 것이었다. 둘째, 울리의 테니슨 해석은 유물주의와 반

32 Louise D'Arcens, "Antipodean Idylls: An Early Australian Translation of Tennyson's Medievalism", *Postcolonial Moves: Medieval through Modern* (New York, NY: Palgrave Macmillan, 2003), p. 245,

중상주의에 대한 비판에서 영향을 받았다. 이러한 점에서 그의 『왕의 목가』 해석은 아서 왕 이야기를 영국의 제국적 야망을 위한 각본으로 더 직설적으로 해석했던 기존의 해석과는 달랐다. 울리는 반제국주의자는 아니었다. 하지만 그는 철저히 공리주의와 중상주의적 정신에 이끌리는 정착민 사회의 임박한 '문화적 죽음'을 막기 위한 방편으로 테니슨의 빅토리아 시대 중세주의를 활용했다. 다르센스에 따르면, 테니슨의 『운명의 땅(*The land of Doorm*)』은 울리에게 "식민지 시드니(Sydney) 생활의 폐해를 논의하기 위한 저항할 수 없는 본보기"였다. 마찬가지로 그의 등장인물인 에니드(Enid), 기네비어(Guinevere), 일레인(Elaine)은 각각 정착민 아내들이 잉글랜드의 안락함과 추운 기후를 떠나 가정을 꾸릴 때 참고하거나 경계해야 할 존재로 해석되었다. 마지막으로, 울리에 의한 빅토리아 시대 중세주의의 활용은 식민지의 과거를 '덮어쓰려는(write over)' 정착민 식민지 노력의 일환이었다. 다르센스가 언급했듯이, 울리의 연설, 특히 또 다른 중세 영웅 알프레드 대왕(Alfred the Great)을 언급한 부분은 호주를 "유럽의 언어, 문학, 철학이 이식되기에 적합한 무인의 황무지"로 묘사했다.[33] 알프레드 숭배를 확장하면서 울리는 청중들에게 다음과 같이 권고했다.

> 우리의 영광스러운 알프레드 대왕이 ... 가난하고 흩어진 학자들을 위한 연합과 피난처를 제공한 지 980년이 흘렀다. 그는 자신이 심은 앵글로색슨의 뿌리가 천년이 지나도 썩지 않고 살아남을 것을 고귀한 자부심으로 예견했을까? 그의 상상력은 자신의 섬나라를 넘어 지구의 가장 먼 구석에서, 그의 제도 속에서 양육된 그의 후손들이 그들이 사랑했던 정신과 형태를 더욱 야성적이고 접근하기 어려운 황야로 가져갈 것을 그렸던 것인가?[34]

33 D'Arcens, "Antipodean Idylls", p. 251.

34 *Ibid.* (원문에서 강조).

다른 연구에서 다르센스는 시드니 대학교의 또 다른 교수, 역사가 조지 아놀드 우드(George Arnold Wood)를 통해 호주 정착민 맥락에서 중세주의 동원 양상을 추가로 분석하고 있다. 우드는 그 이전에 울리가 그랬듯이, 또 다른 중요한 중세 인물인 아시시의 성 프란체스코(St Francis of Assisi)를 통해 1899-1902년의 '부도덕한' 보어 전쟁에 대한 호주의 개입에 반대했다.[35] 이러한 연구를 통해 다르센스는 중세의 과거가 단순히 역사적 지식의 대상이 아니라 도덕적 귀감의 보고(寶庫)로 기능할 때 어떻게 되살아나는지를 보여준다. 이처럼 그들은 근대와 중세를 구분하는 전통적인 역사주의적 구분에 의문을 제기한다. 울리와 우드는 모두 영국 제국의 일원이었던 신흥 식민 국가 호주의 구성원으로서 글을 썼다. 그러나 두 사람 모두 중세 인물들을 특정한 역사적 맥락에서 분리하여 미덕의 개념으로, 혹은 (우드의 경우) 부도덕한 제국주의를 비판하기 위한 수단으로 활용하였다. 우드는 아널드(Thomas Walker Arnold), 러스킨(John Rskin), 폴 사바티에(Paul Sabatier), 월터 스콧(Walter Scott)의 성 프란치스코(St Francis)에 대한 작품에서 영감을 받았다. 우드의 공개 강연에서 성 프란치스코는 미덕의 화신이 되었으며, 존 밀턴(John Milton), 올리버 크롬웰(Oliver Crmwell), 토머스 모어 경(Sir Thomas More), 그리고 우드의 정치적 영웅 윌리엄 글래드스톤(William Gladstone)과 같은 후대 인물들도 마찬가지였다.

이러한 식민지 및 근대적 맥락에서의 중세 인물 활용은 중세를 유럽 역사의 암흑기로 보는 관념을 복잡하게 만들 뿐만 아니라, 중세를 뚜렷이 근대적이고 반제국주의적인 정치에 봉사하게 한다. 그

35 Louise D'Arcens, ""Most Gentle Indeed, But Most Virile": The Medievalist Pacifism of George Arnold Wood", in Kathleen Davis and Nadia Altschul (eds), *Medievalisms in the Postcolonial World* (Baltimore, MD: The Johns Hopkins University Press, 2010), pp. 80-108.

러나 울리와 우드가 20세기 초 호주에 거주했던 백인 정착민을 묘사하는 데 유럽 중세주의를 적용한 것의 문제점은, 그것이 원주민 인구를 해당 국가의 과거 또는 현재 기록에서 완전히 지워버렸다는 점이다. 울리나 우드와 같은 중세주의는 유럽 중세를 근대 국가 서사의 자원으로 활용하는 한편, 호주 원주민이라는 또 다른 중세를 국가적 서사에서 지워버렸다.

호주 버전의 빅토리아 시대 중세주의는 두 가지 사실을 보여준다. 첫째, 백인 정착민의 사고방식에서 중세는 미지의 미개척 지역에 정착하는 프로젝트를 추진하는 데 효과적으로 활용될 수 있는 자원이었다. 둘째, 우리가 중세라고 부르는 범주는 다양한 사회 형태를 모호하게 만든다. 승리를 향해 나아가는 정착 식민주의의 서사 앞에서, 빅토리아 시대의 중세주의는 호주의 '잠재적 과거(putative past)'로 제시되었다. 이 땅의 실제 주민들, 그들의 고유한 역사와 과거는 우드나 울리가 시대착오적으로 유럽의 과거를 호주에 강요하는 영국 중세주의의 압력에 의해 지워졌다. 그러나 이러한 중세주의는 원주민을 배제했다는 점에서는 비윤리적이었지만, 제국주의, 천박한 물질주의, 무절제한 상업주의를 비판했다는 점에서는 윤리적이었다. 중세적 가치들은 근대적 정착민의 도덕적 레퍼토리에서 필수적인 역할을 하였으며, 이는 포스트식민 중세주의의 핵심 과제 즉, '현재'를 구성하는 다수의 시간 세계(time-worlds)에 대한 감수성을 다시금 환기시키는 것이기도 하다.

포스트식민 중세주의에 대한 비판

포스트식민 관점에서 이루어진 중세사 연구의 다양한 사례에도 불구하고, 포스트식민 이론적 방법을 중세 연구에 적용하는 것에 대한 강력한 반대 의견들도 있었다. 캐서린 브라운(Catherine Brown)과 같은 학자들은 포스트식민 연구의 통찰이 중세학자들에게 유용했다는 점을 인정하면서도, 중세 연구에 포스트식민 이론 장치를 적용하는 것에 대해서는 경계심을 표한다. 브라운은 "우선, 현실 세계에서 두 학문 분야의 지식/권력 활동은 윤리적으로 결정적인 방식으로 서로 비교할 수 없다. 중세주의는 오리엔탈리즘이 살아있는 사람들의 삶에 영향을 미쳤고, 지금도 여전히 영향을 미치고 있는 것처럼 중세 사람들의 삶에 결코 영향을 미치지 않을 것이다"라고 썼다.[36] 위에서 언급된 존 다게네와 마거릿 그리어와 같은 다른 학자들은 포스트식민 이론이라는 현대적 지식 장치의 렌즈를 통해 중세를 분석 대상으로 전락시키는 '시간의 식민화(temporal colonization)'에 대해 우려를 표한다. 그들은 포스트식민 분석 방법의 도입이 일부 중세 연구자들이 이미 겪고 있는 식민화의 느낌을 더욱 악화시킬 수 있다고 주장한다. 이러한 맥락에서 "이베로 중세 학자들(Iberomedievalists)은 종종 자신들이 이중의 식민화, 즉 중세 자체의 식민화된 성격과 북유럽, 특히 프랑스와 영국의 지배적인 역할에서 비롯된 식민화 아래에서 작업한다고 느낀다".[37] 이처럼 한편으로는, 학문적 신식민주의에 대한 두려움이 포스트식민 중세주의 연구를 따라다닌다. 다른 한편으로는, 가브리엘 슈피겔(Gabrielle Spiegel)과 같은 중세 역사가는 (다른 분야의 이론이나 개념을 도입하여 새로운 통찰을 얻는 것을 의미하는) '이론 도약(theory hopping)'을 경계하며, "명확한 비유 없이 포스트식민 이론을 중세 사회에 적용하는 것은 포스트식민 이론과 중세 역사 모

---

36 Bruce W. Holsinger, "Medieval Studies, Postcolonial Studies, and the Genealogies of Critique", *Speculum*, 77(4) (October 2002), p. 1202에서 인용했다.

37 Holsinger, "Medieval Studies, Postcolonial Studies, and the Genealogies of Critique", pp. 1202-1203.

두를 탈맥락화하는 것"이라고 주장한다.[38]

일부 중세 학자들이 포스트식민 이론에 여전히 경계심을 갖는 반면, 다른 학자들은 이 분야와의 활발한 대화 속에서 포스트식민주의 글쓰기를 뒷받침하는 특정 전제에 대해 비판적 질문을 제기해 왔다. 이같이 캐슬린 데이비스는 "근대 국가의 구성되지 않은(unconstructed) 기원이나 선사 시대(prehistory) 역할을 하는 총체적인(totalizable) 중세"에 대한 비판적 해석을 제시한다.[39] 그녀는 또한 과거-현재의 목적론적 본질과 고대 및 근대의 양극화된 역사주의적 감각에 의문을 제기하려는 노력에도 불구하고, 호미 바바와 같은 포스트식민 이론가들이 포스트식민 국가의 주장된 근대성(alleged modernity)에 대한 비판적 해석에서 '과거의 동질화 신화(homogenizing myth of past)'를 당연하게 여기게 된다고 주장한다.[40] 같은 맥락에서 캐롤린 딘쇼(Carolyn Dinshaw)는 바바의 민족주의 연구에서 "중세는 여전히 근대성과 포스트근대성이 멋지게(groovily) 부상하는 밑도 있고 불변하며 지극히 명백한 단일체(monolith)로 여겨진다"라고 지적한다.[41]

이러한 비판들을 고려할 때, 『유럽 헤게모니 이전(*Before European Hegemony*)』과 같은 책들을 떠올려 보는 것도 유용하다. 이 책은 포스트식민 중세주의라는 의제가 학자들에 의해 명확히 제시되기 전에 이미 역사적, 개념적 기반을 비판해 온 저작이다.[42] 이

38 Spiegel, "Epater les Medievistes", p. 250.

39 Kathleen Davis, "National Writing in the Ninth Century: A Reminder for Postcolonial Thinking about the Nation", *Journal of Medieval and Early Modern Studies*, 28(3) (1998), p. 613.

40 *Ibid.*, p. 629.

41 Carolyn Dinshaw, *Getting Medieval: Sexualities and Communities, Pre- and Post-Modern* (Durham, NC: Duke University Press, 1999), p. 16.

42 Janet L. Abu-Lughod, *Before European Hegemony: The World System A.D. 1250-1350* (New York, NY: Oxford University Press, 1989).

와 같은 작업들의 존재는 다음과 같은 사실을 입증한다.

> 포스트식민 이론의 도움을 거의 받지 않거나, 전혀 받지 않고도, ... 상당수의 중세 연구자들이 현재 포스트식민 비평의 중심에 있는 바로 그 비판적 명령을 다루었으며, 중세 연구와 포스트식민 연구가 서로를 명료하게 설명할 수 있는 능력을 보여주었다.[43]

브루스 홀싱어(Bruce Holsinger)는 두 학문 분야 간의 무의식적인 중첩(unacknowledged overlaps)을 강조하는 방식으로 글을 쓰면서, "반유럽중심주의적이고 반계몽주의적인 탐구 방식", 즉 포스트식민 연구를 철저히 유럽 중심적으로 시작된 분야(즉 중세사 연구)에 적용하는 것이 "윤리적으로 의심스럽다"라고 생각하는 동료 연구자들에게 중세학자의 입장을 제시한다. 그는 가야트리 스피박과 디페시 차크라바르티 등의 포스트식민 저작들을 인용하여 포스트식민 역사와 이론이 유럽 사상과 맺고 있는 복잡한 관계를 보여준다. 차크라바르티가 그러한 사상의 필수적이지만 부적절한 본질에 대해 주장하거나, 스피박이 "칸트, 헤겔, 마르크스....와 같은 사상가들을 투명하거나 동기 부여된 사상의 보고(寶庫)로 읽는 것"에 대해 경고한 것은 이러한 점에서 유익하다. 그러나 홀싱어가 포스트식민 역사와 중세 역사 사이의 자연스러운 친화성에 대해 주장하는 것은 그가 제시하는 두 가지 추가적인 관찰에서 가장 설득력을 얻는다. 첫째, 그는 (2장에서 논의된) 서발턴 연구 집단이 중세학 연구(medievalist scholarship)와 함께 보여준 '성찰적이고 비판적인 개입'에 주목한다. 파르타 차테르지와 샤히드 아민 같은 초기 서발턴 연구자들은 조르주 뒤비(Georges Duby), 엠마뉘엘 르 로아 라뒤리(Emmanuel Le Roy Ladurie), 마르크 블로크(Marc Bloch), 페르

43 Holsinger, "Medieval Studies, Postcolonial Studies, and the Genealogies of Critique", p. 1200.

낭 브로델(Fernand Braudel), 오토 폰 기어케(Otto von Gierke), 하인리히 미테이스(Heinrich Mitteis), S. F. C. 밀솜(Stroud Francis Charles Milsom), 프리츠 케른(Fritz Kern), 로버트 브레너(Robert Brenner) 등 중세사 연구자들의 저작을 광범위하게 인용하였다. 아제이 스카리아(Ajay Skaria)와 크리스토퍼 피니(Christopher Pinney)와 같은 후기 기고자들은 로제 샤르티에(Roger Chartier), 월터 옹(Walter Ong), 어윈 파노프스키(Erwin Panofsky)의 저작들을 활용했다. 이 집단의 작업은 다음과 같은 이유로 포스트식민 중세주의에 유의미한 비교사적 방법론을 제공한다.

> 지난 20년간 포스트식민 이론의 가장 시급한 갈등, 핵심 개념, 역사적 회복 논쟁을 촉발시킨 것이 바로 이 집단의 작업이며, 이들의 저작은—부분적이긴 해도—포스트식민 중세학 연구를 위한 비교주의적 탐색법이 풍부하게 담긴 역사학적 프로젝트이다.[44]

반토대주의적(anti-foundationalist)이고 식민주의와 포스트민족주의적 주장을 비판하는 근대 인도 역사학을 옹호하기 위해, 서발턴 연구 역사가들은 중세 유럽 역사에서 발췌한 사례들에 주목했다. 그들의 연구는 명시적으로 이론화되지는 않았지만, 일종의 포스트식민 중세주의라 할 수 있다. 서발턴 연구 지면에서 발견되는 중세에 대한 언급은, 아마도 그들 스스로는 몰랐을지 모르지만, 중세의 후진성, 무지한 종교성, 그리고 정체된 위계질서에 대한 상투적인 표현을 전혀 담고 있지 않았다. 아마도 이 프로젝트가 식민지 인도 연구에서 이러한 꼬리표를 거부하려는 정치적 동기를 가지고 있었기 때문에, 그들의 중세관은 목적론적/역사주의적 해석에 자연스럽게 저항하는 것이었다.

44 *Ibid.*, p. 1209.

홀싱어의 두 번째 관찰은 이 논의를 서발턴 연구를 넘어 포스트식민 이론과 역사학에서 널리 언급되는 다양한 철학적, 이론적 문헌으로 확장한다. 그는 막스 베버(Max Weber), 마르틴 하이데거(Martin Heidegger), 장 프랑수아 리오타르(Jean-François Lyotard), 조르주 바타유(Georges Bataille), 질 들뢰즈(Gilles Deleuze)와 같은 사회이론가 및 철학자들이 중세 텍스트와 긴밀하게 대화해왔음을 지적하며 다음과 같이 썼다.

> 이러한 사례들을 비롯하여 우리가 이론적 중세주의(theoretic medievalism)라고 부를 수 있는 많은 사례는 중세사가들이 전근대 연구에 다양한 이론적 어휘를 도입하는 과정에서 여전히 흔히 수반되는 방어적 태도와 저항을 마침내 버려야 할 때가 왔음을 시사한다.[45]

홀싱어의 발언은 포스트식민 역사와 중세 역사 분야 간의 자연스러운 친연성에 주목하게 한다. 19세기 중반 영국 통치에 맞선 인도 농민 봉기를 다룬 라나지트 구하(Ranajit Guha)의 『반란의 산문(*The Prose of Counter-insurgency*)』과 14세기 후반 영국 농촌 저항 운동에 관한 스티븐 저스티스(Steven Justice)의 『글쓰기와 반란(*Writing and Rebellion*)』은 방법론적 차원에서도 이러한 연관성을 증명한다. 두 학자 모두 농민의 주체성을 보여주는 증거를 찾기 위해 엘리트 중심의 문서고가 지닌 침묵을 파고드는 새로운 독해와 서술 방식을 강조한다. 궁극적으로 중세 역사와 포스트식민 역사를 하나로 묶는 것은 단계적 역사적 사고(stadial historical thinking)와 시대 구분 속에 내재된 가치 판단을 비판하려는 상호 공유된 의지뿐만 아니라, 식민지 시대와 중세 시대 모두의 정전(canon)에 도전할 새로운 자료를 발굴하기 위해 기존 공문서를 '반대로 읽는

45 *Ibid.*, p. 1224.

(reading against the grain)' 방법론적 강조이기도 하다.

포스트식민 이론가 데이비드 로이드(David Lloyd)는 그의 최근 저서 『아이리시 타임스(*Irish Times*)』에서 "근대와 중세의 동시적 공존(coevality)과 비교불가능성(incommensurability)은 결코 우리가 극복한 것이 아니다"라고 언급한다.[46] 이 장을 마무리하며 로이드의 논평이 함의하는 바를 간략하게 살펴보겠다. 그의 언급은 '중세'라는 용어가 단순히 역사 서술에서 특정 시기를 지칭하는 것 이상의 의미를 지녔다는 사실에 주목하게 한다. 로이드에게 중세는 다루기 힘든 모호성으로 특징지어지는 공간이다. 식민지 및 신식민지적 맥락에서 '중세'라는 용어는 종종 시간이 흐르면 근대로 이행할 사회 형태를 지칭하는 용어로 사용된다. 우리는 식민지가 중세적, 즉 결핍의 상징으로 묘사되는 다양한 식민지 환경에서 중세적이라는 용어가 반복적으로 언급되는 것을 목격해 왔다. 오늘날에도 우리는 특정 인구 집단이나 국가들이 '중세적'이라는 말을 듣게 되는데, 이러한 묘사는 이들 국가와 실패한 국가, 전쟁 중인 영주, 굶주리는 농민으로 가득 찬 중세 암흑기의 혼란에 대한 대중적 상상 사이의 유추에서 힘을 얻는다. 그러나 이러한 묘사는 이른바 중세적 형태가 우리와 동시대에 공존하고 있으며, 사실은 우리와 함께 등장(co-emergent)한 것이라는 사실을 은폐한다. 때로는 이러한 형태가 등장하게 된 역사적 과정에 '우리'—즉 서구—가 결코 적지 않은 역할을 했다는 점도 함께 가려진다.

로이드가 중세를 이처럼 정의하는 방식은 중세사가들과 포스트식민 역사학자들 모두의 연구에 기반을 두고 있다. 또한 중세를 '날카로운 타자성(hard-edged alterity)'의 장소로 개념화하는 것에

46 David Lloyd, *Irish Times: Temporalities of Modernity* (Dublin: Keough-Naughton Institute for Irish Studies, University of Notre-Dame/Field Day, 2008), p. 74.

이의를 제기하고, 오히려 '다양한 시간성으로 형성된(formed by multiple temporalities)' 현재의 일부로 본다.[47] 중세를 이러한 방식으로 생각한다는 것은 "중세는 기원점이자 전환의 공간", 즉 "끊임없이 서로에게 자리를 내주는 일련의 전환"이라는 것을 인정한다는 의미이다. 이는 현대 사회 구조 속에 중세의 뚜렷한 흔적이 남아 있다는 것을 시사한다. 때로는 이러한 흔적들이 근대적 조건 속으로 승화되어 사라질 수도 있다. 그러나 중세는 그러한 흡수에 저항하거나 반항하는 사회 구조로서 근대성 속에서도 지속되는 경우가 많다. 역사가로서 우리는 현대 생활 속에 존재하는 중세의 흔적을 어떻게 보아야 할까? "그러한 저항의 장소들이 단순히 완고한 후진성의 지속을 의미하는가, 아니면 ... 근대성의 일방적인 진보에 대한 아직 소진되지 않은 대안의 가능성을 의미하는가?"[48]

중세를 이러한 방식으로 특징짓는 것은 중세의 타자성(alterity)이라는 테제에 반하는 것이며, 오히려 그 불분명성을 소위 중세가 내포할 수 있는 역사적 전환의 다양한 가능성을 품은 징후로 간주한다. 따라서 우리는 종종 '암흑시대(Dark Ages)'에서 '초기 중세'를 거쳐 '후기 중세'로 이어지는 다양한 전환에 대해 듣는다. 포스트식민 중세주의는 이 복합적이고, 상충되며, 다층적인 중세 현상—즉, "전후를 동시에 응시하는 야누스의 얼굴(Janus-face)을 지니며, 긍정적 의미와 부정적 의미를 동시에 함축하는 중세"—에 주목함으로써, 역사적 전환이라는 이름짓기가 언제나 열정과 이해관계가 모두 개입되는 현상임을 깨닫게 한다. 포스트식민 중세주의는 근대성에 대한 포스트식민 분석과 마찬가지로, 역사에 부여된 기존의 '이름들'에 의문을 제기한다.[49]

---

47 Altschul, "Postcolonialism", p. 8.

48 Lloyd, *Irish Times*, p. 76.

49 *Ibid.*, p. 77.

포스트식민 역사 쓰기

Writing Postcolonial History

05

제국과 포스트식민 역사

05

제국과 포스트식민 역사

지난 세 장에서 우리는 서발턴 연구 집단의 역사가들과 다양한 중세 연구자들이 역사 서술에서 포스트식민 이론을 활용한 방식을 살펴보았다. 이들 사례에서 포스트식민 이론은 역사학자들이 자신이 속한 연구 분야의 한계를 극복할 수 있도록 도운 하나의 탐색 도구이자 해석 장치로 작동했다. 우리는 이들이 문명, 민족주의, 역사적 차이에 대한 특정 유럽 중심적 전제들, 그리고 단계적 사고(stadial thinking)의 함의를 비판적으로 성찰하면서 포스트식민적 사유의 개념을 활용하고 재구성함으로써 민족주의, 식민 사상, 중세사에 대한 수정주의적 해석을 제시했던 과정을 살펴보았다. 이번 장과 이후 장들에서는 이와는 약간 다른 방식으로, 포스트식민 역사 서술이 현대 세계의 정치적 요구들에 대한 역사학자의 응답으로 형성되었음을 보여주고자 한다. 이 장에서는 역사학자가 역사학이라는 학문 분야 내부의 질문에 응답할 뿐 아니라, 하나의 정치적 관찰자로서 당대의 위기 상황에 반응하는 존재로 나타날 것이다. 여기서 '당대(contemporary)'란 20세기 중반부터 현재까지의 시기를 의미한다.

독자들은 지금까지 제시된 포스트식민 역사 서술이 반드시 정치와 무관하다고 가정해서는 안 된다. 오히려 그 반대다. 우리가 앞서 보았듯이, 서발턴 연구와 '유럽을 지방화하기'라는 기획은 탈식민화 시기 인도 민족국가가 약속했던 민주주의적 이상을 제대로 실현하지 못한 현실에 대한 반응이었고, 기존 역사학이 민족주의 서사 속에서 서발턴을 제대로 대표하지 못한 데 대한 문제 제기였으며, 그리고 무엇보다 서발턴 사유가 근대적 지식 체계에 긍정적으로 기여할 수 있다는 점을 인정하지 않았던 역사 서술 관행에 대한 비판이었다. 역사 또한 국가와 마찬가지로 유럽과 인도 양쪽의 엘리트 집단의 편견으로 인해 시야가 제한되어 있었다는 주장이었다. 마찬가지로 중세사 연구자들 역시 시대 구분이라는 관행 뒤에 놓인 정치적 가정과 '중세'나 '근대' 같은 범주들 속에 내재된 위계 구조를 비판적으로 조명하였다.

이어지는 내용에서는 과거 제국 중심지의 발전에 따른 탈식민지 역사의 동향이다. 이 글의 요지는 역사 서술이 탈식민화 시기부터 현재에 이르기까지 이들 국가의 변화하는 정치적 흐름과 어떻게 연관되었는지를 보여주는 것이다. 이는 역사가들이 단순히 현재의 현실을 과거에 투영했다는 것을 주장하는 것이 아니다. 그러한 시도는 시대착오적일 것이다. 오히려 과거, 특히 식민 제국의 과거는 역사가들이 연속성과 단절의 지점을 확립함으로써 현재를 더 잘 이해하기 위해 다시 돌아가 살펴보아야 할 장소가 되었다.

보다 일반적으로 말하자면, 이 장에서 다룰 역사적 작업들을 가능케 한 조건은 식민 제국의 종말이었다. 전 세계적으로 탈식민화 시대와 그 이후 몇 년 동안, 교육받은 전문 중산층뿐만 아니라 노동 계층 집단에 이르기까지 전(前)식민지 출신 인종들이 이전 식민 지배국들로 유입되었다. 이는 전후 초기에 이민 규정의 변화가 전 세계적으로 인구 이동성을 증가시키는 데 크게 기여했기 때문이다. 이들 집단의 구성원들은 '서구'에 정착했다. 이들 중 일부와 그 뒤를 이은 세대는 점차 서구 기관, 즉 정부 기관, 산업체, 대학, 학교, 병원에서 활발하게 활동했다. 많은 새로운 이주민들이 물질적 성공을 거두지 못했을 때조차도, 그들은 서구에 남았고, 종종 게토화된 환경 속에 머물렀다. 이제는 영국, 미국, 프랑스 또는 호주 시민권을 완전히 획득한 2세 또는 3세 이주민들의 존재는 이들 국가가 '백인 국가'라는 개념 자체를 근본적으로 변화시켰다. '식민지'가 '본토'에 존재하는 것에 대한 대중과 정치권에서 나타난 반응 - 쇼비니즘, 인종적 공황, 몰이해, 무관심 - 등에 위기의식을 느낀 역사가들은 이전 제국 사회의 조직을 갈라놓는 깊은 인종적 균열을 더 잘 이해하기 위해 제국과 식민주의의 역사로 눈을 돌렸다.

정치적 맥락

제국의 포스트식민 역사를 탄생시킨 학술적 논쟁을 자세히 다루기 전에, 제2차 세계대전 종전과 여러 국가의 민족 해방 투쟁 이후의 전 세계적인 정치적 상황을 간략하게 설명하는 것이 유용할 것이다. 이러한 더 큰 맥락은 포스트식민적 사고방식의 부상과 변화를 이해하는 데 매우 중요하다. 1960년대는 탈식민화 시대의 종말을 의미했다. 호미 바바가 말했듯이, 1955년 반둥 회의는 "비동맹 포스트식민 세계를 향한 힘겨운 탐색"이었으며, 세계사에서 중요한 전환점을 이루었다.[1] 아시아와 아프리카의 29개 독립국과 약 600명의 대표단이 1955년 4월 18일부터 24일까지, 인도네시아 반둥에 모여 탈제국적 세계(post-imperial world)에 대한 자신들의 의지를 표명했다. 그러나 식민주의 종식에 대한 환희는 많은 새로이 탈식민화된 국가에서 천천히 사라졌고, 1960년대 후반에는 남아프리카, 팔레스타인, 인도, 방글라데시, 베트남, 중동 일부 지역, 유럽의 여러 국가 등 세계 곳곳에서 민족국가를 위한 민중 투쟁이 증가했으며, 이 중 많은 국가에서 그러한 투쟁은 지금까지도 계속되고 있다.

많은 포스트식민 사상가들에게 1989년은 세계사의 또 다른 전환점이었다. 소련과 베를린 장벽의 붕괴, 국가 공산주의의 종식, 그리고 동유럽에서 벌어진 피비린내 나는 전투는 시장 중심 자본주의가 지배하는 단극 세계(unipolar world)의 탄생을 알렸다. 남아프리카 공화국의 아파르트헤이트 종식은 '이 새로운 제1세계 국가(that newest first-world nation)'에서 새로운 시작에 대한 유토피아적 희망을 불러일으켰다.[2] 그러나 후기 자본주의의 새로운 포스트식민지는 '무임금 시민들(unwaged citizens)'의 대규모 출현과 함께, "점점 평범한 생산 및 소득 재분배 방식이 되어가는 범죄, 다양한 형태의 충격적인 폭력, 이민자에 대한 악마화, 그리고 사회적 혼란에 대한 책임을 젊은 흑인 남성에게 돌리는 태도"를 낳았다. 마치

1 Homi Bhabha, "Foreword", *The Wretched of the Earth* (New York, NY: Grove Press, 2004), p. ix.

2 Homi Bhabha and John Comaroff, "Speaking of Postcoloniality in a Continuous Present A Conversation", in David Goldberg and Ato Quayson (eds), *Relocating Postcolonialism* (Oxford: Blackwell Publishing, 2002), p. 34.

이 모든 것이 아파르트헤이트의 유산과는 무관한 것처럼 말이다.[3]

이 비극적인 변증법을 분석하는 역사가들과 다른 사회과학자들에게 새로운 시급성이 부여되었다. 많은 이들이 포스트식민 시대의 인종 및 경제 정책이 변화해 가는 양상을 이해하려면 과거 식민 세계의 다양한 장소에서 작동했던 인종과 제국주의의 역학관계를 되짚어 보는 것이 필요한지에 대해 질문했다. 민족 공동체 내 문화적 동질성의 부재는 새로운 현상이 아니라 18세기와 19세기 식민주의 시대부터 자행되어 온 현실이었다. 그렇다면 이러한 초기 제국 모델들이 현대의 모델들과 비교될 수 있을까? 여러 국가가 엄격하고 (종종 잔혹한) 이민 제도를 수립하거나 자국 영토 내에서 불협화음을 내는 목소리를 억압하면서, 민족국가가 여러 관행에서 과거 제국주의/식민주의 정권의 유산을 물려받았다는 사실이 분명해졌다. 그러나 그 유산의 본질은 다양한 포스트식민 현장에서 여전히 해결되지 않은 채 남아 있다.

비록 '식민주의'가 과거의 일로 간주되었지만, 전 세계 여러 지역 - 소위 글로벌 북반구와 남반구(global north and south) 모두 - 에서 이루어지는 국가의 억압, 차별, 인구 통제는 식민지 관행과 깊은 공명을 일으킨다. 조금 다르게 표현하자면, 국가 내에 거주하는 많은 민족이나 국민 간의 균열이 여러 곳에서 점점 더 두드러지게 나타났고, (많은 이들에게) 국가가 더 이상 민족을 대표한다고 할 수 없게 되었다. 이러한 믿음은 20세기 초 탈식민화 투쟁을 지속시켜 왔다. 1980년대 후반에 이르러서는, 국경 감시와 이민자 통제가 세계 부유국의 국가 정책에서 중요한 특징이 되었다는 것이 분명해졌다. 1970년대 이후 수십 년 동안 부, 생계 문제, 권력 측면에서 엘리트 지배 집단과 나머지 인구 간의 격차는 더욱 벌어졌다. 20세기 중

3 *Ibid.*, p. 35.

반과 후반의 이러한 정권들이 이전의 식민지 정권들과 달랐던 점은 이제 국가 통제가 주권적인 민족국가의 이름으로 행사되었다는 것이다. 전 세계적으로 인구의 이동성이 증가할수록 국내외 안보 조치도 강화되었다. 이러한 배경 속에서 현대, 즉 탈식민화 이후의 민족국가 위기를 분석하고 억압적인 국가 행위의 기원을 추적하려는 역사 연구가 폭발적으로 증가했다. 많은 이들은 민족성(nationhood)의 구성이 "모순적이고 위기로 점철되어 있으며, 다양한 형태의 정당화에 기여한다"라고 주장했다.[4]

2001년 9월 11일 미국에서 발생한 테러 공격 이후, 전 세계의 정치적 상황은 비상사태의 국면으로 접어들었다. 미국의 이라크 침공, 전 세계적인 이슬람 무장 세력의 부상, 그리고 런던, 마드리드, 발리에서 발생한 폭탄 테러는 모두 정치적 공황을 야기했다. 이러한 공황에 대한 여러 서방 국가들의 반응(국가 당국이 조장하는 데 적지 않은 역할을 했다), 그리고 중동, 남아시아, 미국-멕시코 국경 등 세계 곳곳에서 지속되는 정치적 혼란은 제국의 종말에 대한 확신을 쉽게 흔들었다. 18세기와 19세기의 제국과는 달리 오늘날의 군사적 침략이 침략당한 나라에 영구 정착지를 건설하는 것을 목표로 하지 않았다는 점은 의심의 여지가 없지만, 바로 이 차이점에 대해 논의하고 분석할 필요가 있는 것이다.

마지막으로, 유럽 국가와 캐나다, 호주, 뉴질랜드와 같은 나라의 국가 복지 시스템은 이민자 집단의 유입으로 인해 한계점에 도달했다는 주장이 제기되었다(그리고 지금도 그렇다). 그러나 한 학자가 지적했듯이, 프랑스의 경우 "공적 담론에서는 마치 이민자들이 홍수처럼 쏟아져 들어오는 것처럼 묘사되지만, 실제로는 지난 20년간

---

4 Anne McClintock, *Aamir Mufti and Ella Shohat, Dangerous Liaisons: Gender, Nation, and Postcolonial Perspectives* (Minneapolis, MN: University of Minnesota Press, 1997), p. 4.

이민자 수가 증가하지 않았다".[5] 따라서 최근 몇 년 동안 외국인 혐오 경향이 증가하고 이민자를 악마화하는 현상의 원인에 대한 분석이 필요하며, 이러한 태도는 현재 진행 중인 세계 금융 위기의 여파로 더욱 악화될 가능성이 크다. 특히 역사가들에게 주요 관심사는 식민지 시대의 인종 차별 관행과 포스트식민 시대의 그것 사이에 연속성이 있는지 분석하는 것; 탈식민화 작업이 과연 완료되었는지, 아니면 세계 여러 지역에서 국가 주권이 단순히 국가 권력의 이전을 의미했는지 질문하는 것; 그리고 궁극적으로 오늘날 세계에서 제국주의 및 인종 정치가 부활하는 현상을 분석할 도구를 찾는 것이었다. 미국의 이라크 침공은 탈식민화 시대와 함께 끝났다고 여겨졌던 제국의 망령을 오늘날의 현실로 만들었다. 이 장의 나머지 부분에서는 바로 이 제국에 관한 문제에 할애할 것이다.

포스트식민 역사, '신(新)'제국사 그리고 제국

지난 10여 년 동안 '신제국사(new imperial history)'라 불리는 방대한 역사 연구 성과들이 등장하였다. 그러나 이 분야의 모든 연구가 포스트식민 역사라는 범주에 포함되는 것은 아니다. 실제로 신제국사 분야에서 활동하는 일부 학자들은 포스트식민 역사 서술에 대해 강한 비판적 태도를 보이기도 했다. 그러나 캐서린 홀(Catherine Hall), 캐슬린 윌슨(Kathleen Wilson), 앤트와네트 버튼(Antoinette Burton), 앤 로라 스톨러(Ann Laura Stoler), 니콜

5 Ann Laura Stoler, "Racist Visions for the Twenty-first Century: On the Cultural Politics of the French Radical Right", in David Goldberg and Ato Quayson (eds), *Relocating Postcolonialism* (Oxford: Blackwell Publishing, 2002), p. 109.

라스 더크스(Nicholas Dirks)와 같은 주목할 만한 학자들의 기여는 포스트식민 역사 서술과 신제국사 사이의 긴밀한 연관성을 보여준다. 이러한 연구들은 또한 일부 제국사가들이 포스트식민 역사학에 대해 제기하는 많은 비난이 종종 '신'제국사와 포스트식민 역사 프로젝트 모두에 대한 오해에 기반하고 있음을 보여준다.

포스트식민사와 신제국사 양쪽 모두에서 중요한 이론가로 활동해 온 앤트와네트 버튼에 따르면, 신제국사는 '제국적 전환(the imperial turn)'에 대한 반응으로 발전했다. 그녀는 제국적 전환을 "지난 25년 동안 탈식민화, 1968년 전후의 인종 투쟁, 그리고 페미니즘의 영향으로 제국주의 역사가 본국 사회에 미친 영향에 대한 관심이 가속화된 현상"으로 정의한다.[6] 버튼의 진술에서 명백히 드러나는 신제국사와 포스트식민 역사의 지적 계보의 유사성은 캐슬린 윌슨이 2004년에 편집한 논문집 서문에서 더욱 명확히 드러난다. 윌슨은 해당 논문집에 수록된 글들의 흐름을 다음과 같이 요약했다: "포스트식민적이고 학제 간 연구의 정치적이고 상상적인 동인에 의해 활성화된 '신제국사'는 역사적 맥락과 의식 형태뿐 아니라 역사적 해석의 다양성을 지지하고 확장하는 역사학적, 비판적 실천의 차이에 그 핵심을 두고 있다".[7] 그녀는 이 장 후반에서 자세히 논의될 캐서린 홀을 인용하면서, "'차이'를 새로운 방식으로 이론화하는 것이 신제국사 서술의 핵심 과제"라고 주장한다.[8]

차이는 제국의 기획과 정책의 핵심이었으며, 종종 유럽의 지배 관념을 정당화하는 근거였다. 신제국사가들은 식민지와 제국 본국 사

---

6 Antoinette Burton (ed.), *After the Imperial Turn: Thinking with and through the Nation* (Durham, NC: Duke University Press, 2003), p. 2.

7 Kathleen Wilson, *A New Imperial History: Culture, Identity and Modernity in Britain and the Empire, 1660-1840* (Cambridge: Cambridge University Press, 2004), pp. 2-3.

8 *Ibid.*

이를 구분하는 위계적 범주로서의 '차이'가 어떻게 역사적으로 활용되었는지를 분석한다. 이들은 또한 제국이 유럽인, 제도, 관습, 법률, 종교를 전 세계로 전파하는 방식과 이러한 광활한 영토와 민족이 유럽 내 '민족' 문화 형성에 기여한 방식을 분석하는 데 전념한다. 이러한 지향은 신제국사가들(new imperial historians)로 하여금 다른 제국사 연구자들에 대해 비판적인 입장을 취하게 한다. 예컨대, 대영제국을 연구하는 신제국주의 역사가들은 『옥스퍼드 대영제국의 역사(*Oxford History of the British Empire*)』 5권 시리즈와 같은 연구 기획에 비판적이다. 예를 들어 윌슨은 대영제국이 영국 연구와 관련성이 거의 없는 별개의 구성 요소들의 연속이었다는 책의 주장의 타당성에 의문을 제기한다. 그보다는 대영제국이 전 지구적, 지역적 흐름에 의해 형성되고 본국 문화만큼이나 식민지 문화에도 영향을 미친 투과성 있는 그물이나 네트워크였다고 본다.[9] 더욱이, 신제국사가들은 특히 제국 프로젝트 간의 내부적 차이를 연구하는 데 전념한다. 예를 들어, 18세기 기록에는 '해양 제국(empire of the seas)', '동방 제국(empire of the east)', '신세계 영토(New World Dominions)' 등의 표현들이 자주 등장한다. 이러한 '제국'들은 공통점이 있었음에도 불구하고 결코 동일하지 않았으며, 이들 모두는 영국 본국의 정체성 형성에 지대한 영향을 미쳤다.

독자들은 역사적 차이, 즉 그 존재와 모호함이라는 문제가 포스트식민 역사 서술의 핵심이라는 점을 기억할 것이다. 포스트식민 역사가들은 식민 지배자와 식민지인 사이의 차이를 마니교적 분리(Manichean separation)로 다루지 않는다. 이와 관련하여, 보편적 범주가 특정 지역과 언어로, 그리고 다른 역사적 시간대에 걸쳐 번역되는 과정을 이해하는 데 깊이 몰두해야 한다. 마지막으로, 포스트

9 *Ibid.*, p. 14.

식민 역사가와 신제국사 연구자들 모두가 보여주듯이, 식민주의는 결코 단일하거나 일관된 과정이 아니었다. 수정주의 학문의 강조점은 제국의 승리뿐만 아니라 그 '긴장(tensions)'을 탐구하는 것이다.

제국사에 대한 포스트식민적 접근 방식을 더 자세히 분석하기 전에, 신제국사가들과 그들의 포스트식민 동료들(postcolonial counterparts) 사이의 강조점에 있어 미묘한 차이가 있음을 지적하고자 한다. 신제국사가에게 주요 관심사는 제국의 형태(imperial formation(s))에 있다. 이 용어는 므리나리니 신하(Mrinalini Sinha)가 처음 사용했으며, 이는 본국과 식민지의 다른 궤적을 허용하면서도, 둘 다 제국주의의 역사에 의해 구성되었다는 점을 강조하는 모델이다. 이 점은 이후 프레데릭 쿠퍼와 앤 로라 스톨러도 주장한 바 있다.[10] 관련 역사가들은 분석의 초점을 민족 형태—식민 지배국과 식민지 모두—에서 본국과 식민지 간의 유기적(비록 불균등하더라도) 관계로 보이는 제국으로 전환해야 한다고 강력히 주장한다. 그들은 식민 지배 국가의 화려한 고립이라는 개념에 비판적이며, 제국/식민지 개념과 민족/제국 개념 간의 긴밀한 연관성, 즉 상호 구성적인 역할을 입증하는 데 전념한다.

반면, 포스트식민 역사학자들은 식민주의, 탈식민화, 신식민주의적 관행(neo-colonial practices)을 연구 대상으로 삼는다. 그러나 이들의 기본 분석 단위는 '민족국가'인데, 이는 그들이 찬양하는 실체라기보다는, 일련의 고유한 역사적 이유로 인해 약속을 이행하지 못하는 장치로 본다. 포스트식민 역사가들은 전 지구적인 관점을 바탕으로 국가적 틀 안에서 비판적 분석을 수행한다. 역사가 이얀 프라카시(Gyan Prakash)가 주장했듯이, 포스트식민 역사는 "역사

---

10 Mrinalini Sinha, *Colonial Masculinity: The 'Manly Englishman' and the 'Effeminate Bengali in the Late Nineteenth Century* (Manchester: Manchester University Press, 1995), p. 182.

(History)로서 식민주의에 대한 경직된 이해"에 의문을 제기한다.[11] 그가 대문자 'H'로 시작하는 '역사(History)'라는 용어를 사용한 것은 오랫동안 대학 교육 과정을 구성해 온 지배적인 서사에 대한 도전이다. 이러한 서사는 식민 통치라는 수단을 통해 현대 세계의 여러 지역에 근대성이 도래했다는 상식적이고 목적론적인 이해에 기반을 두고 있다. 이러한 서사는 다음과 같이 요약될 수 있다: 유럽 열강들이 세계의 저개발 지역을 식민화하면서, 이들은 또한 이 이질적이고 멀리 떨어진 지역에 이성과 과학의 빛을 가져다주었다. 서구 지식에 계몽된 식민지 주민들은 결국 식민지 지배에 저항했다. 민족 해방 투쟁이 이어지면서 탈식민화의 시대가 시작되었다. 그러나 프라카시에 따르면, 이와 같은 서술 방식은 "식민주의를 역사라는 밀폐된 용기 안에 단단히 가두고", "포스트식민성을 새로운 시작으로 제시하는 결과를 낳았다".[12] 포스트식민 역사 서술의 과제는 무엇보다도 이러한 깔끔한 시대 구분의 한계를 드러내는 것이다. 식민주의가 종식된 이후에도 대부분 국가는 여전히 새로운 형태로 식민주의적 범주들—식민 지배자/식민지인; 백인, 흑인, 갈색인; 문명인과 미개인; 근대적이고 구식인 것; 문화적 정체성; 부족과 민족—의 작동 방식을 보여준다.[13]

포스트식민 역사 서술은 신식민주의적 관행의 존재를 입증하는 데 그치지 않는다. 오히려 포스트식민 역사가들은 식민지 개척자들이 미개하거나 후진적이라고 규정했던 원주민들이 식민지적 범주들을 현장에서 어떻게 실행했는지에도 초점을 맞춘다. 그러나 그 만

---

11 Gyan Prakash (ed.), *After Colonialism: Imperial Histories and Postcolonial Displacements* (Princeton, NJ: Princeton University Press, 1995), p. 4.

12 *Ibid.*, p. 5.

13 *Ibid.*

남의 순간에 "식민적 대립은 교차되고 혼종화되었다".[14] 따라서 모든 식민지 범주는 그 역사 속에 원주민의 전유, 저항, 그리고 번역의 이야기를 담고 있다. 포스트식민 역사의 과제는 혼종적인 과거를 읽어 현재에 대한 더 풍부한 이해를 얻는 것이다. 그리고 식민주의 역사를 만남의 역사로 분석하려는 공통된 문제의식이 바로 포스트식민 역사와 신제국사를 하나로 묶는 지점이다.

위의 내용을 종합해 볼 때, 두 역사 서술 학파 모두 식민 지배자와 식민지인을 투쟁에 갇힌 완전히 대립하는 세력으로 묘사하는 반식민 비판 방식에 머물지 않는다는 결론이 도출된다. 호미 바바의 표현을 빌리자면, 이들은 식민 세계를 '혼종성(hybridity)'과 '모방(mimicry)'의 공간으로 파악한다. 비록 탈식민화 투쟁의 역사가 이 역사가들에게는 과거의 문제일지라도, 그 투쟁은 현재를 분석하는 데 여전히 유효하다. 에드워드 사이드가 지적했듯이, 포스트식민 비평 작업은 다음과 같은 인식에 기반하여 추진되었다.

> 통치와 권위의 문제에 있어서는 식민 지배자(colonizer)와 식민지인(colonized) 사이에 분명하고 확고한 선이 존재했지만(원주민은 결코 백인과 동등한 존재가 될 수 없었다), 식민 지배자와 식민지인의 삶의 경험은 그렇게 쉽게 분리되지 않았다. 제국의 경계선 양편에 위치한 남성과 여성은—비록 그 경험의 양상은 달랐지만—교육, 시민 생활, 기억, 전쟁을 통해 공동의 경험을 공유했다.[15]

사이드의 이 주장은, 내가 보기에는 신제국사에도 똑같이 적용될 수 있다.

---

14 *Ibid.*, p. 3.

15 Edward Said, "Always on Top", *The London Review of Books* (20 March 2003).

사례 연구

캐서린 홀은 에드워드 사이드의 『오리엔탈리즘(*Orientalism*)』 출판 25주년 기념 강연(2003년)에서 발표된 후, 사이드 사망 이후에 기사로 출판된 논문에서 '영국식 포스트식민성(Britain's version of postcoloniality)'이라 부르는 개념에 대한 몇 가지 중요한 성찰을 제시한다.[16] 이러한 포스트식민적 맥락을 자세히 살펴보는 것은 중요한데, 이는 홀의 영국, 특히 자메이카에 대한 중요한 연구뿐 아니라 새로운 제국사 전반에 대한 중요한 배경을 제공하기 때문이다.

홀과 다른 이들이 문제 삼은 것은 바로 '영국 정체성의 장기적 위기(long-term crisis over British identity)'였다.[17] 대영제국의 연대기적 기원을 두고는 다양한 논쟁이 존재한다. 어떤 이들은 그 기원을 12세기 영국의 켈트족 변방 활동으로, 다른 이들은 16세기 영국과 아일랜드 간의 교류로, 또 다른 이들은 17세기 영국의 아메리카와 카리브해 식민지 개척을 그 시작점이라고 본다. 다수의 견해에 따르면, 제2차 대영제국은 아메리카 식민지 상실 이후 회복기를 거친 19세기에 시작되었으며, 호주, 뉴질랜드, 케이프 지역에 정착민 사회를 건설하고, 인도, 카리브해 일부, 동서 아프리카, 실론 등지에 속령을 설립하면서 시작되었다. 19세기 영국의 자기 인식은 이러한 다양한 식민지 사업과 불가분의 관계를 맺고 있었으며, 지구상 멀리 떨어진 지역의 사람들을 통치하는 것이 섭리적 사명이라고 믿는 섬나라 인종(island race)의 정체성과도 밀접하게 연관되어 있었다. 1820년대, 즉 두 번째 영국 제국이 완전히 확립되기 전부터 영국은

---

16 Catherine Hall, "Remembering Edward Said", *History Workshop Journal*, 57 (2004), p. 238.

17 *Ibid.*

세계 인구의 26%를 지배했으며, 이 비율은 세기가 진행됨에 따라 상당히 증가했다.[18]

1945년 이후, 민족해방운동과 탈식민화의 물결 속에서 영국 제국은 해체되었다. 그러나 탈식민화 시대에 시작된 이민 정책의 중대한 변화는 남아시아와 서인도제도 출신 이주민들의 물결을 영국으로 불러왔고, 이들—"영원히 머물러 살기 위해 왔던" 이민자들—은 브리튼 제도(British Isles)의 인구 구조와 문화적, 정치적 정체성을 영원히 바꾸어 놓았다.[19] 이 시기 이전까지만 해도 영국에는 눈에 띄는 비백인 인구가 존재하지 않았다. 홀은 아일랜드인이나 동유럽 유대인이 "때때로 인종화되기는 했지만", "그들의 존재가 상상 속의 국가의 백인성을 위협하지는 않았다"라고 지적한다.[20] 그러나 이전 식민지에서 온 수많은 비백인 이민자들은 영국을 백인 국가로 상상해온 자기 이해와, 영국인을 제국적 인종으로 여겨온 사고에 중대한 도전을 가했다. 1960년대부터 시작되어, 특히 마거릿 대처(Margaret Thatcher)가 총리로 재임하던 시기에 이르러, 인종(말하자면 제국의 본국으로의 귀환)은 영국 사회에서 핵심적 문제로 부상하였다. 사이먼 기칸디(Simon Gikandi)가 언급했듯이, "이것이야말로 영국의 포스트식민적 순간이었다. 본국의 건국 역사가 해체되기 시작하고, 제국의 유산이 영국과 포스트식민 정체성에 망령처럼 되살아나 불협화음을 일으키던 단절의 순간이었다".[21]

신제국사 연구자들은 이 시기를 영국 현대사 속 주요 전환점으로 간주하며, 이 시기에 에드워드 사이드, 폴 길로이(Paul Gilroy), 스튜어트 홀(Stuart Hall)의 저작들이 영국 학계에서 영향력을 갖기

18 *Ibid.*
19 *Ibid.*, p. 239.
20 *Ibid.*
21 *Ibid.*

시작했고, 동시에 프란츠 파농, C. L. R. 제임스(Cyril Lionel Robert James), W. E. B. 듀보이스(William Edward Burghardt Du Bois) 등의 저술이 흑인 운동가, 페미니스트, 역사학자들 사이에서 다시금 주목받게 되었다고 본다. 그러나 앞서 언급된 사상가들의 저작이 학계에서 널리 읽히게 되었음에도 불구하고, '오리엔탈리즘' 개념이나, "1945년 이전 영국 내 비백인 존재를 재구현(rematerialize)하려는 시도에 대한 광범위한 반대는 여전히 존재했다. 대표적인 사례는, 저명한 제국사 연구자 피터 마셜(Peter Marshall)이 1993년 『타임스 리터러리 서플먼트(*Times Literary Supplement*)』에 기고한 「치명적 영향은 없었는가? 제국 영국의 모호한 역사("No Fatal Impact? The Elusive History of Imperial Britain")」라는 영향력 있는 논문이다. 니얼 퍼거슨(Niall Ferguson)의 『제국(*Empire*)』(2003)이 영국 주류 언론에서 받은 반응 또한 제국적 인종(imperial race) 대한 갈망과 백인의 짐과 관련된 영광의 개념을 증언했다. 이 저작들은 (1) 많은 역사가에게 제국의 발전이 국내 영국 역사의 궤적과 거의 관련이 없다고 여겨졌다는 점, (2) 역사가와 대중 모두 많은 사람 사이에서 제국의 유익한 효과에 대한 믿음이 만연했다는 점을 보여주었다. 2001년 9·11 이후 5년간, 영국 제국에 관한 다수의 저작이 출간되었으며, 이는 이 문제를 둘러싼 역사학계 내부의 균열을 보여준다. 예컨대 데이비드 캐나딘(David Cannadine)의 『장식주의: 영국인은 그들의 제국을 어떻게 보았는가(*Ornamentalism: How the British Saw Their Empire*)』(2001)와 같은 책들은 19세기 영국 사회가 본국 밖에서 제국주의적 노력으로부터 상대적으로 고립되어 발전했음을 보여주려 한다. 린다 콜리(Linda Colley)의 『포로들(*Captives*)』(2002)과 같은 다른 저서들은 제국의 역사를 식민 지배자가 희생자라는 관점에서 제시하고, 제국이 영국 국내 사회에 미치는 중요성을 축소했다. 에드워드 사이드는 이러한 제국의 수정주의적 역사를 분석하며 다음과 같이 지적했다.

> 한 세대 전만 해도 파농의 제국 유형론의 영향으로 제2차 세계대전 이후 조각조각 사라진 거대한 제국의 구조에 대해 사람들은 전적으로 찬성하거나 전적으로 반대하는 수밖에 없었다; 그러나 이제 백인들이 떠난 후의 퇴락을 거론하며, 아프리카와 아시아를 지배했던 제국들이 그렇게 나쁘지만은 않았다는 주장이 나온다. 니얼 퍼거슨과 데이비드 아미티지(David Armitage)의 당혹스러울 정도로 긍정적인 연구는 제국이 희생자들에게 가져온 고통과 재산 박탈을 축소하거나 심지어 경시하기까지 한다. 이제는 제국이 가져온 근대화의 이점과 그들이 유지했던 안보와 질서에 대해 훨씬 더 많이 이야기한다. 반면 은크루마(Nkrumah), 루뭄바(Lumumba), 나세르(Nasser)와 같은 사람들이 반식민주의라는 이름으로 야기한 혼란과 폭정에 대해서는 훨씬 더 적은 관용이 주어진다. 이러한 수정주의의 핵심 전략은 오늘날의 미 제국주의 세력을 계몽적이고 심지어 이타적인 것으로 해석하고, 그 계몽을 과거로 투영하는 것이다.[22]

이러한 전개는 이녹 파월(Enoch Powell)의 1968년 「피의 강("Rivers of Blood")」 연설; 1985년 그가 "아시아 또는 아프리카 혈통의 다인종 인구가 점점 증가하는 가운데 영국은 "상상할 수 없는 불화와 폭력적 무질서"로 인해 파괴될 것이며, 더 이상 예전의 국가로 인식되지 못하거나, 아예 국가로서조차 존재하지 않을 수 있다"라고 경고한 발언; 1995년 영국 장관이 올라우다 에퀴아노(Olaudah Equiano)와 메리 시콜(Mary Seacole) 같은 (흑인) 인물을 영국 영웅의 반열에 올리려는 노력을 '배신'이라고 선언한 사건; 러니미드 트러스트(Runnymede Trust) 보고서 『다민족 영국의 미래(*The Future of Multi Ethnic Britain*)』(2000) 출판을 둘러싼 소동; 2001년 브래드퍼드(Bradford)에서 발생한 것과 같은 전국적인 폭

22 Said, "Always on Top".

동 등은 모두 오늘날의 역사 서술이 심각한 정치적 긴장 속에서 전개되고 있음을 보여준다.

캐서린 홀의 『문명화된 주체들: 1830-1867년 영국 상상 속의 본국과 식민지(*Civilizing Subjects: Metropole and Colony in the English Imagination, 1830-1867*)』는 제국의 과거에 대한 기존의 저서들과 뚜렷한 대조를 이루며, 포스트식민적 관점을 신제국사에 접목시킨 작업이다. 홀은 먼저 이 연구의 출발점을 자전적으로 설명한다. 우리는 그녀가 1792년 침례교 선교회가 설립된 영국의 작은 마을 케터링(Kettering)의 선교사 가정에서 어린 시절을 보냈다는 것을 알게 된다. 가족은 후에 리즈(Leeds)로 이사했고, 이곳에서 홀은 침례교 선교 운동과 보다 갈등적인 관계를 맺기 시작했다. 그녀는 침례교가 성인 세례를 통해 해당 신앙을 가진 사람들에게 부여하는 듯한 개인적 자율성을 인정했지만, 동시에 "이 비국교도 문화의 편협하고 독선적인 측면"에 대해 불편함을 느끼기 시작했다.[23] 침례교 선교에 대한 이러한 개인적인 양가감정은 홀이 19세기 자메이카의 침례교 선교를 해석하는 데 영향을 미친다. 문명화된 주체의 주요 구성 요소는 자메이카에서의 선교 활동, 특히 원주민을 문명화하고 노예 제도에 반대하려는 침례교의 노력이지만, 아이러니하게도 전노예 인구가 제기한 시민권 요구에 긍정적으로 반응하지 못했다.

캐서린 홀은 자신의 자전적인 서술에서, 자메이카 문화 연구 학자이자 역사가인 스튜어트 홀과의 결혼, 버밍엄에서의 학생 시절, 그리고 1960년대와 1970년대 영국의 다인종 정치적 분위기가 모두 포스트식민 역사가로서의 자신의 지적 정체성에 조용한 영향을 미쳤다고 회고한다. 이러한 영향은 레오노르 데이비도프(Leonore

23 Catherine Hall, ***Civilising Subjects: Metropole and Colony in the English Imagination, 1830-1867*** (Chicago, IL: University of Chicago Press, 2002), p. 3.

Davidoff)와 공저한 버밍엄 중산층 여성과 가족에 대한 기념비적 연구 『가족의 성쇠(*Family Fortunes*)』를 완성한 후에 더욱 분명해졌다. 새로운 연구 프로젝트를 모색하던 홀은 1988년 남편과 두 자녀와 함께 자메이카에 도착했다. 1964년부터 간헐적으로 방문했던 이 나라에서 그녀는 자신의 출생지의 이름과 같은 지명을 비롯하여 훨씬 더 많은 것들을 발견하게 되었다.

홀이 1980년대 후반 자메이카 체류 중에 깨달은 점은 "'인류 가족'에 대한 기독교적 시각과 좌파의 보편적 인본주의가 모두 나에게는 가림막 역할을 하여, 백인과 흑인 간의 권력관계, 즉 이 두 패러다임에 내포된 위계를 온전히 인식하지 못하게 했다"는 것이었다.[24] 『문명화된 주체들』은 탈식민화가 새롭게 해방된 땅에서 식민지 세력을 몰아내는 결과를 가져왔지만, 과거 식민지 국가에서 "고향으로 돌아와" 모국에 대해 매우 다른 요구를 하는 사람들의 운명을 결정하는 데는 거의 도움이 되지 않았다는 사실을 인식하는 데서 출발했다. 이 책은 그녀가 자신을 새롭게 이해하게 된 조건들—즉 선교사 가정에서 태어나, 영국에 귀화하여 자메이카인보다는 영국인으로서의 정체성을 지닌 흑인 남성과 결혼하고, 혼혈 영국 자녀를 둔 백인 여성으로서의 자신—을 바탕으로 구상되었다. 그녀는 다음과 같이 적고 있다.

> 내가 자메이카에서 작업하기로 선택한 이유는 이제는 자명할 것이다. 그곳은 내가 어느 정도 접근할 수 있었던 제국의 현장이었기 때문이다. 자메이카는 영국령 카리브해에서 가장 큰 섬이었고, 18세기에 영국에 가장 많은 부를 안겨주었던 곳이다. ... 영국인들이 '아프리카인', 노예 제도와 노예제 폐지, 해방, 그리고 자유의 의미에 대해 처음 논의했던 것은 카리브해, 특히 자메이카라는 렌

24 *Ibid.*, p. 6.

즈를 통해서였다.[25]

전후 영국의 자메이카인들은 매우 다른 모습을 보였다. 그녀의 남편 스튜어트 홀처럼, 그들은 섬을 떠나 영국으로 온 사람들이었고, … "정착하여 자녀를 낳고 완전한 국가적 소속감을 주장"한 이들이었다.[26] 하지만 국가적 소속감을 주장한다고 해서 '소속감'이 이미 실현되었다는 의미는 아니다. 『문명화된 주체들』은 홀이 일상의 실존적 차원에서 깊이 마주했던 문제들을 역사 서술을 통해 풀어내는 작업이다. 그녀가 언급했듯이,

> 영국은 더 이상 거대한 제국의 중심이 아니었고, 국내 인구는 눈에 띄게 다양해졌다. 하나의 역사적 권력 구조인 식민지는 또 다른 권력 구조인 포스트식민으로 대체되었다. ... 과거로의 회귀와 연관된 역사의 재편을 가능하게 한 것은, 동일하지만 다른 이 새로운 구조의 반복이었다.[27]

이 책은 에드워드 에어(Edward Eyre), 조셉 스터지(Joseph Sturge), 윌리엄 모건(William Morgan)과 같은 관리, 노예 폐지론자, 상인, 자선사업가들; 윌리엄 닙(William Knibb), 존 헨더슨(John Henderson), 존 앤젤 제임스(John Angell James)와 같은 침례교 선교사들; 토마스 칼라일(Thomas Carlyle), 존 스튜어트 밀(John Stuart Mill)과 같은 당대의 주요 작가 및 사상가 등 다양한 인물들을 등장시킨다. 이 책의 연대기적 틀은 1832년에서 1867년 사이 영국에서 통과된 두 차례의 개혁 법안을 중심으로 펼쳐지는데, 이 법안들은 영국 남성 시민들의 참정권을 점진적으로 확대시켰다. 이 책의 핵심은 1865년 모런트 베이 반란(Morant Bay rebellion)

25 *Ibid.*, pp. 10-11.
26 *Ibid.*, p. 11.
27 *Ibid.*

과 반란을 진압하기 위해 '반란군'에게 발포하라는 에어의 명령을 두고 영국에서 벌어진 논쟁이다.

캐서린 홀의 설명에서 분명하게 드러나는 것은 많은 침례교 선교사들이 식민지를 문명화하려는 표면적인 목표를 가지고 자메이카로 갔지만, 그 과정에서 새로운 인종과의 만남을 통해 스스로를 재구성(remaking themselves)하고 있었다는 점이다. 그러나 이러한 자기 재구성 과정은 흑인 해방 노예를 '시민'으로 상상하는 지점에 이르러서는 한계를 드러냈다. 존 스튜어트 밀이나 윌리엄 모건과 같은 자유주의자들에게 평등의 이상은 유색인종 섬 주민들을 포함하지 않았다. 홀은 이것이 애초에 자유주의 원칙이 생산된 조건의 결과라고 주장한다. 밀과 그보다 덜 알려진 동시대 인물 모건은 제국적 영국의 산물로서, 심지어 그들의 가장 급진적인 사상조차도 그 맥락으로부터 자유로울 수 없었다. 칼라일이나 에어와 같이 노골적으로 인종차별적인 동시대인들과 달리, 선교사들은 흑인 자메이카인에 대한 연민을 신앙의 실천으로 간주했지만, 그 연민은 안타깝게도 완전한 평등으로까지 나아가지는 못했다. 이러한 상황은 아이러니하게도 영국에서 참정권 확대와 동시에 일어났다.

홀의 책에서 영국 버밍엄과 자메이카를 비교해보면, 영국에 적합하다고 여겨졌던 것이 자메이카에는 그렇지 않았음이 명확히 드러난다. 자메이카 사람들은 완전한 시민권을 부여받을 때까지 역사의 '대기실'에 머물러야 했다. 홀은 19세기 초중반 일부 침례교 선교사들이 자메이카인을 열등한 존재로 취급하는 데 느꼈던 모호함이, 세기가 진행될수록 백인의 우월성을 신념으로 삼는 노골적인 생물학적 인종주의로 대체되었음을 보여준다. 이 책은 제국주의에 대한 강도 높은 비판을 제시하면서도, 인종 문제에 대한 식민지 영국인 내부의 모순과 양가성을 드러냄으로써 제국주의의 복잡성과 갈등을 유의미하게 포착하고 있다.

홀의 저서는 식민 본국과 식민지의 역사를 동일한 분석 틀 안에서 사유하려는 학문적 노력에서 신제국사로서 평가받는다. 자메이카에서 일어난 사건들은 영국의 사상에 깊은 흔적을 남겼으며, 이는 영국의 사상이 영국의 정치적 흐름에 의해 형성되고 고무된 것과 마찬가지였다. 이 책의 포스트식민적 관점은 식민 지배자와 식민지인의 관계를 섬세하게 다루면서 강조되는데, 이러한 입장은 홀이 살았던 당시 영국의 정치적 환경에 의해 형성되었을 것이다. 침례교 선교사, 백인 정착민, 혹은 본국의 사상가들은 섬의 인종들에 대한 태도에서 결코 동일하지 않았다. 그러나 이러한 차이에도 불구하고, 모런트 베이 봉기의 맥락에서 식민지의 문명성과 이타주의는 한계에 도달했다. 문명화 사명은 인종이라는 장애물 앞에서 돌이킬 수 없이 흔들렸다. 현대 다문화주의가 직면한 과제는 과거의 운명을 피하는 것이다.

제국의 긴장은 남아프리카 공화국의 맥락에서도 중요한 연구 영역으로 자리 잡고 있다. 역사 인류학자인 존과 진 코마로프(John and Jean Comaroff) 부부의 『계시와 혁명(*Revelation and Revolution*)』은 19세기 남아프리카 북부 국경 지역에서 영국 선교사, 보어 정착민, 원주민 집단 간의 복잡하게 얽힌 역사를 다룬 고전적인 연구이다. 그들의 설명에서 식민주의 서사는 내부적 차이로 가득 차 있다. 존 코마로프가 지적했듯이, 이러한 접근은,

> 근대 세계의 식민지인들이 겪은 가차 없는 지배를 축소하려는 것이 아니다....또한 식민주의를 하나의 전 지구적 운동으로서 해체하려는 것도 아니다. ... 그보다는 식민 지배자와 식민지인이라는 존재들이 어떻게 형성되었는지를 문제삼음으로써, 그들을 놀라울 정도로 정교한 관계망 속으로 끌어들인 힘들

을 보다 잘 이해하고자 함이다.[28]

여기서 제국 연구에 대한 포스트식민적 관점의 성과를 명확히 보여주는 존 코마로프의 논문을 간단히 살펴보겠다. 이 연구의 주요 공헌 중 하나는, 남아프리카에서 식민주의의 실천 주체였던 선교사들을 영국적 과거와 연결시킨 점이다. 그는 선교사의 시선을 통해 남아프리카에서의 식민 기획을 분석하며, 케이프 식민지 내 백인 집단 간의 분열을 조망한다. 남아프리카의 런던 선교회(London Missionary Society)와 웨슬리 감리교 선교회(Wesleyan Methodist Missionary Society) 회원들은 산업혁명 초기 영국 부르주아 사회의 이념적 중심부이자 동시에 사회적 주변부에 속한 계층 출신이었다.[29] 코마로프는 그러한 과거가 그들의 남아프리카 선교 활동을 형성했으며, 그들은 "세 가지 이상화된 세계의 깔끔한 융합"을 추구했다고 주장한다.[30] 이는 첫째, 구속받지 않는 개인들이 스스로를 개선할 수 있는 합리적이고 자본주의적인 모델에 따라 남아프리카 식민지를 형성하려는 열망을 의미했다.[31] 둘째, 그들은 공장이 농촌 지역에 침투하면서 영국에서 돌이킬 수 없이 잃어버린 목가적인 시골 풍경을 식민지에 재현하려고 했다. 선교사들이 상상한 식민지 농업 풍경은 "적절한 도구와 기술을 갖춘 근면한 농민들"이 시장을 위한 수익성 있는 생산 활동에 종사하는 공간이 될 것이었다. 마지막으로, 식민지는 신의 제국(Empire of God)으로 변모할 것이며, 그 속에서 세속의 사안들은 철저히 신적 권위 아래 놓여야

---

28 John Comaroff, "Images of Empire, Contests of Conscience", in Frederick Cooper and Ann Laura Stoler (eds), *Tensions of Empire* (Berkeley, CA: University of California Press, 1997). p. 165.

29 *Ibid.*, p. 168.

30 *Ibid.*, p. 169.

31 *Ibid.*

했다.[32] 선교사들의 문명화 사명은 원주민들에게 권리를 부여함과 동시에, 그들을 근대화하고 참된 기독교적 주체로 개종시키는 것이었다.

이러한 선교사들의 비전은 케이프 지역의 기존 거주자들과 격렬하게 충돌했다. 원주민 아프리카인과 성직자들 외에도, 각기 다른 식민 통치 '모델'을 선호하는 세 부류의 인물들이 존재했다. 첫째, 주로 엘리트 계급 또는 명문가 출신의 영국 행정 관리들이 있었다. 둘째, 대부분 중산층 출신의 존경받는 백인들로 구성된 영국 정착민 집단으로, 케이프타운 및 식민지의 대농장에서 거주하였다. 셋째, (선교사의 눈에는) '무례한' 존재로 비춰진 보어인들(문자 그대로는 농부를 뜻하는)이었는데, 이들은 네덜란드, 프랑스, 독일계 후손의 농부들이었다. 이들 각 집단은 저마다 특정한 식민 통치 이념을 고수하고 있었으며, 어느 정도 겹치는 부분이 있었지만, 서로 다른 식민지 지배 모델을 대표했다.

선교사들에게 보어인들은 정착민 식민주의(settler colonialism)의 한 모델을 대표했는데, 그들의 궁극적인 목적은 흑인들의 완전한 종속과 강탈이었다. 흑인들은 보어인에 비해 자신의 삶과 노동에 대한 소유권이 없는 열등한 존재로 남을 운명이었다. '개코원숭이와 베추아나(Baboons and Bechuanas)'는 그들이 원주민을 지칭할 때 자주 사용하던 표현이었다. 영국 관료들의 태도는 아프리카인을 문명화하는 문제에는 무관심했지만, 그렇게 적대적이지는 않았다. 영국 행정부는 팍스 브리태니커(*Pax Britannica*)가 시급한 과제라고 생각했다. 이를 위해서는 '부족들'과의 제한적인 협상과 평화 유지가 필요했고, 이는 무역 확대를 통해 달성될 것으로 기대했다. 공적인 수사(修辭)의 핵심은 "흑인을 노동자로 전환"하는 것이었고, 이

32 *Ibid.*

는 1878년 케이프 식민지 총리 고든 스프리그(Sir Gordon Sprigg)가 "원주민들에게 읽고 쓰고 노래하는 법을 가르치는 것이 아니라, 일하는 법을 가르치는 것이 나의 목표"라고 선언한 데서 잘 드러났다.[33] 원주민들에게 읽고 쓰고 노래하는 법을 가르치는 것이 바로 선교사들의 목표였다. 코마로프의 말에 따르면, 이들의 기획은 '문명화 식민주의(civilizing colonialism)'였으며, 그것은 본국에서 제대로 작동하지 못했던 기독교 공리주의의 에너지를 식민지에서 완수하고자 하는 시도였다.

코마로프의 분석은 몇 가지 중요한 관찰로 결론지어진다. 첫째, 세 가지 식민주의 모델은 결국 남아프리카 내에서 각자의 영향력을 확장하려는 경쟁 속에서 서로 충돌하게 되었다. 선교사들은 때때로 실제로 무기를 부족들에게 공급했다는 혐의를 받았으며, 이는 보어인들에 의한 선교지 재산 파괴로 이어졌다. 다시 말해, 식민지 지배는 결코 단일한 체계로 작동하지 않았다. 영국 관료주의가 식민 프로젝트의 정치-법적 측면을 대표했다면, 보어 정착민들은 식민지 내 인종 관계의 사회-경제적 논리를 부각시켰다. 선교사들은 유럽 부르주아 문화의 가치를 식민지에 전파하고자 했으며, 앞선 두 집단과의 충돌 속에서 그 가치를 보급하려 애썼다. 둘째, 이러한 다양성—"경쟁하는 식민주의의 미묘한 차이"—에도 불구하고, 원주민 종속이라는 사실은 변함없는 현실이었다. 그러나 지배 엘리트들 사이의 이러한 갈등은, 제한적이긴 하나, "일부 흑인들이 새로운 권력의 형식을 발견하게 되었고, 또 다른 이들은…거의 파우스트적인 대가(Faustian cost)를 치르면서 새로운 부의 원천을 찾게 되는" 공간과 장소를 만들어내기도 했다.[34]

33 *Ibid.*, p. 180.
34 *Ibid.*, p. 192.

캐서린 홀과 존 코마로프는 둘 다 인종적 차이를 마주한 상황에서 제국의 이타주의와 문명성의 한계를 보여준다. 그들은 식민지 경험을 통해 영국 및 다른 유럽 정체성이 형성되는 과정에서 인종적 범주가 얼마나 깊이 자리 잡았는지를 드러낸다. 과거에 인종을 규정했던 방식을 추적함으로써, 그들은 다음과 같은 사실을 일깨워준다.

> 식민지에서 정교하게 다듬어진 가장 전형적인 형태의 인종주의조차 과학적이고 확고한 분류에 기반을 둔 것이 아니라, 경제적 특권이 보호되고 사회적 권리가 부여되는 유동적인 척도의 핵심이었던 강력한 문화적, 정서적 기준에 기반을 두었다.[35]

앞서 논의된 두 사례가 주로 제국 정치의 공적 영역에 초점을 맞추고 있다면, 지난 10여 년간의 역사 연구는 본국과 식민지 간의 국내 질서와 성적 질서 사이의 연관성을 친밀성이라는 문제를 통해 밝혀내고자 하였다. 이와 관련해 앤 로라 스톨러의 저작은 선구적이었다. 역사학자이자 인류학자인 스톨러는 프레데릭 쿠퍼와 함께, 식민지 역사를 겉보기에는 분리된 실체들 사이의 얽힘(entanglement)의 역사로 특징지었다. 그녀의 작업은 다른 많은 연구처럼, 식민/제국의 맥락에서 식민 지배자/식민지인, 본국/식민지, 부르주아/원시인과 같은 이분법적 범주들이 애초에 어떻게 발생했는지에 대한 과정을 알려주었다. 이는 스톨러가 홀이나 코마로프처럼 제국과 식민지 사이의 권력관계에 내재한 심각한 불균형을 보지 못한다는 뜻이 아니며, 식민 기획들 사이의 내적 차이에 둔감하다는 의미도 아니다. 그녀는 "식민 연구 학자들이 정책과 실천에서 놀라운 유사성을 발견한다: 즉, 공황 양상, 반복되는 담론, 재연되는 분노, 공유되는 환상" 등이 그것이다. 그녀는 또한 네덜란드령

35 Stoler, "Racist Visions for the Twenty-first Century", p. 119.

동인도 제도, 영국령 인도, 프랑스령 인도차이나, 벨기에령 콩고가 "어디를 보나, 어느 곳에서나 똑같아 보였다"라고 주장하는 사람은 없을 것이라고 지적한다.[36]

스톨러의 주요 주장은 네덜란드령 동인도와 (정도는 덜하지만) 프랑스령 인도차이나의 친밀성과 성적 체제에 대한 역사적 맥락에서 제기되었는데, 이는 복합적이다. 그녀는 많은 유럽인이 식민지로 이주하면서 자신들의 가정생활에 대해 표출했던 불안감에 주목한다. 오랫동안 식민지 생활에 대한 접근이 제한되었던 유럽 여성들은 결국 '백인의 위신(white prestige)'을 지키는 문지기 역할로 그 먼 땅에 들어가는 것이 허용되었다. 한편으로 백인 남성들이 식민지 여성과 동반자 관계를 맺는 일은 흔한 일이었다. 이러한 관계 중 일부는 결혼을 통해 합법화되었지만, 다른 일부는 가정부나 첩과의 동거 관계로 남아 있었다. 이러한 결합은 종종 '혼혈(mixed blood)' 혹은 메티사주(métissage)의 자녀를 낳았고, 이들 중 일부는 본국으로 들어가 시민권을 부여받았으나, 다른 이들은 그러한 접근을 거부당하였다. 우리는 이러한 친밀한 삶의 경계들이 변화하는 양상을 어떻게 이해할 수 있을까? 사람들은 적절한 친밀감의 경계를 어떻게 정했을까? 스톨러는 친밀성에 대한 이러한 문제들이 식민 통치라는 정치적 기획과 불가분의 관계에 있었음을 시사한다. '백인의 위신'이나 '혼혈'과 같은 개념들은 고정불변의 것이 아니었으며, 오히려 식민지 부르주아 주체성에 대한 관념들과 함께 진화하였다.

이와 같은 맥락에서, 스톨러는 미셸 푸코(Michel Foucault)의 영향력 있는 저작 『성의 역사(*History of Sexuality*)』에 대해, 필자가 보기에 포스트식민적 관점에서 비판적인 질문들을 제기하며, 그가

36 Ann Laura Stoler, *Carnal Knowledge and Imperial Power: Race and the Intimate in Colonial Rule* (Berkeley, CA: University of California Press, 2002), p. 209.

1976년 콜레주 드 프랑스(Collège de France)에서 행한 강의에 대해 중요한 통찰을 제시한다. 독자들은 푸코의 도발적인 질문을 기억할 것이다. 17세기부터 19세기 말까지, 대부분의 설명에 따르면 이 3세기가 성적 억압과 금욕주의의 시기였음에도 불구하고, 유럽에서 성과 성욕에 대한 담론이 왜 그렇게 폭발적으로 증가했는가? 그의 말에 따르면, "끊임없는 변화를 겪은 이 3세기를 되돌아볼 때 … 성을 중심으로, 그리고 성에 관하여, 우리는 진정한 담론적 폭발(discursive explosion)을 목격하게 된다".[37] 이러한 '담론적 폭발' 속에서 부부는 중심적인 위치를 차지했다. 생식 목적의 성관계가 "조심스럽게 가정 내로 제한"되어 정상적인 것으로 인정받으면서, "금욕적인 제국의 이미지가 우리의 억제되고, 침묵하며, 위선적인 성생활에 각인되었다". 일탈적인 성은 마땅히 있어야 할 곳인 매음굴로 추방되었다. 그리고 만약 통제 불능 상태가 되면, 성적 정상화의 임무는 정신병원에 맡겨졌다. 다시 말해, 성욕은 단순히 생물학적 본능이 아니었다. 그것은 통제 개념으로 가득 찬, "권력 설계의 결과이자 도구"였다. 푸코는 19세기가 성적 통제와 관리에 대해 이야기하고, 통제하고, 끊임없이 논쟁하도록 부추겼다고 주장했다. 이것이 바로 사람에 대한 '진실'은 그들을 성적 주체로 이해하고 통제함으로써 확인할 수 있다는 억압 가설(repressive hypothesis)의 핵심이었다

푸코의 설명에서 성(sexuality)은 '생체 권력(biopower)'과 관련되어 있다. 그는 생체 권력을 두 가지 과정으로 설명한다. 첫째는 신체를 훈육하여 그것의 능력과 유용성을 최적화하는 것이며, 둘째는 인간을 종(species)으로서의 신체로 간주하고, 그 수명, 도덕성, 건

37 Michel Foucault, *The History of Sexuality: An Introduction*, vol. 1 (New York, NY: Vintage Books, 2003), p. 17.

강에 대한 지식을 생산하는 규율 장치(regulatory mechanism)로서 기능하는 것이다. "신체 훈련과 인구 규제는 생명에 대한 권력(*power*) 조직이 전개되는 두 축을 구성했다".[38] 생체 권력은 푸코에게 있어, 근대성 속에서 인간이 변형되는 방식을 결정짓는 전환점이었다. 그는 이렇게 주장한다. "수천 년 동안 인간은 아리스토텔레스가 말했던 것과 같이 정치적 존재로서의 능력을 지닌 살아있는 동물이었다. 그러나 현대인은 정치적으로 생명체로서의 존재에 의문을 제기하는 동물이다".[39]

스톨러의 푸코 비판, 혹은 그녀의 표현을 빌리자면 '재독해'는 주로 두 가지 관찰에 기반을 두고 있다. 첫째, "18세기와 19세기 유럽의 성에 대한 담론은 다른 문화적, 정치적, 경제적 주장들과 마찬가지로 오직 유럽 내에서만 파악될 수 없다".[40] 식민지는 사실 근대성의 실험실이었고, 그곳에서 생체 권력의 작동이 명확하게 드러났다. 식민지에 존재하는 다양한 인종 집단은 '타자'의 몸과 건강하고 정상적인 유럽인으로 코드화된 부르주아의 몸 사이의 날카로운 대비를 구축하도록 자극했다. 스톨러의 포스트식민적 제스처는, 유럽 규범적 성의 역사가 그것의 기원과 전개를 중심부에서 찾기보다는, '우회적 제국 경로(circuitous imperial route)'를 따라 추적되어야 한다는 주장에서 드러난다. 그녀는 네덜란드령 동인도를 비롯하여, 이후의 연구에서는 프랑스령 인도차이나의 사례를 활용하여, 신체 통제, 친밀감, 가족생활에 대한 관념이 "제국의 담론과 그에 따른 요구에 따라 굴절되었고, 부르주아 자아를 확증하려 했던 남성과 여성

38 *Ibid.*, p. 139 (저자가 강조).

39 *Ibid.*, p. 143.

40 Ann Laura Stoler, *Race and the Education of Desire: Foucault's History of Sexuality and the Colonial Order of Things* (Durham, NC: Duke University Press, 1995), p. 7.

들에 의해—그리고 그 확증이 이루어진 인종화된 맥락 속에서—형성되었다"는 점을 보여준다.[41] 둘째, 그녀는 성에 대한 담론이 "부르주아 자아의 구별을 정의하는 데 그치지 않는다"라고 주장한다. 다시 한번, 식민지 내 '가난한 백인들' 및 혼혈의 크리올 집단에 주목함으로써, 스톨러는 '주변 인구'라는 개념과, 실제로 중심부 내부의 경계(frontiers) 자체가 "인종의 경계들과의 충돌을 통해, 그리고 그것들과의 관계 속에서 보장되었다"는 점을 보여준다.

스톨러의 푸코 독해는 논쟁의 여지가 있다. 게다가 그녀의 저서가 1995년에 출간된 이후, 다수의 연구자가 1976년 콜레주 드 프랑스 강연에 대해 광범위하게 연구하며, 푸코의 인종론과 서구 자유주의 사회가 이러한 사회를 구성하는 인종 전쟁을 억제하려 했던 방식에 대해 상당히 자세히 논의해 왔다. 그러나 이러한 모든 논의는 식민지의 친밀성 체제(regimes of intimacy)를 통해 유럽 부르주아 문화와 제국 인종 관계의 역사를 분석한 스톨러의 포스트식민 역사 서술에 대한 선구적 기여의 중요성을 감소시키지는 않는다. 참고로, 스톨러의 '친밀성 체제' 개념은 단순히 거대한 정치, 경제적 구조로서의 식민 지배를 넘어, 식민 지배가 개인들의 가장 사적이고 친밀한 삶의 영역에서 어떻게 작동하고 구성되었는지를 분석한다.

최근에는 다른 식민지 맥락을 연구하는 학자들도 인종 간 관계의 복잡성과 이러한 관계가 시민권, 국가 소속감, 정체성 문제에 미치는 함의를 고찰했다. 이와 관련하여 주목할 만한 연구로는, 혼혈 아동과 프랑스인이라는 개념에 대한 장 페더슨(Jean Pederson)과 앨리스 콘클린(Alice Conklin)의 연구, 그리고 로라 윌덴탈(Lora Wildenthal)의 독일 식민 제국의 젠더 분석이 있다. 이들 역사가 다수는 자신을 포스트식민주의자로 규정하지 않았으며, 오히려 신제

41 *Ibid.*

국사 연구자로 간주하는 경향이 강하지만, 그들의 연구는 포스트식민 사학의 특정 가정에 기반을 두고 이를 더욱 발전시키고 있다.

이 장을 마무리하면서, 최근 출간된 두르바 고쉬(Durba Ghosh)의 『식민지 인도의 성과 가족(*Sex and Family in Colonial India*)』 사례를 간략히 논의하겠다. 고쉬는 영국 통치 초기 100여 년간 인도 내 가정 관계의 역사를 통해 영국 지배자들과 인도 신민들 간의 인종 관계에 대한 수정주의적 설명을 제시한다. 그녀는 세 가지 유형의 인종 간 관계와 가구 형태를 분석한다. 그 관계들은 가정 내 노예제와 첩 관계에서부터 결혼에 이르기까지 다양하다. 고쉬가 이러한 관계에 대한 문서고 자료, 특히 여성의 이름이 이 기록들에서 점차 삭제되는 방식에 주의를 기울인 것은 본국과 식민지 정체성 형성에 대한 중요한 통찰을 제공한다. 그녀의 분석은 18세기 후반에서 19세기 후반/20세기 초반 사이에 '식민지 동반자(colonial companions)'에 대한 문서고 자료가 꾸준히 감소했음을 보여준다. (그러나) 기록의 부재를 실제 현실과 직접적인 상관관계가 있다고 해석해서는 안 된다. 1790년대 콘월리스 법(Cornwallis code)이 이러한 관계를 금지한 지 수십 년이 지난 19세기에도 유럽 남성과 인도 여성은 계속해서 관계를 맺고 혼혈 자녀를 낳았다. 고쉬는 "이는 인종 간 관계의 수가 감소했다기보다는, 남성과 여성이 국가의 검열적인 시선으로부터 자신을 보호하기 위해 편지, 유언장, 일기, 기타 기록에서 이러한 관계의 흔적을 철저히 감추었다는 것을 시사한다"라고 주장한다.[42]

고쉬가 『식민지 인도의 성과 가족』에서 묘사한 관계의 유형을 간략하게 살펴보겠다. 첫째, 인도의 옛 궁정 집단에 속했던 명문 가문

42 Durba Ghosh, *Sex and Family in Colonial India: The Making of Empire* (Cambridge: Cambridge University Press, 2006), p. 253.

의 여성들과 고위 유럽 관리들 사이의 관계가 있었다. 하이데라바드의 니잠(Nizam of Hyderabad) 궁정의 영국인 주재원 제임스 커크패트릭(James Kirkpatrick)과 카이루니사(Khairunnissa)의 관계는 이 부류를 대표하는 사례 중 하나이다. 두 번째 범주에는 유럽 남성에게 팔리거나 물물 교환된 후 시작된 부부 관계(혹은 첩과 유사한 관계)를 가진 여성들이 포함된다. 다시 말해, 동반자 관계는 이 여성들이 가사 노동에 종사하게 되는 경제적 거래 이후에 형성된 것이었다. 고쉬가 분석한 여러 관계 유형 중에서 가장 복잡한 이 관계들은 이 여성 중 상당수가 버림받거나 본래 가족에게 돌아갈 선택권이 주어진 후에도 유럽인 배우자에 대한 충절을 계속 주장했다는 점에서 주목할 만하다. 그들의 이야기는 또한 학대와 폭력 사건으로 점철되어 있으며, 그중 일부는 식민지 법원에서 재판을 받기도 했다. 로버트 그랜트(Robert Grant)와 함께 살다가 결국 버림받은 노예 소녀와 (인도의 유럽인 모험가이자 용병이었던 남편 송브르(Walter Reinhardt Sombre)로부터 물려받은 전문적으로 훈련된 용병 군대의 수장이었으며, 후에 사르다나(Sardhana)의 통치자가 된) 권력자 베감 삼루(Begam Samru)는 이 두 번째 범주에 속하는 사례이다. 식민지 국가는 이들 관계를 공식적으로 승인하지 않았다. 실제로 인도 여성과의 동거 및/또는 결혼은 영국 동인도 회사 이사회에 큰 불안감을 안겨주었다. 그러나 이러한 관계를 단순히 유럽 남성이 인도 여성을 지배하고 예속시켰다는 관점에서만 보는 것은 이 여성들이 벌인 협상과 그들이 연인/남편과 맺었던 풍부하고 정서적인 유대감을 간과하는 것이다. 일부 여성은 재산을 얻었고, 다른 일부는 물질적 부를 확보했으며, 또 다른 이들은 혼혈 자녀를 적절한 인종 및 문화적 규범에 동화시키기 위해 '본국'으로 보낼 수 있었다.

그러나 고쉬가 하층 계급 여성들을 분석할 때 상황은 달라진다. 그들은 대부분 하급 유럽 병사들이나 식민 통치 계층의 하층민들과 관계를 맺었다. 네덜란드령 동인도 제도의 자녀들처럼 그들의 자녀들은 국영 고아원에 보내지거나, 순회 공연단에서 경력을 쌓거나, 동인도 회사에 하급 직원으로 고용되었다. 이들은 앞서 언급된 두 계층의 구성원들이 누리는 이동성을 누리지 못했다. 그러나 이 세 가지 범주 모두에서, 이 문화적 친밀감이 '인도적' 또는 '영국적' 문화 관습의 목록에 쉽게 흡수될 수 없는 상황들을 만들어낸 순간들이 있었다. 예를 들어, 고쉬가 분석한 유언장은 백인 남성과 동거하며 자녀를 양육했던 여성들이 무슬림 장례를 치르고 싶어 하는 열망을 분명히 보여준다. 이는 강압에 의해 혼혈 자녀를 '본국'에서 제대로 사회화시키기 위해 자녀를 떠나보내야 했던 어머니들의 고통을 이해하기 어려운 것과 마찬가지이다. 이러한 행동에서 우리는 여성의 주체성(female agency)을 읽어낼 수 있을까? 아니면 이러한 행동은 기존의 젠더 규범을 어긴 후 죽음이나 고독 속에서 어느 정도 문화적 적절성(cultural propriety)을 회복하고자 하는 열망을 반영하는 것일까?

이러한 질문에 명확한 답변을 제시하는 것은 불가능할 것이다. 그러나 고쉬의 초기 식민지 인도에서의 인종 간 관계 분석에서 결정적으로 드러나는 것은 가족이 국가의 순수하고 더럽혀지지 않은 영적 보금자리라는 민족주의적, 식민주의적 사고에 내재된 오류이다. 대신, 고쉬는 식민지 문서고에서 '여성 범죄자(female transgressor)'의 희미한 흔적들을 발굴함으로써, "영국 식민 당국에, 그리고 나중에는 다른 방식으로 인도 민족주의적 상상력에 매우 중요했던 '존경할 만한(respectable)' 가정이라는 허구의 전개 과정을 복잡하게 만든다".[43] 원주민 여성과 백인 남성 간의 혼인 관계(또는 기타) 유대 관계를 기록에서 지우는 문서고의 전략은, 제국 체제가 보여준 사회적·인종적 규율에 대한 불안과 집중을 입증하는 것이다. 마지막으로, '본국'에 존재한 혼혈 아동의 존재, 국가의 처벌 가능성에도 불구하고 지속된 인종 간 관계, 유럽 남성과의 결혼을 경험한 인도 여성 미망인들과 유라시아 공동체의 시민권 및 재정적 권리에 대한 운동은 본국의 역사가 탈식민화 시대를 넘어 다인종적이고 다문화적인 공간으로 확장될 수 있음을 분명히 보여준다.

후기

데이비드 길모어(David Gilmour)는 인도에서의 대영제국에 대해 상당한 연구를 수행한 제국주의 역사가인데, 그는 "자신을 '포스트식민(postcolonial)'이라고 부르는 많은 역사가가 식민 통치는 항상 악했고, 식민주의자의 동기는 언제나 불순하다고 당연하게 여긴다"라고 지적한다. 그는 이어서 "그들의 저작을 읽고 나면, 식민주의자 중 가장 훌륭한 이조차 식민지인 중 가장 악한 이보다도 못하다는 인상을 받게 된다. 물론 그 식민지인이 제국 권력의 동맹자라면, 그는 '앞잡이(lackey)' 혹은 '협력자(collaborator)'로 치부된다"라고 덧붙인다.[44] 길모어의 발언은 결국 이 저작들이 스스로를 규정하면서 반대했던 바로 그 마니교적 이분법을 포스트식민 역사에 귀속시키는 결과를 낳는다. 앞선 분석에서 언급했듯이, 포스트식민 역사가들은 식민 지배자/식민지인이라는 이분법 논리의 부적합성을

43 Ghosh, *Sex and Family in Colonial India*, p. 251.

44 David Gilmour, "Surprises of the Empire", *The New York Review of Books* (2 November 2006).

지적하는 방식으로 식민 세계의 작동 방식을 이해하는 데 전념해 왔다. 위에서 논의된 연구들은 식민 사업의 불완전하지만 불가피한 본질을 보여줄 뿐만 아니라, 지배하고 지휘할 수 있는 능력을 강조하면서도 식민 프로젝트의 이타적인 측면에도 주목한다.

프레데릭 쿠퍼는 2005년 저서 『문제의 식민주의(*Colonialism in Question*)』에서 포스트식민 학계에 대해 더욱 심각한 비판을 제기했다. 쿠퍼의 비판은 역사가의 관점에서 이루어졌으므로, 이를 좀 더 자세히 살펴보는 것이 적절할 것이다. 본 연구의 목적과 관련하여 한 가지 주의할 점은, 쿠퍼가 다루는 포스트식민 연구는 역사학 훈련을 받지 않은 학자들에 의해 수행된 연구들도 포함한다는 점이다. 그에 따르면, 이러한 연구의 주요한 결함은 "역사를 비역사적으로 다룬다"는 데 있다.

쿠퍼는 포스트식민 연구가 비역사적인 역사를 만들어내는 네 가지 측면, 즉 "이야기 따오기(story plucking), 유산 건너뛰기(leapfrogging legacies), 역사를 거꾸로 하기(doing history backward), 그리고 시대적 오류(epochal fallacy)"에 대해 자세히 설명한다.[45] 이 중 이야기 따오기는 단순히 식민 지배를 받았다는 사실만을 강조하면서 "맥락, 투쟁, 그리고 식민지에서의 삶의 경험"이라는 물질적 요소를 무시한 채 다양한 식민주의 간의 차이를 지워버리는 것을 의미한다. 유산 뛰어넘기는 인과관계에 충분한 주의를 기울이지 않는 학문적 경향을 말한다. 쿠퍼의 말에 따르면, 이는 "A 시점의 무언가가 C 시점의 결과를 낳았다고 주장하면서, 그 사이에 위치한 B 시점을 고려하지 않는" 태도이다. 역사를 거꾸로 하기는 현재주의(presentism)의 또 다른 이름이다. 이는 과거를 통

45 Frederick Cooper, ***Colonialism in Question: Theory, Knowledge, History*** (Berkeley and Los Angeles, CA: University of California Press, 2005), p. 17.

해 현재를 이해하려는 시도이지만, 학술적 설명이 시대착오적이라는 비난을 받게 한다. 또한 "가지 않은 길(paths not taken), 역사적 과정의 막다른 길, 당시 사람들에게 나타났던 대안들"에 거의 주의를 기울이지 않는다.[46] 마지막으로, 쿠퍼는 시대적 오류를 통해 포스트식민주의자들이 '역사를 시대의 연속(history as a succession of epochs)'으로 만들어낸다고 본다. 이는 "복잡한 상호작용이 좀처럼 만들어내지 않는 일관성을 가정하는 것"이다.[47] 그는 포스트식민(postcolonial)에서 '포스트(post)'라는 접두사가 "현재의 가능성과 제약을 형성하는 데 있어 식민지적 과거의 중요성을 효과적으로 강조할 수 있다"라고 주장한다. 하지만 그는 '그러한 과정'이 "식민지 효과로만 축소될 수 없으며, 식민지 시대나 포스트식민 시대를 마치 사람들이 서로 다른 상황에서 벌인 다양한 노력과 투쟁이 항상 같은 장소에서 끝나는 것처럼 하나의 일관된 전체로 볼 수도 없다"라고 주장한다.[48]

이 장(과 이전 장들)에서 제시된 분석은 쿠퍼의 비판에 대한 의문을 제기한다. 지금까지 논의된 포스트식민 역사가들은 식민 프로젝트의 내부적으로 다양한 특성에 주의를 기울여 왔다. 포스트식민 역사는 다양한 식민지 문화의 차이를 분석했을 뿐만 아니라, 본국과 식민지에서 "제국주의의 특권을 포기하고 자신들의 팽창주의 문화의 희생자들과 유대감을 선택한" 개인과 집단의 역사를 발굴하는 데 주력해 왔다. 빅토리아 시대 말기 영국에서 세기말 급진주의를 연구한 릴라 간디(Leela Gandhi)의 연구는 그 대표적 사례이다. 존

46 *Ibid.*, p. 18. 참고로, 현재주의(presentism)는 역사학에서 주로 사용되는 비판적인 용어로, 과거의 사건, 인물, 사회를 현재의 가치관, 기준, 관점을 가지고 해석하거나 판단하는 경향을 말한다. 즉, 과거를 과거 자체의 맥락에서 이해하려 하기보다, 현재의 시각으로 재단하는 오류를 지적하는 개념이다.

47 Cooper, *Colonialism in Question*, p. 19.

48 *Ibid.*

코마로프가 호미 바바와의 인터뷰에서 유용하게 지적했듯이, 포스트식민성은 "시대적 역사의 흐름 속에서 그 위치에 의해 정의되는 존재 상태"를 의미했다.[49] 이는 포스트식민을 "전후 탈식민화가 국제 정치에서 합법적이고 실행 가능한 정치적 레퍼토리에서 식민 제국이라는 범주를 소멸시킨 시기"로 이해하는 쿠퍼의 관점과 일치할 것이다.[50]

하지만 코마로프와 바바는 또한, 포스트식민을 "과거를 읽는 비판적 지향성, 특히 그것의 텍스트적 흔적들을 읽는 방식"으로 보았다.[51] 그들은 포스트식민을 하나의 통시적 조건(diachronic condition)으로, 즉 여전히 진화하는 상태로 묘사했다. 그들은 포스트식민 조건을 두 단계로 구분했는데, 둘 다 제국에 대한 앞선 논의와 관련이 있다. 첫 번째 단계는 탈식민화와 독립 국가들의 탄생이 중심이 된 시기이며, 둘째는 1989년을 기점으로 한다. 즉, 이 시기는 냉전의 종식, 신자유주의 자본주의의 '승리', 민주화 운동, 그리고 동유럽, 남아프리카공화국 등지에서 새로운 포스트혁명 사회들이 등장한 시기이다.[52]

위에서 논의된 많은 연구는 현대사의 이 두 시기 사이의 대화로서 식민주의의 역사를 쓰려는 시도로 읽힐 수 있다. 이는 현재의 관심사와 범주를 과거로 되돌려 놓는 것과는 다르다. 오히려 현재의 관심사가 역사가들로 하여금 포스트식민적 시각으로 과거를 바라보도록 장려하고 가능하게 했다는 의미이다.

49 Homi Bhabha and John Comaroff, "Speaking of Postcoloniality in a Continuous Present", p. 15.

50 Frederick Cooper, *Colonialism in Question*, p. 19.

51 Bhabha and Comaroff, "Speaking of Postcoloniality in a Continuous Present", p. 15.

52 *Ibid.*

포스트식민 역사 쓰기

Writing Postcolonial History

06

포스트식민 역사와 정착민 맥락

06

포스트식민 역사와 정착민 맥락

이 장은 제국이라는 주제를 계속 다루지만, 이전 논의와는 다른 관점에서 접근한다. 여기서 나는 정착민 식민지 맥락(settler colonial contexts), 폭력적이든 비폭력적이든 탈식민화를 통해 유럽 식민주의의 보루를 해체하는 과정, 그리고 이러한 과정을 통해 촉발된 권리 운동에 중점을 둔다. 이러한 과정들은 함께 작용하여 새로운 포스트식민 유럽 세계가 형성되었고, 호주, 캐나다, 뉴질랜드와 같은 과거 백인 식민지였던 여러 국가에서 정치와 사회의 지속적인 특징들이 구체화 되었다. 내가 이 장에서 분석하는 과정들은 현재 급성장하는 역사학의 한 분야를 이루며, 포스트식민 역사 서술이 앞으로 나아갈 방향을 제시해준다. 앞으로의 분석을 관통하는 핵심 주제는 정착민 식민주의(settler colonialism)와 이러한 사회적,

정치적, 경제적, 문화적 지배가 종식되거나 심각한 도전에 직면했을 때 나타나는 포스트 식민 조건들(postcolonial conditions)이라는 두 가지 현상이다.

정착민 식민 국가의 사례는 포스트식민 역사에 새로운 전환점을 가져왔고, 이는 2장에서 논의한 서발턴 연구와 일정 부분 겹치면서도 중요한 차이를 보여준다. 그렇다면, 정착민 식민주의란 무엇인가?

> 유색인 노동계급 옆에 살지만, 그들과 함께 살지는 않는 백인들은 그 (분리된 삶의) 곤경과 무관한 윤리 문제를 다룰 여유가 없다고 주장할 것이다. 그들이 그 곤경 속에 머물기로 선택했다는 것은 중요하지 않다. 그들은 평론가의 안락의자에서 나오는 사회 분석에 반감을 품는데, 그러한 분석을 단지 자신들의 안전에 대한 위협으로만 보기 때문이며, 그 안전을 지키는 일이야말로 가장 중요한, 아니 언제나 우선시되어야 할 의무라고 생각한다.[1]

정착민들이 피지배 인구를 '위협'으로 인식했다는 손턴(Michael Thornton)의 주장은 정착민 식민주의와 정복 사이의 관계를 다시 생각하게 한다. 호주와 뉴질랜드나 알제리에 대한 학자들의 수많은 연구는 정착민과 원주민 집단 간의 오랜 세월에 걸쳐 벌어진 무장 유혈 분쟁을 기록하고 있으며, 이는 이들 국가에서의 식민 점령이 평화롭게 이루어지지 않았음을 분명히 보여준다. 뉴질랜드나 북미와 같은 지역에서는 무력 정복과 함께 정착민과 원주민 사이의 조약 체결이 병행되었지만, 호주와 같은 지역에서는 조약 없이 정착이 이루어졌다. 조약의 존재 여부는 이들 국가의 포스트식민 전개에 중대한 영향을 미치며, 이는 최근 포스트식민 역사에서 상당히 심도

1 Thornton, David Prochaska, *Making Algeria French: Colonialism in Bone, 1870-1920* (Cambridge: Cambridge University Press, 1990), pp. 6-7에서 인용했다.

있게 탐구된 주제이다. 그러나 주목할 만한 점은 역사가들—포스트식민 연구자와 그 외의 연구자들을 포함하여—이 정착민 식민주의에 대해 많은 연구를 수행했음에도 불구하고, 정착민 맥락이 비교적 틀 안에서 분석된 사례는 드물다는 것이다. 이 장에서는 그러한 비교 분석을 시도하고자 한다.

정착민 식민지 맥락의 특수성을 강조하기 위해, 잘 알려진 (알제리) 본(Bone) 지역에 대한 포스트식민 역사 연구자인 데이비드 프로차스카(David Prochaska)는 이러한 형태의 식민주의를 '다원 사회(plural society)'나 '내부 식민주의(internal colonialism)'와 같은 개념과 효과적으로 구분한다. '다원 사회'라는 개념은 처음에는 J. S. 퍼니발(John Sydenham Furnivall)이 남아시아와 동남아시아, 특히 버마와 인도네시아의 식민지 상황을 설명하기 위해 처음 사용하였다. 퍼니발이 말하는 다원 사회란 "유럽인 식민자 소수가 원주민 피식민자 다수와 함께 살아가며, 유럽인과 원주민이 스스로 수행할 수 없거나 수행하지 않으려 하는 노동을 제공하는 중간 민족 및 인종 집단이 추가로 존재하는 사회"였다.[2] 한편, 프로차스카는 내부 식민주의 개념이 레닌과 그람시에 의해 처음 사용되었다고 지적한다. 이 개념은 라틴 아메리카의 인디언-라티노(Indian-Latino) 관계를 분석하는 작가들뿐만 아니라 미국과 남아프리카의 흑인, 또는 영국의 아일랜드인과 같이 국민 사회 내 다양한 민족 집단을 연구하는 이들에 의해 더욱 정교하게 만들어졌다.

정착민 식민주의는 이 두 가지 형태(다원 사회, 내부 식민주의)와 많은 공통점을 가지고 있지만, 다른 식민주의 유형과 구별되는 점은 "대부분의 식민지 상황에는 두 가지 주요 집단—식민 지배국에서 온 임시 이주민(식민 행정관, 군인, 상인, 선교사)과 원주민—이 존재하

2 *Ibid.*, p. 7.

는 반면, 정착민 식민지에서는 정착민이 세 번째 집단을 구성한다"는 것이다.[3] 이는 정착민들이 자신들의 출생지에서 멀리 떨어진 곳에서 살고, 일하기로 한 특정한 '삶의 선택'에 주목하게 한다는 점에서 중요하다. 또한 다른 유형의 식민주의에 비해 정착민 식민지 역사에서 토지 통제(land control)가 압도적으로 중요한 이유도 설명한다. 스리랑카의 차 농장주, 말레이시아와 인도네시아의 고무 농장주, 잠비아의 담배 농부, 케냐의 목축업자, 알제리의 포도 재배자와 같은 정착민 집단을 연구할 때, 토지는 정착민 식민지 역사에서 여전히 핵심적인 문제로 남아 있다.

요약하자면, 정착민 식민지는 식민 지배 공동체에서 온 대규모 집단이 식민지에 어느 정도 영구적인 뿌리를 내린 곳이었다. 바로 이러한 특징이 유럽인의 존재가 상대적으로 훨씬 작았던 경제 식민지 및 무역 거점과 정착 식민지를 구분했다. 일부 학자들은 식민 지배의 양상이 탈식민화 운동의 성격을 결정짓는 데 중요한 역할을 한다고 주장해 왔다. 정착민 식민주의의 종식은 대체로 대규모 폭력과 함께 수많은 유럽 이주민의 본국 귀환이라는 현상으로 나타났다. 탈식민화 시기에 대규모 폭력 사태를 겪은 정착민 식민지들이 분명 존재했지만, 캐나다, 호주, 뉴질랜드와 같은 지역은 엄밀한 의미에서 탈식민화 운동을 경험하지 않았다. 그러나 앞으로 살펴보겠지만, 이러한 국가들은 포스트식민 국가들이 직면하는 여러 딜레마를 공유한다. 다양한 정착민 식민지 상황의 차이를 조명하고, 그러한 차이가 역사 서술 방식에 어떻게 반영되는지를 보여주는 것이 본 장의 주요 목표이다.

---

3 *Ibid.*, p. 9.

프랑스령 알제리 만들기

알제리는, 인도차이나(현재의 베트남, 라오스, 캄보디아), 뉴칼레도니아, 모로코와 튀니지의 보호령, 그리고 사하라 이남 아프리카 전역에 걸친 여러 '착취 식민지(colonie exploitation)'가 포함된 제2차 프랑스 제국의 '최고의 정착민 식민지'였다.[4] 19세기 중반까지 알제리는 세 개의 주, 즉 데파르트망(départements)으로 본국 프랑스에 편입되었다. 다른 소규모 해외 프랑스 데파르트망에는 과들루프(Guadeloupe), 마르티니크(Martinique), 레위니옹(La Réunion)이 포함되어 있다.

포스트식민 역사학자로서 프로차스카는 분석의 초점을 식민지 알제리에서 정착민 사회의 형성에 맞춘다. 그는 본국이나 토착 알제리인이 아니라, 이 둘 사이를 매개하는 집단인 정착민에 주목함으로써, 식민지 알제리가 본국 프랑스로부터 사실상 주권적 지위를 누리게 되는 과정을 보여준다. 알제리를 '프랑스화'시킨 것은 본국의 영향력이 아니라 바로 정착민이었다. 그의 연구는 1958-1962년 알제리 전쟁이 끝난 후 대규모로 본국으로 돌아온 피에 누아르(pieds-noirs, 단수형은 pied-noir, '검은 발'이라는 뜻으로 정착민을 지칭하는 이름)들이 경험한 소외를 이해하는 데 중요한 역사적 배경을 제공한다. 프로차스카는 자신의 연구에서 이러한 역이주 문제를 다루지 않는다. 그의 초점은 실제 정착 과정과 유럽 정착민들이 알제리인이 되는 과정에 있다. 이러한 정착민 정체성은 1962년에 끝난 알제리전쟁을 거치면서 해체되었다. 이하에서는 프로차스카의 알제

4 북미, 카리브해, 인도, 인도양의 일부 섬에서 정착지와 영토를 잃은 후, 19세기에 새로운 프랑스 식민주의 물결이 시작되었다.

리 분석을 사례 연구로 활용하여, 정착민 식민주의에 수반되는 과정들을 좀 더 자세히 논의하겠다.

알제리 정착민들은 예상과 달리 프랑스 출신으로만 구성된 집단이 아니었다. 오히려 그들은 이탈리아인, 스페인인, 몰타인 등 프티 블랑(*petits blancs*)으로 구성된 다양한 혼합 집단이었다. (참고로, '프티 블랑'은 '작은 백인들'이라는 뜻의 프랑스어로, 주로 프랑스 식민지였던 알제리에 거주했던 유럽계 정착민들 가운데 프랑스인이 아닌 다른 유럽 국가 출신들을 지칭하는 용어였다). 이러한 유럽인 집단 외에도 알제리에는 1870년에 프랑스 시민권을 부여받은 매우 많은 유대인 집단이 있었다. 프로차스카에 따르면 유대인들의 지위는 다소 모호했다. 그들은 분명히 정착민 공동체의 일부는 아니었지만, 대부분 무슬림 인구보다 정착민들과의 관계가 대체로 더 우호적이었다. 사회 집단으로서 그들은 정착민과 무슬림 모두와 금전적, 무역적 관계를 계속 유지했다. 1870년, 알제리에서는 군사 통치가 민간 통치로 대체되었다. 이로써 알제리의 세 해안 지방—알제(Alger), 오랑(Oran), 본(Bone)—은 본토 프랑스의 데파르트망(*départements*)이 되었다. 그러나 이것이 모든 알제리인이 동등한 선거권 및 기타 정치적 특권을 가진 프랑스 시민이 되었다는 것을 의미하지는 않았다. 프로차스카는 "바로 여기에 문제가 있었다"라고 썼다. 프랑스 데파르트망의 구성원임에도 불구하고, 현지 알제리인들은 프랑스 시민이 되지 못했다. 오히려 상황은 다음과 같았다.

> 비시민권자가 시민권자보다 많았지만, 투표에서는 시민권자의 표가 더 많은 비중을 차지하는, 즉 어떤 사람들은 다른 사람들보다 더 평등한 프랑스 본토의 데파르트망이었다. 따라서 알제리는 식민 지배자들이 식민지인들에 대한 헤게모니를 유지한 프랑스 식민지였지만, 동시에 알제리는 프랑스 식민지가 아니었는데, 그것은 프랑스의 필수적인 부분이었다. 요컨대, 알제리는

1870년에 프랑스에 편입되었지만 통합되지는 않았고, 삼켜졌지만 소화되지는 않았다.[5]

덧붙여, 프랑스 여성 인권사를 연구하는 학자들은 알제리의 식민지 여성의 지위와 제3공화국 시대 본국 여성의 지위 사이의 유사성을 지적한 바 있다. 제3공화국 시대의 프랑스 여성들은 시민이었지만 투표권은 없었다. 실제로 일부 여성 단체들은 프랑스 여성의 참정권 확대 이전에 식민지 여성에게 투표권을 부여하는 것에 반대했다.

민간 통치 체제의 수립은 프랑스 본국이 알제리의 식민지로서의 특별한 지위를 인정했음을 의미했다. 알제리에는 프랑스인을 포함한 다른 유럽계 정착민들이 다른 식민지 상황에 비해 훨씬 많이 거주하고 있었다. 그러나 식민지 알제리의 정치는 프랑스 국내 정치의 거울상이 아니었다. "비자유주의적인 제2제정을 자유주의적인 제3공화국으로 대체"하는 것이 프랑스 내에서 공화주의 시대를 열었을지는 모르지만, 알제리에서는 정착민의 권력이 강화되는 결과를 가져왔다. "정착민의 권력은 주로 알제리인에 대해 행사되었고, 명목상 프랑스의 자유주의 정권에 의해 통제될 뿐인, 점점 더 비자유주의적인 알제리 정권을 만들었다". 따라서 1870년이 알제리에 있는 유럽인의 절대적인 수치를 증가시키지는 않았지만, 그 해는 "정착민들에게 유리한 방향으로 식민 권력의 판도가 기울어진" 해였다.[6]

이러한 권력의 '기울어짐(tilt)'은 일상생활의 다양한 수준에서 구체화되었다. 1870년대에 시작되어 1890년에서 1920년 사이에 급속도로 발전하면서 알제리에서는 정착민 식민지 문화가 확고해졌다. 그 시기부터 '알제리인'이라는 호칭은 정착민들이 자신들에게만 사용하는 명칭이 되었다. 반면, 토착 알제리인들은 단순히 '원주민

5 Prochaska, *Making Algeria French*, p. 137.

6 *Ibid.*, p. 138.

(indigènes)'으로 불렸다. "단번에 정착민들은 알제리에서 자신들의 헤게모니를 선포했고, 동시에 자신들을 묘사하는 바로 그 용어 속에서 원주민 알제리인들을 지워버렸다".[7] 1890년대 후반부터 '알제리인'이라는 범주는 "본래 프랑스인 또는 귀화한 프랑스인, 그리고 자신들의 집단 정체성을 버리고 새로운 정체성을 받아들이고 있었거나 받아들이려는 스페인인, 이탈리아인, 몰타인"을 지칭하게 되었다. 이 새로운 알제리인들은 새로운 언어인 파타우에트(Pataouete)를 만들었는데, 이는 알제리에서 사용되는 프랑스어 방언이지만 약 600개의 외국어 단어—아랍어에서 210개, 스페인어에서 180개, 이탈리아어에서 60개, 그리고 프로방스에서 랑그독(Languedoc)에 이르는 남프랑스에서 사용되는 방언에서 70개—를 포함하고 있었다. 20세기 전환기에는 피에 누아르(pied-noir) 문학도 등장했다. 알베르 카뮈(Albert Camus)는 세계적으로 유명한 식민지 알제리 작가로 남아 있지만, 이 외에도 많은 작가들이 정착민 저널과 신문에 꾸준히 기고하며 활발한 문학 문화(literary culture)를 형성했다. 이들은 '알제리 용광로(Algerian melting pot)'의 존재를 증명했다. 이는 다양한 유럽인 집단의 전통에 기반을 둔 정착민 식민지 문화로, 지역 무슬림과 유대인을 엄격하게 차별하고 거리를 두는 방식으로 권력과 지위를 규정했다.

이러한 차별은 정착민들의 물리적 생활 공간 조직에서도 명확히 드러났다. 정착민 집단은 알제리의 도시 지역에 집중되어 있었고, 그곳에서 현지인들보다 훨씬 수가 많았다. 주거 분리는 프랑스 식민화 초기부터 시작되어 약 130년간의 식민 통치 내내 계속되었다. 유럽인들은 유대인과 현지 알제리인들로부터 분리되었을 뿐만 아니라, 유럽인들 또한 "자신들의 식민지 안에서도 다시 분리되어" 살

7 *Ibid.*, p. 223.

았다.[8] 예컨대 본(Bone)에서는 대부분의 본토 프랑스인들이 신도시에 살았고, 다른 유럽인들은 콜론 랑돔(Colonne Random)이라는 노동자 계층 지역에 거주했다. 더욱이, '최근 귀화한 프랑스인들'은 거주 형태에서 본토 프랑스인보다는 오히려 이탈리아인, 몰타인들과 더 많은 공통점을 가졌다. 따라서 분리된 프랑스인 거주 지역 내에서도 인종적 긴장은 여전히 남아 있었다. 이러한 내부적 차이에도 불구하고, '비프랑스인'(즉, 백인들)은 "알제리인이나 유대인들로부터 분리된 것보다 프랑스인으로부터는 훨씬 덜 분리되어 있었다".[9]

데이비드 프로차스카의 정착민 도시의 물리적 배치 분석은 프란츠 파농이 『대지의 저주받은 자들』에서 쓴 유명한 구절을 상기시킨다. 파농은 "식민 세계는 둘로 나뉘어진 세계"라고 썼다. "정착민의 도시는 견고하게 건축된 도시이며, 온통 돌과 강철로 이루어져 있다. 이 도시는 밝은 조명이 비추며, 거리는 아스팔트로 포장되어 있고, 쓰레기통은 보이지도 않고 알려지지도 않고 거의 생각지도 못한 모든 쓰레기를 삼켜 버린다". 그것은 "백인, 외국인의 도시"였다. 반면, 식민지인 또는 원주민 거주지는 완전히 다른 풍경이었다. "그곳은 공간이 부족한 세계이며, 사람들이 서로 겹쳐 살고, 그들의 오두막은 층층이 쌓여 있다. 원주민의 도시는 굶주린 도시이며, 빵과 고기, 신발, 석탄, 빛이 부족한 도시다".

물론, 식민지 도시가 원주민 구역과 백인 구역으로 나뉘는 것은 알제리에만 국한된 현상은 아니었다. 하지만 본, 알제, 오랑과 같은 정착민 식민지 도시 델리, 카이로, 캘커타와 구분되는 점은 바로 도시 인구에서 정착민이 차지하는 절대적 비율이다. 정착민은 현지 알

---

8 *Ibid.*, p. 165.

9 *Ibid.*

제리인을 엄청난 비율로 능가했다.[10] 실제로 1896년에는 알제리에서 태어난 정착민들이 본국에서 온 이주민들보다 더 많았는데, 이는 정착민 도시를 다른 식민지 도시들과 구분 짓는 특징이었다. 이러한 사실은 사회 기반 시설의 발전과 지역 주민들이 소외되는 다양한 방식에 영향을 미쳤다.

프로차스카는 본의 거리 이름 대부분이 프랑스의 알제리 식민화, 특히 본 지역의 식민화와 어느 정도 관련이 있음을 보여준다. 거리 이름에 나타난 군사적 색채는 본 지역 주변 마을 이름에도 반영되었다. 구시가지에서 1830년 프랑스 점령 이전 인물의 이름을 딴 거리는 세 곳뿐이었고, 무슬림 이름을 딴 거리는 두 곳뿐이었다. 무슬림, 기독교인, 유대인이 평화와 갈등 속에서 함께 살아온 2,000년의 역사를 가진 이 도시에서 이는 놀라운 사실이다. 프로차스카는 이 기이하지만 매우 흥미로운 거리 이름 역사에서 '식민주의의 손길(the hand of colonialism)'이 굳건히 자리 잡고 있음을 본다. 주거 분리는 문화적 노동 분업(cultural division of labour)에도 반영되었다. 알제리 노동시장에서 원주민 프랑스인들은 가장 좋은 일자리와 사업을 독점했고, 이탈리아인과 몰타인이 그 뒤를 이었으며, 원주민 알제리인들은 두 집단 모두보다 훨씬 아래에 있었다. 동일한 노동에 대해 불평등한 임금이 지급되었고, 원주민 프랑스인들은 직업 위계에서 항상 최상위에 있었다.

아이러니하게도 "무슬림들은 그 식민주의적 메시지를 받아들였다". 포스트식민 시기 안나바(Annaba. 알제리 독립 이후 본에서 안나바로 도시 이름이 변경되었다)에서 모든 프랑스 거리 이름은 변경되었고, 프랑스 기념물은 훼손되거나 방치되었으며, 무슬림 기념물은 그대로 유지되었다. 동일한 편향은 알제리의 역사 서술에서

10 더 자세한 내용은 Prochaska, *Making Algeria French*, p. 22를 참조하라.

도 나타났다. 일부는 프랑스 본국의 시각에서, 다른 일부는 원주민의 시각에서 알제리 역사를 서술하려 하였다. 하지만 이러한 편견이 형성된 방식을 이해하기 위해서는 한 걸음 물러서서 식민지 알제리의 역사를 포스트식민의 관점에서 바라볼 필요가 있다. 정착민(알제리인이자 알제리를 프랑스화한 사람들)을 통해 전달되는 이야기로서 알제리에서의 프랑스 식민주의를 분석하는 것은 그러한 관점의 한 예시를 보여준다. 이러한 관점은 "본(Bone)의 과거는 안나바(Annaba)의 현재의 일부 뿐만 아니라, 심지어 과거도 아니다"라는 것을 보여준다. 이는 오늘날 안나바라고 불리는 곳이 프랑스 점령의 흔적을 지우겠다는 근본적인 목표로 얼마나 맹렬하게 건설되었는지를 어느 정도 설명하는 데 도움이 된다.[11] 하지만 식민지 시대의 본을 포스트식민 시대의 안나바로, 프랑스 도시에서 알제리 도시로 재편하려는 그러한 노력은 묘하게도 그 정착민의 기원을 떠올리게 한다. 정착민들이 무슬림 아랍인, 베르베르인, 유대인의 존재를 지우거나 부정함으로써 알제리를 프랑스화했던 것처럼, 포스트식민 안나바 또한 130년간의 프랑스 과거에 대한 역사적 망각의 과정을 통해 만들어졌다.

본국과 식민지 간의 긴밀한 순환은 본국과 식민지 사이에서 사람과 물자의 교류가 정기적으로 이루어졌음을 의미한다. 프랑스 식민지/제국의 예를 들면, 제1차 세계대전 이후 본국은 식민지 시장에 대한 의존도를 점차 높여갔다. 이와 함께 다른 형태의 사회적 순환도 확대되었다. 본토 사람들은 행정, 민족지학, 교육 사업을 위해 식민지로 이동했다. 마찬가지로, 비유럽인들은 교육, 노동, 군사 이주민으로 프랑스로 들어왔다. 제1차 세계대전 당시에는 비서구 식민지 출신 군인들이 프랑스군에 복무했고, 종전 후 프랑스에 정착한

11 *Ibid.*, p. 247.

경우도 많았다. 북아프리카, 마다가스카르, 인도차이나 출신의 노동 이민자들이 프랑스의 공장과 부두를 가득 채웠다. 이 밖에도 프랑스령 서인도 제도 출신의 전문직 종사자와 대학생들로 구성된 교육 엘리트 식민 인구도 1920-1930년대를 거치며 계속 증가했다.[12] 다음 부분에서는 식민 통치 기간, 그리고 그 이후에 본국으로 이주하거나 귀환한 식민 지배 집단과 피식민 집단에 대해 살펴보겠다.

포스트식민 사람들

아래에서 분석할 두 집단은 식민주의를 전혀 다른 방식으로 경험한 사람들이다. 첫 번째 집단은 식민지인 출신이었고, 두 번째 집단은 과거 정착민으로 구성되었다. 각각의 경우, 내가 이 개인들이나 집단을 포스트식민적이라 부르는 이유를 설명할 것이다. 첫 번째 집단은 프랑스령 아프리카, 마르티니크, 앤틸리스 제도 등 다양한 지역에서 온 디아스포라 집단이다. 아프리카에 대한 공통된 관심과 범아프리카주의라는 이상에 대한 헌신으로 인해 역사학계에서 네그리튀드(Negritude)의 선구자로 분류된 이 집단의 구성원들은 종종 전간기 파리에 거주했던 엘리트 흑인 디아스포라로 간주된다. 두 번째로 분석할 집단은 보다 이질적이다. 이들은 식민지 시기 본국 군대에 복무했거나 1940년대 이후의 탈식민화 운동 이후 서유럽, 미국, 호주 등지로 이주한 과거 정착민과 원주민 출신 이민자들로 구성된다. 이처럼 상당히 다른 부류의 사람들을 모두 '포스트식민'이라 부름으로써, 이 개념 안에 내재된 다양성을 강조하고자 한다.

---

12 Gary Wilder, *The French Imperial Nation-state: Negritude and Colonial Humanism between the Two World Wars* (Chicago, IL: University of Chicago Press, 2005), p. 27.

네그리튀드 운동은 결코 공식적인 조직을 구성하지 않았다. 주요 인물로는 에메 세제르(Aimé Césaire), 레오폴드 세다르 상고르(Léopold Sedar Senghor), 레옹 공트랑 다마스(Léon-Gontran Damas), 르네 마랑(René Maran)과 같은 남성들과 폴레트 나르달(Paulette Nardal), 제인 나르달(Jane Nardal)과 같은 여성들이 있었다. 이들은 모두 서로 다른 프랑스 식민지에서 태어났으며, 파리의 살롱과 토론 그룹에서 저술과 연설을 통해 프랑스 공화주의 이념, 아프리카 역사, 그리고 문화에 깊이 천착하며 활발히 활동하였다. 이들은 미국의 흑인 문화 운동인 할렘 르네상스(Harlem Renaissance)와 같은 동시대적 흐름에도 주의를 기울였다. 세제르, 다마스, 상고르, 랭스턴 휴즈(Langston Hughes), 리처드 라이트(Richard Wright), 클로드 맥케이(Claude McKay) 등과 같은 시인과 작가들의 작품을 읽고 번역했으며, 『위기(*The Crisis*)』와 『기회(*Opportunity*)』와 같은 아프리카계 미국인 잡지도 구독했다. 이러한 활동을 통해 네그리튀드 작가들은 "초국가적 공동체 내에서 공유된 범아프리카 정체성을 구체화하고, 이를 대안적인 흑인 휴머니즘과 연결하고자" 노력했다.[13]

게리 와일더(Gary Wilder)의 네그리튀드 작가들에 대한 통찰력 있는 연구는 파리의 흑인들과 할렘의 흑인들이 경험한 인종차별의 문화적, 미학적 표현 사이의 중첩을 보여준다. 그러나 그는 네그리튀드가 '급진적 범아프리카주의'의 유사한 운동들과 구별되어야 한다고 주장한다. 후자는 "식민지 노동자들을 조직하고, 식민 체제를 전복하며, 전 세계 공산주의 혁명을 지지하려 했던" 프랑스 본토의 더 전투적인 그룹들을 포함했다. 네그리튀드 작가들처럼 급진적 범아프리카주의자들도 프랑스 시민 사회에 참여하는 자신들만

13 *Ibid.*, p. 175.

의 방식을 찾고자 했으며, 초국가적인 흑인 공론장을 만들려고 노력했다. 그들은 프랑스 공산당에서 동맹을 찾았다. 급진적 범아프리카주의자이자 레오폴드 상고르의 먼 사촌인 라민 상고르(Lamine Senghor)는 1926년 프랑스 공산당의 지원을 받아 '인종 수호 위원회(Comité de Défense de la Race)'와 그 기관지 『흑인의 목소리(*La Voix des Negres*)』를 창간했다. 네그리튀드 작가들과 범아프리카주의자들이 흑인 국제주의에 헌신한다는 점에서 공통점을 지녔음에도 불구하고, 그들은 본국에 대한 태도, 흑인 정체성, 그리고 폭력에 대한 생각에서 차이를 보였다. 네그리튀드의 목표는 아마도 한편으로는, "토착 문명과 현대 세계의 요구 사이의 조화에서 탄생한 공동의 이상을 정교하게 다듬으려는" 시도로 가장 잘 요약될 수 있을 것이다. 다른 한편으로는, "자국민과 가까이 지내면서" "기계적이고 탈색된 모방"을 피하면서 '동화'하고 "프랑스 문화의 풍요로움을 음미"하려는 약속(commitment)도 있었다.[14]

그러나 이것이 네그리튀드 작가들이 모든 문제에 대해 서로 동의했다는 것을 의미하지는 않는다. 예를 들어, 세제르는 흑인 청년들에게 "동화시키는 식민지 개척자들, 동화를 지지하는 다른 흑인들, 그리고 동화하려는 자신들의 충동"에 맞서 싸움으로써 스스로를 해방시키라고 촉구했다.[15] 와일더는 세제르의 이러한 인종적 특수성 선언을 보편주의에 대한 부정으로 보지 않는다. 오히려 그는 세제르가 흑인 작가들이 자신들의 특수한 '식민' 경험을 표현함으로써만 보편적 삶, 즉 인류의 인간화에 기여할 수 있다고 믿었다고 주장한다. 와일더의 말에 따르면, 세제르의 "동화에 대한 논쟁과 인종 간의 자연적 차이에 대한 강조"는 "결국 인종적 휴머니즘이라는 보편

14 *Ibid.*, p. 185.

15 *Ibid.*, p. 188.

주의적 비전으로 귀결된다".[16] 세제르와 달리 상고르는 인종 순수성 개념을 거부하고 모든 흑인(nègres)은 "생물학적으로 혼혈(*métis*)"이라고 주장했다. 세제르가 흑인들이 자신들의 인종적 경험에 대해 글을 쓰는 것에서 보편성을 찾았다면, 상고르는 "보편적 휴머니즘이라는 프로젝트 자체가 흑인들이 자신의 문화를 탐구하도록 강요한다"라고 주장했다.[17] 그것은 인종적 자기 발견을 보편적 인간성과 결합하려 했던 흑인 휴머니즘 프로젝트였다.

와일더는 네그리튀드 작가들이 식민 지배로부터의 독립을 결실로 삼은 반식민 저항 운동의 선구자도 아니었고, 정치보다는 문화에만 몰두한 것도 아니었다고 주장한다. 그들의 연구는 문화의 정치였다. 전통적 학계는 네그리튀드를, 그 창시자들 중 많은 이들이 후년에 그랬듯이, 토착주의(nativism)로의 전환으로 간주해 왔다. 네그리튀드는 여러 아프리카 국가에서 본격적인 민족주의 발전을 예고한 반식민 저항의 사례로 칭송받아 왔다. 다른 이들은 네그리튀드의 주창자들을 프랑스 친화적인 식민지 엘리트로 간주했다. 와일더는 상고르와 같은 사람들에게 식민주의가 이중의 구속(double bind)을 의미했음을 보여준다. 식민주의는 그들에게 보편적 사상을 접할 수 있는 통로였지만, 동시에 이러한 사상의 실현을 가로막는 권력 구조이기도 했다. 이들은 본국에서 받은 교육을 통해 수용한 공화주의 이념과의 새로운 조우를 통해 문화적 소외를 극복하고자 했다. 이들에게 있어 문화적 특수성, 곧 아프리카 문화는 재건된 식민 통치의 틀 안에서 번성할 것이라고 생각했다. 와일더는 다음과 같이 말한다:

> 프랑스-아프리카 정체성, 흑인 휴머니즘, 범아프리카 공화주의, 문화 정치에

16 *Ibid.*

17 *Ibid.*

> 대한 이들의 양면적 서술은 프랑스 시민 사회와 공론장의 특수성이 의존했던 근본적인 이분법(근대-원시, 개인-집단, 이성-인종, 국가-세계, 정치-미학)에 암묵적으로 도전했다. 이 두 가지 이분법의 양면을 동시에 포용함으로써, (이) 식민지배를 받던 사람들은 시민 활동 및 공공 정치 참여에 대한 공화주의적 규칙을 따름과 동시에 이에 도전하는 변혁적인 제국 시민권(transformative imperial citizenship)을 실천했다.[18]

네그리튀드 지식인들은 사실상 "흑인-아프리카 시민으로서 '위대한 프랑스(Greater France)'의 일원이 될 것"을 요구했다.[19] 이들이 포스트식민적이라는 것은 그들이 동시에 아프리카적이면서도 유럽적이었기 때문이다. 그들은 식민자와 피식민자 사이의 명확한 구분을 거부하면서도, 식민지 인종차별에 대한 날카로운 비판을 통해 반식민 시대정신(Zeitgeist)의 일원이기도 했다. 그들이 프랑스 공화주의 사상에 몰두한 것은 디페시 차크라바르티가 지적한 유럽 사상이 식민지 지식인에게 "불가결하면서도 불충분한" 도구였다는 통찰을 잘 보여준다. (왜냐하면) 공화주의와 인종차별주의는 이 지식인들의 삶에서 동전의 양면과 같았기 때문이다. 네그리튀드 지식인들은 식민 통치라는 매개체를 통해 접한 공화주의 사상을 수용했지만, 제국주의 통치 방식은 비판했다.[20]

네그리튀드 운동의 인물들보다 학문적 관심이 훨씬 덜했던 집단에 대한 분석으로 포스트식민 사람들(postcolonial peoples)에 대한 논의를 마무리하겠다. 여기서 나는 탈식민화의 혼란 속에서 본국으로 다시 이주한 이전 정착민 집단에 초점을 맞춘다. 이는 새로운 학문 분야이므로, 1990년대 후반 이후 진행된 연구 결과를 통해 밝혀

18 *Ibid.*, p. 197.

19 *Ibid.*, p. 212 (저자가 강조).

20 와일더는 자신의 저서의 여러 지점에서 차크라바르티와 차테르지 같은 포스트식민 이론가들을 언급한다. Wilder, *The French Imperial Nation-state*, pp. 80, 159, 203, 257을 참조하라.

진 기본적인 인구학적 사실들을 독자들에게 소개하는 것이 유용할 것이다. 탈식민화 이후 프랑스, 네덜란드, 포르투갈로의 귀환 이주를 연구한 학자들은 전 세계 여러 지역에서 이들 유럽 제국이 차례로 붕괴하면서 약 500만에서 700만 명의 사람들이 이들 국가로 유입되었다고 추정한다. 이들을 '본국 송환자(repatriates)'라 부르는 것은 잘못된 명칭이다. 인류학자 안드레아 스미스(Andrea Smith)가 주장했듯이, 유럽이나 미국, 호주와 같은 다른 곳으로 이주한 정착민 중 상당수는 이들 국가에서 태어나지 않았다. 그들 중 다수는 식민지에서 여러 세대 동안 살았던 유럽인 조상의 후손들이었다. 게다가 귀환자의 국적이 반드시 귀환 대상 국가를 결정짓는 것도 아니었다. 알제리 식민지 지배 기간 동안 프랑스 시민권을 취득했다가 1962년경 프랑스로 귀환한 몰타인들이 대표적인 사례이다. 대부분의 이주는 자발적으로 이루어졌고, 귀환지 정부의 지원을 통해 매개된 것이 아니었다. 이들은 전쟁 포로도 아니었고, 식민 정권 붕괴 이후 복귀한 행정관이나 정부 관리들도 아니었다.

안드레아 스미스는 『유럽의 보이지 않는 이주민들(*Europe's Invisible Migrants*)』이라는 제목의 인도네시아, 알제리, 앙골라, 모잠비크 출신 유럽 이주자들에 대한 저서의 서문에서, 식민지를 가장 먼저 떠난 사람들은 가장 최근에 그곳에 도착했던 군인이나 행정관—즉, 정해진 직업은 있었지만 그곳에 실제적인 유대 관계는 없었던 사람들—이었다고 지적한다. 두 번째 그룹은 유럽 정착민 인구 중 부유한 계층으로 구성되었으며, 그들 중 다수는 자신들의 여정을 반드시 '귀환'의 관점에서 생각하지 않았다. 그들은 보통 본국에 가까운 친족이나 친구 관계가 있었고, 종종 일시적으로 떠나는 것이라고만 생각했지만, 식민지의 정치적 격변 때문에 다시 돌아갈 수 없게 된 이들이었다.[21] 그들 대부분은 식민지에 재산과 소유물을 남겨두고 떠났다. 마지막으로, 가장 많은 수를 차지하는 그룹은 "식민지/옛 식민지에서 가장 오래 살았던 사람들 ... 재산이 거의 없는 사람들, 그곳에서 가장 긴 가족 역사를 가진 사람들, 그리고 본국과의 유대 관계가 거의 없거나 전혀 없는 사람들; 다시 말해 떠남으로써 가장 많은 것을 잃게 된 사람들"로 구성되었다.[22]

정착민 집단의 인구 구성은 식민지 현지에서 식민 지배자와 식민지인 사이의 혼혈 정도에 따라 크게 달랐다. 예를 들어 전 네덜란드령 동인도(현 인도네시아)에서 '유럽인'으로 분류된 이들은 백인 남성뿐만 아니라 아시아계 아내들(이전 장에서 다룬 바 있다), 네덜란드 군대에서 싸우기 위해 징집된 터키인, 일본인, 서아프리카 출신의 기독교인 병사들까지 포함되었다. 네덜란드로의 이주는 1940년대 인도네시아의 일본 점령기에 시작되었는데, 당시 약 30만 명이 유럽인으로 분류되었다. 그들 중 약 8만 명은 네덜란드 부모에게서 네덜란드 또는 동인도에서 태어났고, 17만 명은 혼혈 혈통의 '인도-유럽인'이었으며, 1만 4천 명은 혼혈 원주민 출신이었다. 이 외에도 네덜란드군에서 싸웠던 약 1만 2천 명의 암본인(Amboinese) 또는 남몰루카인(South Moluccans)과 7천 명의 페라나칸-중국인(Peranakan-Chinese)이 있었다. 이들 모두가 네덜란드 입국을 허가받은 것은 아니었으며, 많은 이들이 미국과 호주로 이주했다. (참고로, 페라나칸(Peranakan)은 남부 중국인들이 난양(南洋)이라 불리는 해양 동남아시아로 이주하면서 형성된 민족 집단이다. 이들은 말레이 반도와 인도네시아 군도, 싱가포르에 위치했던 영국, 포르투갈, 네덜란드의 식민지 항구에 정착한 초기 중국인들의 후손이다).

---

21 Andrea L. Smith (ed.), ***Europe's Invisible Migrants*** (Amsterdam: Amsterdam University Press, 2003), p. 12.

22 *Ibid.*, p. 13.

프랑스의 경우, 1958년에서 1962년 사이에 알제리에서만 100만 명이 넘는 사람들이 프랑스로 귀환했는데, 그중 다수는 3세대에서 5세대에 걸쳐 식민지에서 태어난 사람들이었다. 네덜란드와 달리 유럽인과 알제리인 간의 결혼 사례는 적었다. 게다가 인도차이나, 모로코, 튀니지에서 프랑스로 온 456만 명의 '귀환자'들이 있었다. 마지막으로, 1962년 전쟁이 끝난 후 알제리에서 유입된 인구에는 프랑스군에서 복무하고 식민 행정 체계 내에서 일한 하르키(harkis)로 알려진 약 10만~20만 명의 무슬림도 포함되어 있었다.

포르투갈 제국(최초의 유럽 해상 제국 중 하나)은 유럽 국가 가운데 가장 마지막까지 식민지를 유지했다. 1940년대 후반과 1950년대 내내, 대부분의 유럽 국가들이 식민지에서 철수하던 시기에 포르투갈 정부는 앙골라와 모잠비크로의 이주를 장려했다. 1974년에서 1976년 사이, 탈식민화가 이루어지자 약 80만 명의 '헤토르나두스(*retornados*, 귀환자)'가 이 지역들로부터 포르투갈에 도착했다. 흥미롭게도, 포르투갈 법은 1954년에 누가 '원주민'으로 간주되는지 정의했지만, 이 법은 마카오(Macao), 고아(Goa), 디우(Diu), 카보베르데(Cape Verde)와 같은 소규모 포르투갈 식민지에는 적용되지 않았다. 이들 지역 주민들은 "사실상 포르투갈 시민이었고 따라서 출신과 관계없이 포르투갈로 이주할 수 있었다".[23] 그러나 더 큰 식민지에서는 1954년 법이 적용되었다. 그 결과 '혼혈'이나 아프리카 출신 사람들은 '동화인(assimilado)' 자격을 받기 어려웠다. 예컨대 1956년 앙골라에서는 전체 인구 430만 명 중 오직 약 3만 명만이 이 지위를 인정받았다.

위에 인용된 많은 숫자를 고려할 때, 이러한 이주들이 최근까지 학문적 관심을 거의 받지 못했다는 것은 의아하다. 이는 옛 정착민

23 *Ibid.*, p. 15.

들이 하나의 집단으로 파악하기 어렵다는 사실 때문일 수 있다. 그들 중 많은 수가 오늘날 프랑스, 호주 및 기타 입양 국가의 외딴 사교 클럽 등의 폐쇄적 공동체 내에서 서로 교류한다고 알려져 있다. 그러나 귀환자라는 지위가 시민권의 획득과 함께 주어졌기 때문에 인구조사 등의 공식 문서에서는 단지 '유럽인'으로만 나타난다고 말한다. 하지만 위에서 언급된 귀환자 구성에 대한 설명이 명확히 보여주듯이, 포스트식민 세계에서 유럽인이라는 범주는 결코 동질적이거나 백인에 국한되지 않았다.

이러한 귀환자들과 다른 난민 또는 노동 이주민들 사이에는 유사점이 있다. "많은 난민들처럼 그들은 특정 정치 질서의 혼란스러운 종말 속에서 식민지를 갑자기 떠났고, 대개는 다시 돌아올 수 없는 상황이었다. 많은 노동 이주민들처럼, 대부분은 한 번도 가본 적 없는 곳으로 이주했다". 그러나 이 두 범주와 달리, 많은 귀환자들은 그들이 간 본국의 언어를 알고 있었고 본국의 법률 및 교육 기관에 익숙했다. 동시에, 이 집단을 연구한 학자들은 이들이 경제적, 사회적, 지리적 조건의 차이로 인해 새로운 국가에 적응하는 데 큰 어려움을 겪었다는 점을 거듭 강조한다. 예를 들어, 프레데릭 쿠퍼의 분석에 따르면, 이들에 대한 관심 부족은 바로 그들의 포스트식민적 지위와 관련이 있을 수 있다:

> 인도네시아계 네덜란드인, 앙골라계 포르투갈인, 또는 알제리계 프랑스인들이 주장했던 바로 그 독특한 정체성은 탈식민화된 세계에서는 더 이상 정당성을 갖지 못했다. 그들은 존재할 권리가 없는 사람들이었다. 이들이 특정 장소—열대 혹은 지중해 지역의 풍경, 소리, 냄새—에 대해 느꼈던 소속감은, 그 지역 주민들 대다수와 공유되어야만 의미를 가질 수 있었고, 바로 그 다수가 정치적 권력을 주장함으로써 귀환자들은 그 장소를 떠나야 했다. 그리고 그들이 도피할 곳을 주장할 수 있었다면, 그것은 프랑스, 포르투갈, 네덜란드라는 공유된 공간에서의 삶과 관련된 깊은 감정 때문이 아니라, 인종과 시민권이라는 더 추

상적인 친화성 때문이었다.[24]

쿠퍼는 학자들과 그들이 간 국가의 주민들 모두에게 귀환자들이 외면받은 이유를 설명하면서, 포스트식민 유럽 공동체를 이해하는 데 중요한 마지막 논점을 제시한다. 그것은 바로 "1950년대 이후 유럽이라는 개념의 의미 변화"와 관련이 있다. 이 시기에는 더욱 (서구적인) '유럽' 이념이 부상했는데, 이는 예를 들어 유럽 경제 공동체라는 개념에서 확인할 수 있다. 따라서 쿠퍼는 다음과 같이 주장한다.

> 귀환자들의 특수성 정치(politics of particularity)는 단지 국가 시민권에 반하는 것뿐만 아니라, 스스로를 점점 더 '유럽인'으로 인식하는 인구 집단에 반하는 것이었으며, 그들은 식민지 포기가 유럽 대륙 내에서 경제적, 사회적으로 더 큰 상호작용을 모색하는 과정의 일부라고 주장했다.[25]

대부분의 귀환자에게 본국에서의 삶에 다시 정착하는 것이 어려웠다는 것은 놀라운 일이 아니다. 안드레아 스미스의 책에 기고한 대부분의 저자들은 해당 국가들이 경제 불황, 실업률 증가, 범죄에 대한 두려움, 그리고 제국 상실이라는 복합적인 압력에 시달리고 있던 상황에서, 프랑스, 포르투갈, 네덜란드 정부가 몇 년 안에 대규모 이주민들을 받아들일 준비가 되어 있지 않았다고 지적한다.

장 자크 조르디(Jean-Jacques Jordi)의 마르세유(Marseilles) 귀환자 연구는, 수용 인원을 초과한 배를 타고 항구 도시로 이동하는 것부터, 그들을 수용할 준비가 되어 있지 않거나 심지어 "휴가를 기다리는 계절 노동자"로만 인식하며 그들 존재 자체를 인정하는 않은 도시에 도착하기까지, 그들이 직면한 어려움을 기록했다. 적십

24 *Ibid.*, pp. 169-170.

25 *Ibid.*, p. 173.

자, 가톨릭, 개신교, 유대인 단체, 구세군과 같은 비정부 단체들이 초기 지원을 제공했지만, 귀환자 수의 엄청난 규모에 밀려 결국 지원은 무산되었다. 1962년 마르세유의 총인구는 77만 명이었는데, 귀환자의 수는 19만 4,117명이었다. 프랑스 정부는 이들을 북부로 이주시킬 계획을 세웠지만, 많은 귀환자들은 "그들 눈에 낯설고 적대적으로 보이는" 북부 지방으로 이동하길 거부하고, 종종 처음 도착한 곳에 남아 있었다.[26] 프랑스 시민들이 프랑스 땅에서 '외국인'처럼 느끼는 아이러니를 간과해서는 안 된다. 이러한 두려움이 근거 없는 것도 아니었다. 당시 프랑스 정부는 알제리전쟁 말기에 활동한 프랑스인 극우 준군사조직인 비밀군사조직(OAS)의 침투를 우려해 대대적인 경찰 단속을 실시했고, 귀환자들은 정부가 자신들을 '범죄 용의자'로 여긴다고 인식하게 되었다. 마르세유 주민들 역시, 피에누아르가 알제리의 혼란을 프랑스로 가져올 것이라는 두려움을 품고 있었다.[27]

본국의 방치에 대한 이야기는 네덜란드로 시선을 돌려도 계속된다. 역사가 엘스베트 로허 숄텐(Elsbeth Locher-Scholten)과 빔 빌렘스(Wim Willems)는 1945년부터 1960년대까지 인도네시아에서 돌아온 네덜란드인들이 직면했던 문제들을 다룬다. 앞서 언급했듯이, 네덜란드인과 현지 동인도 인구 사이에는 혼혈이 더 많았고, 그 결과 포스트식민 시기 '네덜란드인'에는 백인뿐 아니라 혼혈 출신 집단도 포함되었다. 네덜란드 정부는 초기 이주 기간 동안 혼혈 출신자들에게 입국 허가를 거부했다. 심지어 입국이 허용된 경우에도, 1949년 인도네시아 주권 국가가 수립된 후에는 이주민들이 동인도로 떠나도록 정부가 장려했다. 결국, 수카르노(Sukarno)의 인도

26 *Ibid.*, p. 68.
27 *Ibid.*, p. 69

네시아에서 네덜란드인들이 겪었던 차별에 대한 대중의 압력, 네덜란드 내 이주민 단체의 로비, 그리고 네덜란드가 네덜란드령 뉴기니에 대한 인도네시아의 영유권 주장을 인정하지 않으면서 네덜란드와 인도네시아 간의 정치적 긴장이 고조되자 네덜란드 정부는 이주민들의 네덜란드 입국 허용 정책을 점차 완화했다. 그러나 네덜란드로 온 많은 사람들에게는 기후, 식단, 주거, 고용뿐만 아니라 그들이 사용하던 네덜란드어조차 본토에서 사용되는 네덜란드어와는 상당히 달랐다. 결국 환상이 깨진 많은 이주민들은 네덜란드를 떠나 미국, 호주와 같은 나라로 향했다. 또한, 제2차 세계대전 이후 네덜란드가 태평양 전쟁 중 겪었던 고난에 대한 공식적인 인정을 거의, 혹은 전혀 받지 못했다고 느낀 많은 동인도-네덜란드 이주민들은 추가적인 모욕감을 느꼈다. 일본 수용소에 억류되었던 경험이나 일본의 동인도 식민화 기간 동안 삶이 심하게 파괴되었던 경험은 네덜란드에서 언급되지 않았다. 1990년대에 들어서야 라이덴(Leiden) 대학교의 주도로 동인도 네덜란드인들이 학문적, 그리고 이후 국가적 관심의 대상이 되었다. 빌렘스는 실제로 네덜란드 정부가 식민 및 포스트식민 시기의 동인도 네덜란드인에 대한 '일관된 역사(coherent history)'를 집필하도록 임명한 역사가 중 한 명이다.

빌렘스의 연구는 동인도, 네덜란드, 그리고 미국과 호주에 거주하는 네덜란드 이주민들의 삶의 세부적인 내용을 탐구한다. 미국과 호주 관련하여 네덜란드 이주민 역사에는 흥미로운 차이점이 있다. 그들은 두 곳 모두에서 직업적으로 성공했지만, 포스트식민 시기 호주에 정착한 네덜란드인의 이야기는 제2차 세계대전 중 일본 전쟁 수용소에 수용되어 고통받은 것을 네덜란드나 호주 중 한 국가가 인정해야 한다는 네덜란드계 호주인들의 요구로 인해 복잡해졌다. 네덜란드 정부는 1988년에 네덜란드에 영구적으로 정착한 동인도 네덜란드인 외에는 아무도 동인도 수용소 수감자 복지법에 따라 7,500 길더(guilders)의 일회성 보상금을 받을 자격이 없다고 분명히 밝혔다. 마찬가지로 동인도 이주민들은 호주 정부가 전쟁 포로에게 제공했던 혜택을 받을 자격이 없었는데, 그들 중 상당수가 (전쟁 포로(prisoners of war)가 아니라) '민간인 억류자(civil detainees)'였기 때문이다. 더욱이, 보상 및 피해자 지위 인정 요구는 호주 원주민 인구가 국가에 제기하는 보상 요구와도 충돌했다. 빌렘스는 네덜란드계 호주인으로 추정되는 한 사람의 의미심장한 말을 인용하며, 다음과 같이 질문했다.

> 언제까지 과거로 돌아가 책임을 물을 수 있을까? 얼마 안가 발칸반도의 혼란처럼 가족들이 수 세기 동안 불화를 겪어온 상황이 발생할 수도 있다. 우리가 관용적이고 현대적인 국가를 지향한다면, 일본의 현세대를 계속 비난할 수는 없다. ... 비난받지 않을 사람은 아무도 없다. 나는 호주인들이 전후 대규모 이주 이전에 저지른 일 때문에 지금 원주민들에게 수십억 달러를 나눠줘야 한다고 생각하지 않는다. 새로 이주한 우리로서는 그럴 책임이 없지 않는가? 1998년의 납세자들이 영국인들의 빚을 갚아야 할까?[28]

문제의 발언자는 자신이 '현대(modern)' 호주인임을 분명히 밝혔지만, 동시에 이주민이라는 자기 인식도 지니고 있었다. 그의 발언은 동화에 대한 열망을 보여준다. 하지만 그의 주장처럼, 이는 네덜란드와 원주민 모두에게 과거 상처의 역사를 묻어둘 것을 요구한다. 1990년대 호주에서 집권했던 우익 보수 정부 역시 이와 동일한 부정을 고수했다. 당시 호주 정부는 원주민을 호주 주류 사회에 동화시키는 정책을 지지하면서도, '백인의 호주'가 원주민 사회에 가한 과거 불의의 역사를 인정하는 데는 반대했다. 이 장을 마무리하

28 *Ibid.*, p. 55.

며, 이러한 '역사적 상처(historical wounds)'가 포스트식민 역사 서술과 어떤 관계를 가지는지를 고찰하고자 한다.

포스트식민 역사와 인정 정치

릴라 간디(Leela Gandhi)는 그녀의 널리 호평받는 저서 『탈식민 이론: 비판적 입문(*Postcolonial Theory: A Critical Introduction*)』에서, 호주나 캐나다와 같은 정착민 사회가 "식민 지배의 완전한 힘과 폭력을 경험한 사회들과 동일한 관계 속에서 식민주의를 경험했다"고 주장하는 일부 포스트식민 이론가들에게 이의를 제기한다.[29] 그녀는 이러한 주장이 식민화의 경험을 동질화하고 "백인 정착민 문화와 이러한 문화와의 만남을 통해 쫓겨난 원주민 모두에게 매끄럽고 차별 없는 포스트식민성을 부여한다"라고 주장한다.[30] 간디가 포스트식민 이론가들에게 캐나다, 호주, 뉴질랜드와 같은 국가의 식민주의 경험을 인도와 같은 지역의 경험과 구별할 것을 촉구한다는 점에서 그녀는 옳다. 위에서 언급했듯이, 이들 지역은 식민 지배자에서 식민지인으로 권력이 이양되는 탈식민화 운동을 겪지 않았다. 그렇다면 왜 우리는 포스트식민 역사 서술에 대한 분석에서 이들을 언급하는 것일까? 간단히 말하자면, 호주, 캐나다, 뉴질랜드와 같은 국가들이 정치적 탈식민화 운동을 겪지 않았음에도 불구하고, 그곳의 정착민 문화는 역사가 미란다 존슨(Miranda Johnson)이 '윤리적(ethical)' 탈식민화라고 묘사한 과정—다양한 사회문화 공동체 간의

---

29 간디는 포스트식민 이론가 이안 애덤(Ian Adam)과 헬렌 티핀(Helen Tiffin)의 저서 *Past the Last Post: Theorizing Postcolonialism and Postmodernism*에 담긴 작업을 다루고 있다. Leela Gandhi, *Postcolonial Theory: A Critical Introduction* (NSW: Allen & Unwin, 1998), p. 168.

30 *Ibid.*, p. 167.

대화를 통해 백인 우월주의에 대한 과거의 가정에 지속적으로 의문을 제기하는 과정—에 의해 심각하게 도전을 받아왔다. 역사학은 이 과정에서 적지 않은 역할을 해왔다. 역사가들은 정착민-원주민 관계에 대한 기존 기록을 수정하고 이의를 제기하며, 조약 역사의 위반을 조사하고 (다른 학자 및 활동가들과 함께) 원주민 권리(즉, 원주민이 조상의 땅에 대한 권리를 주장하는 것) 관련 사례를 구축하는 데 기여했다.

여기서 우리는 이러한 국가들에서 그리고 그 주변에서 생산된 수정주의 역사학의 두 가지 포스트식민적 특징을 파악할 수 있다. 하나는 서발턴 연구와 백인 정착민 식민지에 대한 수정주의 역사학의 수렴점(point of convergence)과 관련이 있다. 다른 하나는 완전한 탈식민화라는 선택지가 원주민들에게 주어지지 않는 이들 국가에 고유한 현상과 관련이 있다. 이 두 가지 특징을 디페시 차크라바르티와 미란다 존슨의 연구를 참조하여 설명하고자 한다.

디페시 차크라바르티는 최근 호주 역사가 헨리 레이놀즈(Henry Reynolds)에 대한 논문에서 호주 대학에서 1980년대부터 독립된 학문으로 자리잡은 원주민 역사(Aboriginal history)와, 2장에서 다룬 서발턴 연구 간의 유사성을 지적한다. 레이놀즈 자신도 『경계의 반대편(*The Other Side of the Frontier*)』 2006년 판 서문에서 이러한 중첩에 대해 회고적으로 언급한 바 있다.

> 한참이 지난 뒤에야 나는 내가 시도했던 작업이 서발턴 연구를 시작한 남아시아 역사학자들의 동시대적 작업과 매우 유사하다는 것을 깨달았다. 『경계의 반대편』이 타운스빌(Townsville)에서 출판된 지 한두 달 후, 캔버라(Canberra)에서 라나지트 구하(Ranajit Guha)는 『서발턴 연구(*Subaltern Studies*)』 첫 권의 서문을 썼는데, 그는 이 책이 종속의 대상이 된 사람들에 대해 다룰 것이라고 설명했다. ... [그리고] 전통 역사학이 서발턴을 자신의 운명

을 개척하는 주체로 인정하지 못했던 실패를 다룰 것이라고 설명했다.[31]

차크라바르티는 서발턴 연구와(레이놀즈와 같은 역 사가들의 손에서 이루어진) 원주민 역사 사이의 유사성이 두 연구 모두 '포스트식민 조건'의 산물임을 시사한다고 주장한다.[32] 서발턴 연구의 창시자인 라나지트 구하와 (호주 원주민 역사 서술의 선구자인) 헨리 레이놀즈는 사회적으로 소외된 집단을 국가 역사에서 배제한 민족주의 및 국가 진보 서사에 도전했다. 구하가 인도 민족주의 역사학이 인도 민족주의 형성 과정에서 농민, 노동자, 부족민의 기여를 포함하지 않은 점을 비판했다면, 레이놀즈는 1955년에서 1980년대 사이에 써진 호주 국가사들이 '자유로운' 영국 제도가 정착민 국가에 성공적으로 이식된 것을 기념한다고 비판했다. 그의 유명한 책 『경계의 반대편』에서 그는 다음과 같이 썼다. "이 책은 경계의 반대편을 체계적으로 탐구하고, 호주 역사를 뒤집는 것이 아니라 속속들이(inside out) 들여다본 첫 번째 책이다".[33] 이 말은 원주민의 주체성과 권리 박탈이 지워졌던 정착민 자유의 서사에 도전했다. 그러나 서발턴/원주민을 역사의 행위자로 보는 이러한 태도에는 두 번째 더 복잡한 움직임이 포함되어 있다.

구하와 레이놀즈는 모두 원주민을 계급의식의 부재로 인해 의도적인 정치 활동을 할 수 없는 '전정치적(pre-political)' 존재로 간주하기를 거부했다. 예를 들어, 원주민의 관습을 본질적으로 원시적인 것으로 간주했던 초기 역사 연구들을 반박하며, 레이놀즈는 그의 저

---

31 Henry Reynolds, *The Other Side of the Frontier*, new edition (Sydney: University of New South Wales Press, 2006), p. 4.

32 Dipesh Chakrabarty, "Aboriginal and Subaltern Histories", in Bain Attwood and Tom Griffiths (eds), *Frontier, Race, Nation: Henry Reynolds and Australian History* (Melbourne: Australian Scholarly Publishing Limited, 2009), p. 57. '포스트식민 조건'에 대한 자세한 내용은 서론을 참조하라.

33 Reynolds, *The Other Side*, p. 199 (저자가 강조).

서 『자유인의 운명』에서 19세기 초중반 태즈메이니아(Tasmania)에서 발생한 원주민 저항 운동을 민족주의적 실천으로 분석하였다. 레이놀즈에 따르면, 이 운동의 지도자 월터 아서(Walter Arthur)는 "최초의 원주민 민족주의자"였다. 차크라바르티는 레이놀즈가 근대 민족주의 사상의 유럽적 뿌리를 알지 못했던 것은 아니라고 주장한다. 그러나 태즈메이니아 원주민의 저항을 민족주의라는 관용어를 통해 의도적으로 해석하려는 그의 시도는 민족주의 개념을 "근대 제도의 역사에 고정된 닻"으로부터 떼어냈다고 평가한다.[34] 레이놀즈는 자신이 '블랙펠라 역사(blackfella history)', 즉 호주 원주민의 역사를 쓰는 것이 아니라고 분명히 밝혔다. 그의 작업은 백인 호주가 원주민 과거를 바라보는 방식에 대한 도전으로 비원주민 호주인들을 대상으로 했다. 이를 통해 그는 유럽 사상의 범주를 그 기원에서 식민지 지역과 민족으로 옮겨 확장하는 고전적인 포스트식민적 행보를 보였다. 차크라바르티는 레이놀즈(그리고 구하)에게 있어,

> 정치와 민족주의가 확정된 개념이 아니라고 주장한다. 대신, 그것들은 (한 가지 요소만으로는 완전히 설명하거나 결정할 수 없는 상태를 의미하는) "과소결정적(under-determined)이며, 부분적으로는 사회학적이고 부분적으로는 수사학적인 범주이므로, 명확한 설명을 요구하기에는 완전히 개방되어 있지 않다"라고 말한다. 그리고 바로 그 수사적 부정확성 덕분에 레이놀즈는 역사에서 새로운 것을 볼 수 있다. 가야트리 스피박의 용어를 빌리자면, 그는 '민족주의'라는 단어를 성공적으로 왜곡했는데, 이는 서발턴이 지배자의 범주를 전유하는 유일한 방식이다.[35]

레이놀즈를 비롯한 역사학자들의 노력 덕분에, "호주, 캐나다, 뉴질랜드라는 세 정착민 국가에서 역사는 격렬한 공론의 대상이 되

---

34 Chakrabarty, "Aboriginal and Subaltern Histories", p. 68.

35 *Ibid.*

었다".[36] 원주민-정착민 관계의 측면은 언론, 다큐멘터리, 장편 영화에서 종종 공개 토론의 주제가 되었다. 소위 '도둑맞은 세대(stolen generations)'—부모로부터 강제로 분리되어 정착민에 의해 길러진 원주민 어린이들—의 사례는 최근 호주에서 '역사 전쟁'을 촉발한 문제의 대표적 사례이다.[37] 이러한 노력은 식민지/원주민 문제에 대한 대중의 인식을 높이는 데 기여함으로써 이들 정착민 국가들을 포스트민 국가로 변화시키는 데 의심할 여지 없이 큰 역할을 했다. 또한 학계 역사가들이 원주민 및 활동가들과 협력하여 토지 소유권과 원주민 권리에 대한 작업을 수행함으로써, 역사학의 규범은 보다 포괄적이고 실천적인 형태로 변모하고 있다.

학계 역사가들은 원주민 역사와 자신들의 역사 사이의 차이를 인정한다. 그러나 이러한 차이점을 진지하게 받아들이면서 역사가들은 역사적 객관성 문제를 타협하지 않으면서도 학문적 역사를 더욱 창의적으로 서술하게 되었다.[38] 예를 들어, 원주민의 역사는 종종 대부분의 서구 역사 기록의 주체인 추정상의 '나(I)'가 아니라 집단적 '우리(we)'를 서술 주체로 삼는 구술 서사이다. 원주민의 이야기, "특히 '신화 서사(myth-narratives)'는 종종 근본적으로 다른 시간성, 인과관계, 현실 인식 속에서 구성된다". 바인 애트우드(Bain

36 Miranda Johnson, "Making History Public: Indigenous Claims to Settler States", *Public Culture*, 20(1) (2008), p. 97.

37 원주민 역사에 대한 역사 전쟁과 논쟁에 대한 자세한 내용은 다음을 참조하라. Stuart Macintyre and Anna Clark (eds), *The History Wars* (Melbourne: Melbourne University Press, 2003); Bain Attwood, *Telling the Truth about Aboriginal History* (NSW: Allen & Unwin, 2005); Robert Manne (ed.), *Whitewash: On Keith Windschuttle's Fabrication of Aboriginal History* (Melbourne: Black Inc, 2003); Dirk Moses (ed.), *Genocide and Settler Society: Frontier Violence and Stolen Indigenous Children in Australian History* (New York, NY: Berghann Books, 2004); Patrick Wolfe, "Settler Colonialism and the Elimination of the Native", *Journal of Genocide Research*, 9(4) (2006), pp. 387-409.

38 이런 종류의 역사적 글쓰기의 예를 보려면 다음을 참조하라. Judith Binney, *Redemption Song* (Auckland: Auckland University Press, 1995).

Attwood)와 피오나 매고완(Fiona Magowan)이 지적했듯이, "사건들은 역사가 일반적으로 요구하는 방식과 다르게 배열될 수 있으며 ... 연대기는 없거나 다른 논리에 따라 진행된다(예컨대, 어떤 캡틴 쿡 이야기에서는 [19세기 무법자] 네드 켈리(Ned Kelly)가 쿡보다 먼저 등장한다)".[39]

그러나 정착민 국가들이 원주민들의 물질적 요구와 상징적 수준의 피해를 모두 인정했다고 해서, 그 결과로 동일한 포스트식민 조건이 세 나라 모두에서 형성되었다고 간주하는 것은 오류일 것이다. 미란다 존슨은 원주민들이 소송을 제기한 호주, 캐나다, 뉴질랜드의 법원과 재판소의 활동에 대한 최근 연구를 통해 이러한 차이점 중 일부를 조명한다. 존슨의 연구는 포스트식민 세계에서 '토착성(indigeneity)'이 정착민 정체성과 어떻게 상호작용하는지를 새롭게 이해할 수 있는 두 가지 통찰력을 제공한다.

존슨은 "고려 대상인 세 나라 모두에서 정착민 식민지 과거에 무슨 일이 일어났는지, 그리고 정착민 국가의 행위가 원주민 공동체에 어떤 트라우마를 남겼는지에 대한 광범위한 도덕적 논쟁이 있었다"라고 썼다. 역사가, 변호사, 활동가, 정부 관료들은 정착 국가와 정착민의 원주민 집단에 대한 '책임'에 대해 논쟁한다. 책임의 의미를 규명하기 위해 이 세 나라의 법원과 특별 조사위원회는 원주민의 청구를 검토한다. 존슨은 이러한 법적 장소를 정착민과 원주민 사이의 관계를 변화시키기 위한 다양한 전략이 동원되는 장소로 간주하며, 이는 일종의 부분적 탈식민화(partial decolonization)에 해당한다고 본다. 그러나 그러한 변화에는 상당한 한계가 있다. 원주민이란 정체성은 사실상 근대적인 범주임에도, 법적 장소에서 원주민 청구

---

39 Bain Attwood and Fiona Magowan (eds), *Telling Stories: Indigenous History and Memory in Australia and New Zealand* (NSW: Allen & Unwin, 2001), p. xv.

인들은 자신들이 얼마나 전통적인지를 입증함으로써 자신이 진정한 원주민임을 증명해야 한다.[40]

정착민들이 원주민 집단과 조약을 맺었던 뉴질랜드와 캐나다 두 나라에서, '역사적 보상(historical compensation)'의 의미에 대한 논쟁은 근대 국민 국가에서 원주민이라는 것이 무엇을 의미하는지에 대한 질문을 제기한다. 존슨이 묻듯이, "정부는 과거를 정리함으로써 책임으로부터 벗어나려는 것인가? 아니면 과거에 정당하게 인정되지 않았던 권리를 지금이라도 인정해야 한다는 인식을 보여주는 것인가?" 이러한 질문들은 중요하다. 왜냐하면 원주민 학자들과 활동가들은 종종 "과거에 조약을 체결한 행위 자체가 원주민의 정치적 권위, 심지어는 주권을 인정한 것이었다"라고 주장하기 때문이다.[41] 따라서 조약을 그 자체의 조건으로 인정하는 것은 원주민의 권리가 정착민 국가보다 먼저 존재했음을 의미한다. 또한 원주민의 집단적 차이가 국민으로서의 권리를 넘어서는지 또는 그러한 권리로 해결될 수 있는지에 대한 질문을 제기한다. 법적 분쟁의 결과가 어떻든, 뉴질랜드와 캐나다에서 조약의 존재는 실제로 정복 시점부터 원주민들을 역사적 행위자로 인정하는 근거가 된다. 1969년 캐나다 크리족(Cree) 정치 지도자 해럴드 카디널(Harold Cardinal)은 트뤼도(Justin Trudeau) 정부가 인디언을 국가의 특별 보호 대상으로 인정했던 기존 조약을 폐기하려는 제안을 비판하며, 조약은 "양측의 명예로운 인물들이 서명"했기 때문에 국가적으로 역사적인 의미를 지닌다고 주장했다. 이 두 나라의 원주민들은 자신들의 조약—서로 다르지만 동등한 행위자들 사이에 체결된—이 위반되었다는

40 Miranda Johnson, "The Gove Land Rights Case and the Problem of History in a Decolonizing Australia", in Bain Attwood and Tom Griffiths (eds), *Frontier, Race, Nation: Henry Reynolds and Australian History* (Melbourne: Australian Scholarly Publishing Limited, 2009), pp. 305-329.

41 Johnson, 'Making History Public', pp. 99-100.

근거로 국가에 특별한 권리를 청구할 수 있다.[42]

호주(또는 캐나다의 브리티시컬럼비아주)와 같이 조약의 역사가 없는 경우, 원주민의 지위는 현저히 다르다. 존슨은 호주의 토지권 또는 원주민 토지권 소송 사례를 면밀히 분석하면서, 원주민이 소송에서 승소하려면 반드시 자신들의 전통성과 문화적 진정성을 입증해야만 한다고 지적한다. 예를 들어, 호주의 주요 판례인 고브(Gove) 토지권 소송에서 블랙번(Blackburn) 판사는 욜룽구족(Yolungu)의 증언이 "이단 규칙에 저촉될 수 있는(fall foul of heresy)", 즉 "2차 또는 3차 증언으로 구성된" 경우에도 이를 인정했다.[43] 블랙번 판사가 원고에게 유리한 판결을 내리지는 않았지만, "욜룽구족의 세계관에 공감하며 증언을 인정한 사실은 이제 "호주법의 탈식민화의 출발점"으로 간주되었다.[44] 그러나 이 판결에는 깊은 아이러니가 존재했다. 블랙번은 욜룽구족의 증언이 "형식과 내용 면에서 전통적'이므로 목격자 증언이나 다른 1차 기록과 같은 종류의 증거 증명의 적용을 받지 않는다는 이유로 인정했다. 이로써 욜룽구족은 전통을 보존한 민족으로는 인정받았으나, 시간과 공간 속에 갇혀 역사성을 결여한 존재로 확립되었다. 존슨의 말에 따르면, "전통의 수행을 통해 원주민임을 더 많이 드러낼수록, 주장할 수 있는 역사성이나 역사적 행위력은 줄어든다".[45] 이는 1998년 요르타 요르타족(Yorta Yorta) 원고들이 원주민 소유권 주장에서 자신들의 조상들이 19세기에 의회에 청원서를 제출하여 토지 소유권 상실에 항의했다는 사실을 입증했음에도 불구하고 기각된 사건에

42 Miranda Johnson, "Struggling over the Past: Decolonization and the Problem of History in Settler Societies" (Ph. D. dissertation, University of Chicago, 2008), p. 79에서 인용했다.

43 Johnson, "The Gove Land Rights Case", p. 307.

44 *Ibid.*

45 *Ibid.*, p. 308.

서 분명히 드러났다. 아이러니하게도, 청구인들이 청원과 소송과 같은 '현대적' 정치 형태에 참여한 것은 "연방 법원으로 하여금 그들의 전통성과 연속성에 대한 주장을 '진정성 없음'으로 간주하게 만든 것이다. 조약이 존재하지 않는 호주의 상황은 포스트식민 원주민 공동체에 독특한 문제를 제기한다. 이는 원주민들이 "근대적 인격을 확립하고도 여전히 원주민으로 인정받는 것이 얼마나 어려운지를 보여준다".[46]

결론

포스트식민 역사 서술(Postcolonial history-writing)은 제국의 종식이 '인정 정치(the politics of recognition)'를, 즉 사회의 다양한 집단들이 자신들의 독특한 정체성과 문화를 인정받기 위해 벌이는 정치적 투쟁과 그에 관한 이론을, 현대 민주주의의 핵심 요소로 만들었음을 명확히 보여준다. 1960년대 이후 탈식민화와 시민권 운동을 둘러싼 정치적 투쟁은 이러한 정치를 강력하게 부추겼다. 그러나 본 장과 앞선 장에서 제시된 분석이 명확히 보여주듯이, 모든 집단이 인정 요구에서 성공한 것은 아니다. 한 집단이 국가로부터 국민으로서뿐만 아니라 특정 공동체 정체성을 지닌 개인으로서 인정받는 데 있어 성공하느냐 실패하느냐는, 그들이 과거 지배 세력의 행위로 인해 상처를 입었다는 사실에 대한 공감대가 얼마나 형성되어 있느냐에 달려 있다.

포스트식민 역사 서술과 제국에 대한 논의를 디페시 차크라바르티가 '역사적 상처(historical wounds)'라고 부르는 것에 대한 간

46 *Ibid.*

략한 분석으로 마무리하겠다. 차크라바르티는 철학자 찰스 테일러(Charles Taylor)가 다문화 사회에서 '인정 정치'에 대해 논의한 내용을 바탕으로 역사적 상처라는 개념을 발전시킨다. 테일러는 '오인(misrecognition)'은 "심각한 상처를 입히고, 피해자들에게 치명적인 자기혐오를 안겨줄 수 있다"라고 썼다.[47] 테일러의 상처 개념을 확장하여, 차크라바르티는 "그렇게 '상처 입은' 개인이나 집단에게 상처에 대해 말하거나 그 이름으로 말하는 것이 이미 회복의 길에 들어선 것"이라고 주장한다.[48] 차크라바르티가 특별히 사용한 용어인 역사적 상처는 사회의 특정 집단이 식민지 시대에 겪었던 차별과 억압으로 인해 소외되었다는 광범위한 사회적 합의가 형성될 때 발생하는 역사적 현상이다. 고통받는 당사자와 고통을 야기한 당사자 모두의 이러한 인식은 불만을 해소하고 화해하는 길을 열어준다. 이는 위에서 언급한 사례들뿐 아니라 포스트식민 남아프리카공화국의 사례에서도 확인할 수 있다. 차크라바르티가 말하는 의미의 역사적 상처가 인정받기 위해서는 학계 역사가, 국가, 그리고 다른 사회 집단들 사이에 어느 정도의 합의가 있어야 한다.

포스트식민 상황이 학문적 역사 서술에 제기하는 과제가 바로 여기에 있다. 역사적 상처는 '역사적 진실(historical truth)'이라는 개념과는 다르지만, 완전히 분리된 것은 아니다. 역사적 진실은 검증과 반박이 가능한 '사실'로 구성되며, 그 진실성은 경험적 주장에 의존하지 않는다. 그러나 역사적 상처는 역사와 기억 사이 어딘가에 있다. 역사적 진실은 지속되지만, 상처라는 개념은 더 취약하며 정치적 입장이 바뀌면 바뀔 수 있다. 차크라바르티는 역사적 상처와

---

47 Charles Taylor, Dipesh Chakrabarty, "History and the Politics of Recognition", in Keith Jenkins, Sue Morgan and Alan Munslow (eds), *Manifestoes for History* (London: Routledge, 2007), p. 77에서 인용했다.

48 Chakrabarty, "History and the Politics of Recognition".

역사적 진실이라는 두 가지 개념의 차이를 보여주기 위해 '도둑맞은 세대(stolen generations)'를 사례로 든다.

> 원주민 아이들이 부모로부터 강제로 분리되었다는 것은 역사적 진실의 한 부분이고, 이는 경험적으로 입증 가능한 일반 명제이다. 그러나 '도둑맞은(stolen)'이라는 수식어는 역사가의 척도로는 측정할 수 없는 감정적 강렬함을 표현 속에 담고 있다. 그러나 1990년대에 이 표현이 즉각적으로 인기를 얻은 것은 원주민의 역사적 곤경에 대한 사회적 공감대가 광범위하게 형성되었기 때문이다.[49]

캐나다 원주민, 마오리족, 호주 아보리진(Aboriginals)이 자신들의 정부와 사회에 과거와 현재의 불만을 인식시키는 데 성공한 것은 대부분 비원주민 역사가들이 저술한, 원주민 편에 서서 역사를 서술하는 데 전념한 역사(및 기타 학문적) 연구 덕분이었다. 그러나 인도나 미국과 같은 다른 민주주의 국가의 소수 집단에 대해 쓰여진 같은 종류의 역사들은 정치적으로 동일한 결과를 낳지 못했다. 후자의 경우, "역사학과 프로그램 안에 이들 집단의 과거를 다루는 하위 분과가 존재하긴 하지만, 정체성 정치의 지적 결과를 둘러싼 격렬한 논쟁은 이 분과들이 호주에서의 원주민 역사와 같은 '지배적 지위'를 결코 차지하지 못했음을 보여준다".[50] 우리는 더 이상 정체성 정치를 무시할 수 없는 세상에 살고 있다. 다문화주의는 이제 제국적 권위의 지배 없이 작동한다. 그러나 각국 내부에서 동화주의 이데올로기에 의해 끊임없이 도전받고 있다. 현대 세계는 도처에서 수많은 집단이 국가 권력 및 국제기구를 상대로 권리와 인정을 놓고 경쟁하는 공간이다. 이러한 포스트식민 조건에서, 역사 서술은 더 이상 기억과 경험의 문제로부터 분리되어 존재할 수 없으며, 역

49 *Ibid.*, p. 78.

50 *Ibid.*, p. 79.

사가의 의제도 이러한 요소들만으로 추진될 수 없다. 포스트식민 시대의 역사학은 문헌 사료에 대한 엄밀한 분석과 더불어, 구술사, 신화, 영화, 대중 매체 등 경험과 사회적 기억의 영역에서 얻어진 다양한 지식과 신중하게 조율하며 작동해야 한다.

포스트식민 역사 쓰기

Writing Postcolonial History

07

포스트식민과 젠더사

07

포스트식민과 젠더사

마르티니크 출신의 반식민 지식인 프란츠 파농(Frantz Fanon)이 프랑스 식민주의를 신랄하게 비판한 저서 『죽어가는 식민주의(*A Dying Colonialism*)』는 「베일을 벗은 알제리("Algeria Unveiled")」라는 장으로 시작한다. 이 장의 주요 초점은 알제리 해방을 위한 무장 투쟁에서 여성, 특히 베일을 쓴 무슬림 여성의 역할을 논의하는 데 있다. 파농에 따르면, 베일(그리고 암묵적으로 베일 속의 여성)은 식민 지배자와 식민지인 사이의 이념적 전장으로 기능했으며, 식민 지배자는 종종 자신을 진보의 수호자로, 식민지인은 정체의 상징으로 간주하였다. 무슬림 여성을 세상으로부터 가린 겹겹의 천으로부터 해방시키는 것은 알제리 가부장제를 길들이고 망신주기 위한 도전(challenge)으로 식민 지배자가 사용한 전략이었다. "알제리인을 이슬람과 프랑스(그리고 그 서구문화)가 똑같이 맹렬하게 쟁취하기 위해 벌인 싸움의 먹잇감으로 제시하는 방식은, 점령자의 전체적인 접근 방식, 그의 철학과 정책을 드러낸다".[1] 여기서 말하는 먹잇감은 바로 베일을 쓴 여성이었다. 베일에 대한 파농의 논의는 우리의 목적에 유익하다. 이는 이 마지막 장의 핵심을 이룰 일련의 관련 쟁점들을 제기하는데, 즉 젠더의 위치와 식민지적 만남(colonial encounter)에서 인종과 민족의 문제와 필연적으로 연관된 문제, 그리고 포스트식민 역사가의 이러한 쟁점에 대한 접근 방식이다.

알제리에서 프랑스 문명화 사명의 상징이 알제리 여성의 베일을 벗기는 것을 전제로 했다면, 알제리 남성의 강인함과 명예 또한 베일이라는 상징적 미덕과 불가분하게 얽혀 있었다. 파농의 말을 빌리자면, "흑인을 만드는 것은 백인이다. 하지만 네그리튀드를 만드는 것은 흑인이다. 베일에 대한 식민주의자들의 공격에 맞서 식민지인들은 베일 숭배로 맞섰다".[2] 말할 필요도 없이, 베일을 착용한 알제리 여성은 이 전체 담론에서 엄청난 상징적 가치를 획득한다. 파농은 알제리 여성이 베일 또는 (전통 의상인) 하이크(*haik*)를 벗게 된 혁명적 상황에 대해 논의했다. 그는 이러한 베일 벗기가 남성(유럽인과 원주민 모두)의 시선 앞에서 그녀가 벗겨지고 벌거벗은 존재로 느껴지게 만들었다고 주장했다. 그러나 이는 저항의 표시였으며, 그녀의 몸에 암호화된 메시지를 주입하는 것이었다. 그러나 전쟁이 격화되면서 여성들은 다시 베일을 착용해야 했는데, 이번에는 그 안에 무기, 수류탄, 위조 서류를 숨기기 위해서였다. 오늘날까지 베일에 대한 포스트식민 논의와 관련 있는 한 발언에서 파농은 다음과 같이 언급했다.

1 Frantz Fanon, *A Dying Colonialism* (New York, NY: Grove Press, 1965), p. 41.
2 *Ibid.*, p. 47.

> 따라서 알제리 식민화의 전개 속에서 베일의 역사적 역동성은 매우 구체적으로 감지된다. 초기에 베일은 저항의 장치였으나, 사회 집단 내에서 그 가치는 매우 강력했다. 베일을 쓰는 것은 전통적으로 엄격한 성별 분리를 요구했기 때문이기도 하지만, 점령자가 알제리의 베일을 벗기려 했기 때문이기도 했다. 두 번째 단계에서는 ... (그) 베일이 버려졌다. 점령자의 심리적 혹은 정치적 공세를 막는 데 사용되었던 것이 수단이자 도구가 되었다. 베일은 알제리 여성이 투쟁으로 인해 발생한 새로운 문제들을 해결하는 데 도움이 되었다.[3]

'베일을 벗은 알제리(Algeria Unveiled)'에 대한 이 간략한 논의에서 알 수 있듯이, 전통, 근대성, 가부장제, 인종주의, 주체성, 억압의 문제는 모두 젠더에 대한 식민 담론과 밀접하게 연관되어 있다. 베일을 쓴 여성의 문제는, 오늘날 포스트식민 젠더사 연구자들이 여전히 씨름하고 있는 다양한 주제들을 하나로 응축한 축소판처럼 보인다. 한편으로 '베일을 쓴 여성'이라는 범주는 '제3세계 여성'의 재현과 특수한 서발턴 조건에 대한 질문을 제기하며, 이는 다시 제국의 문제로 귀결된다. 다른 한편으로, 베일을 쓴 여성 또는 제3세계 여성에 대한 고정관념을 비판하는 역사가들은 (베일 뒤에 있는/또는 베일을 벗지 않은) '진정한' 여성을 탐구하는 데 역량을 집중해왔다. 이러한 노력은 포스트식민 근대성에 대한 사유의 지평을 다채롭게 넓혀왔다. 이러한 차이에도 불구하고, 젠더사에 대한 다양한 접근 방식은 이 분야가 포스트식민 역사가들에게 뚜렷한 영향을 미쳤음을 시사한다. 이어지는 논의에서, 나는 포스트식민 역사 서술에서 젠더 논의에 독특한 특징을 부여한 몇 가지 주제를 식별하고 구체적으로 분석하고자 한다. 간략히 말해, 이들은 제3세계 여성 문제, 소위 '문명화 사명'에서 젠더의 역할, 민족주의 담론에서의 젠더, '문명 충돌'의 장으로서의 젠더 등으로 요약할 수 있다. 이러한

3 *Ibid.*, p. 63.

각 연구 영역이 역사가들에 의해 어떻게 다루어졌는지 간략하게 평가해 보겠다. 결론에서는 젠더와 관련하여 포스트식민 역사학에서 새롭게 부상하는 몇 가지 연구 영역에 대해 논의해 보겠다.

제3세계 여성과 자유주의 페미니즘

1993년에 출간된 저서에서, 포스트식민 이론에 대한 가장 설득력 있는 입문서 중 하나를 제시한 릴라 간디(Leela Gandhi)는 포스트식민과 페미니즘 젠더 이론가 사이의 몇 가지 갈등 지점을 분석하였다. 간단히 말해, 이러한 갈등은 '제3세계 여성'이라는 범주와 그러한 범주를 설정하는 데 내포된 제국주의와 자유주의 페미니즘 간의 담론적, 실제적 공모와 관련이 있다. 이와 관련하여 간디는 또한, 특정 페미니스트 기준이 어떻게 식민주의의 '문명화 사명'을 정당화하는 이데올로기적 장치로 동원되었는지를 지적하였다.[4] 간디의 책이 출간된 이후 거의 20년 동안, 라제슈와리 순데르 라잔(Rajeshwari Sunder-Rajan), 므리나리니 신하(Mrinalini Sinha), 앤 맥클린톡(Anne McClintock), 릴라 아부 루고드(Lila Abu-Lughod) 등 다수의 페미니스트 학자들이 자유주의와 포스트식민 페미니즘 간의 분열을 재검토했으며, 이 문제는 여전히 학계에서 가장 활발히 탐구되고 있는 영역 중 하나로 남아 있다. 따라서 이론적 논의들이 무엇을 의미하는지를 이해하는 한편, 그것들이 역사 서술에 어떤 영향을 미쳐왔는지를 동시에 살펴보는 것은 중요하다.

간디는 "포스트식민 이론과 페미니즘 이론의 가장 중요한 충돌

4 Leela Gandhi, *Postcolonial Theory: A Critical Introduction* (NSW: Allen & Unwin, 1998).

과 공모는 '제3세계 여성'이라는 논쟁적인 인물을 중심으로 발생한다고 지적한다.[5] 간디의 발언이 함의하는 바를 분석해 보면, 제3세계 여성의 관점이 제국주의와 민족주의에 대한 가장 날카로운 비판을 가능하게 하는 경우가 많다는 것을 알 수 있다. 다양한 식민지 맥락을 연구하는 역사가들은 여성들이 제국주의 통치자와 토착 가부장제에 의한 이중 식민화의 위력에 시달리는 경우가 많았다는 것을 입증해 왔다. 이런 의미에서, 제3세계 여성은 말 그대로 '피해자 중의 피해자(victim par excellence)'였으며, 수많은 페미니스트 작가들은 제국주의와 민족주의 모두의 성차별적 특성에 의문을 제기해 왔다. 동시에 '제3세계 여성'이라는 범주의 설정은, 내적으로 다양하고 이질적인 집단들을 동질화해 버리는 효과를 낳는다. 이러한 통찰은 찬드라 탈파드 모한티(Chandra Talpade Mohanty)의 영향력 있는 논문 「서구의 시선 아래서: 페미니스트 학문과 식민 담론("Under Western Eyes: Feminist Scholarship and Colonial Discourse")」의 핵심을 이룬다. 모한티는 자유주의 페미니스트 저작들을 광범위하게 조사하여, 서구 페미니스트의 제3세계 담론에서 '제3세계 여성'이 분석 범주로 등장한 여섯 가지 방식을 제시한다. 이는 다음과 같다: 남성 폭력의 희생자로 정의된 여성; 보편적인 종속자로 정의된 여성; 식민 과정의 희생자로 정의된 여성; 아랍 또는 동양 가족 제도의 희생자로 정의된 여성; 이슬람 법규의 희생자로 정의된 여성; 그리고 마지막으로, 경제 발전 과정의 희생자로 정의된 여성이다.[6] 분석 대상이 무엇이든 상관없이, 여성은 언제나 제도와 시스템의 희생자로 등장했다. 모한티는 그 결과 '평균적인 제3세계 여성'의 이미지가 형성되었다고 주장했다.

---

5 *Ibid.*, p. 83.

6 Chandra Talpade Mohanty, *Feminism Without Borders: Decolonizing Theory, Practicing Solidarity* (Durham, NC: Duke University Press, 2003), p. 23.

> 이 평균적인 제3세계 여성은 여성이라는 젠더(성적으로 억압받는다는 의미)와 '제3세계'라는 존재(무지하고, 가난하고, 교육받지 못하고, 전통에 얽매이고, 가정적이며, 가족 중심적이고, 희생당하는 등)에 기반한 본질적으로 축소된 삶을 살아간다. 이는 교육받고, 현대적이며, 자신의 몸과 성에 대한 통제권을 가지고 있고, 스스로 결정을 내릴 자유가 있다는 (암묵적인) 자기 표상과 대조를 이룬다.[7]

제3세계 여성과 같은 범주의 형성은 또한 실제 역사적 행위자들을 피할 수 없는 주변부로 전락시키는 원형을 만들어냈다. 가야트리 스피박(Gayatri Spivak)은 제3세계 여성의 주변성에 대한 끊임없는 강조가 종종 역식민주의(reverse colonialism)나 '새로운 오리엔탈리즘'과 같은 것을 낳았다고 지적했다.[8] 그녀가 지적했듯이, "중심이 식별 가능한 주변부를 원하기 때문에 문화적 정체성이 강요될 때, 주변부의 주장은 중심으로부터의 승인이라는 정당성을 얻게 된다.[9] 사라 술레리(Sara Suleri)와 같은 다른 학자들은 유사한 맥락에서 제3세계 여성이라는 비유(trope)가 인종과 젠더를 결합하여 여성 주체가 거의 "믿기 힘들 정도로 좋은(too good to be true)" '상징성(iconicity)'을 부여받는다고 주장했다.[10] 술레리는 다른 글에서 "포스트식민과 여성의 결합은 … 거의 필연적으로 억압에 대한 무분별한 찬양의 근간이 되는 단순성으로 이어지고, 인종적으로 여성의 목소리를 '선(the good)'의 은유로 격상시킨다"라고 지적했다.[11]

스피박은 포스트식민 분석에서 이제 고전이 된 두 편의 논문 「서

7 *Ibid.*, p. 22.

8 Gandhi, ***Postcolonial Theory***, p. 84에서 인용했다.

9 *Ibid.*

10 Sara Suleri, ***The Rhetoric of English in India*** (Chicago, IL: University of Chicago Press, 1992). p. 273. Sara Suleri, 'Woman Skin Deep: Feminism and the Postcolonial Condition' Critical Inquiry 18 (Summer 1992), pp. 756-769 도 참조하라.

11 Suleri, "Woman Skin Deep", pp. 758-759.

발턴은 말할 수 있는가?("Can the Subaltern Speak?")」와 「서발턴 연구: 역사학의 해체("Subaltern Studies: Deconstructing Historiography")」에서 '인식론적 폭력(epistemic violence)'이라는 개념을 제시했는데, 이는 (종종 의도치 않거나 무의식적으로 발생하는), 주변화된, 식민화된, 그리고 옛 식민지인을 재현하려는 선의의 시도에서 발생하는 부작용이다.[12] 인식론적 폭력을 언급한다는 것은, 서구/식민 지식 체계가 세계의 다른 인식 방식을 종속시킴으로써 비서구/피식민 세계를 소외시켰는지를 보여주는 것이다. 재현(representation)은 식민지 주체(들)의 문제라기보다는 오히려 식민 지배자 자신의 관심사와 정체성의 문제가 되었다. 인식론적 폭력에 주목하는 것은 역사적 재현 행위가 얼마나 역설적인지를 보여주는 것이다. 비록 그들의 목표가 제3세계 여성을 망각으로부터 구출하는 것이었음에도 불구하고, 역사가/학자는 결국 그 실제 여성을 역사에서 지워버릴 수 있다. 스피박은 줄리아 크리스테바(Julia Kristeva)의 『중국 여성에 대하여(*About Chinese Women*)』를 참조하여 이 개념을 상세히 설명했으며, 위에서 언급한 두 논문에서 이 아이디어를 더욱 발전시키고 심화시켰다.[13]

이제 이러한 비판들이 포스트식민 역사학자들에 의해 어떻게 발전되었고, 때로는 도전받았는지를 살펴보겠다. 라타 마니

12 Gayatri Spivak, "Subaltern Studies: Deconstructing Historiography", in Ranajit Guha and Gayatri Spivak (eds), *Selected Subaltern Studies* (New York, NY: Oxford University Press, 1988), pp. 3-32; Gayatri Spivak, "Can the Subaltern Speak?", in Cary Nelson and Lawrence Grossberg (eds), *Marxism and the Interpretations of Culture* (Urbana, IL: University of Illinois Press, 1988), pp. 271-313.

13 스피박(Spivak)이 재현(representation)과 식민 권력(colonial power)에 대해 제기한 문제의식은 역사학자이자 인류학자인 버나드 콘(Bernard Cohn)의 연구와 흥미로운 유사점을 발견했는데, 그는 식민지 정권과 식민지 주민에 대한 권력이 그들이 만들어낸 지식 장치와 밀접하게 연결되어 있다는 점에 대해 광범위하게 기술했다. Bernard Cohn, *An Anthropologist among Historians and Other Essays* (New Delhi: Oxford University Press, 1987)을 참조하라.

(Lata Mani)의 「논쟁적인 전통: 식민지 인도에서의 사티 논쟁("Contentious Traditions: The Debate on Sati in Colonial India")」[14]이라는 논문은 사티 폐지 문제를 두고 개혁적인 인도인과 영국인 남성들, 그리고 보수적인 반대자들 간의 논쟁을 다룬다. 사티(*Sati*)—사티다하(*satidaha*)의 약어—는 남편의 장례식 장작더미에서 과부가 분신하는 힌두교 관습을 지칭했다. 이 비극적인 방식으로 삶을 마친 여성은 사티 여신(파르바티(Parvati) 또는 두르가(Durga)로도 알려짐)의 신화를 따라 이타적이고 덕스러운 행동의 전형으로 여겨져 사티(*sati*)로 칭송받았다. 영국 정부는 윌리엄 벤팅크(Lord William Bentinck) 총독의 지휘 아래 1829년 이 관습을 금지하는 법을 제정했다.[15] 이 과정에서 영국은 라자 람모한 로이(Raja Rammohun Roy, 1774-1833)와 같은 인도 개혁가들의 도움과 영감을 받았다. 로이는 사티에 대한 경전적 저술들을 분석하여 그 불법성을 입증했다. 사티 폐지 반대론자들은 이 법이 인도 전통의 왜곡이며, 영국 동인도 회사가 원주민의 사회적, 종교적 관습에 간섭하는 것을 승인하는 것이라고 주장했다.

마니의 논문은 같은 제목의 그녀의 저서에서 더욱 발전되었는데, 여성들이 자신들의 삶에 깊이 영향을 미치는 관행의 운명을 결정하는 데 아무런 목소리도 내지 못했음을 보여주었다. 그녀는 여성들이 단지 인도인과 영국인 남성들 간의 전통과 근대성의 규범을 둘러싼

14 이 글은 *Cultural Critique*, 7 (1987년 가을), pp. 119-156에 게재되었고, Kumkum Sangari and Sudesh Vaid (eds), *Recasting Women: Essays in Colonial History* (New Delhi: Kali, 1989), pp. 88-126에도 게재되었다. 마니(Mani)의 사티(sati), 즉 과부를 태우는 관습에 대한 논문은 1998년에 출판되었다. Lata Mani, *Contentious Traditions: The Debate on Sati in Colonial India* (Berkeley and Los Angeles, CA: University of California Press, 1998)를 참조하라.

15 윌리엄 벤팅크(Lord William Bentinck)의 삶에 대한 자세한 내용은 John Rosselli, *Lord William Bentinck: The Making of a Liberal Imperialist, 1774-1839* (Berkeley, CA: University of California Press, 1974)를 참조하라.

투쟁의 무대에 불과했다고 주장했다. 보수파와 개혁파가 여성의 운명을 논하는 과정에서, 실제 여성은 추상화되고 목소리를 박탈당한 비현실적 존재가 되었다. 마니의 주장은 젠더사에 광범위한 영향을 미쳤다. 그녀의 포스트식민적 관점은 식민 및 민족주의 지도자들이 개혁으로 인해 깊은 영향을 받을 집단들의 감정이나 의견에 거의 주의를 기울이지 않고, 그들(피지배자)의 이름으로 법률을 제정했다는 공통점을 명확히 드러냈다. 독립 이후 등장한 포스트식민 국가 역시 이러한 식민지적 태도를 상당 부분 답습했다.

마니는 또한 젠더사의 서술에서 식민 담론 분석의 중요성을 강조하였다. 첫째, 그녀는 식민 국가가 인도에 대한 지식을 생성하는 방식을 보여주었다. 에드워드 사이드의 오리엔탈리즘이나 파농의 베일을 쓴 알제리 여성을 연상시키는 마니의 분석은 과부 화장의 담론이 인도 문명의 퇴행적 본질을 나타내는 비유가 되었음을 보여주었다. 과부는 인도 여성 전반의 상태를 요약하는 존재가 되었고, 그들의 곤경은 인도의 후진성을 나타내는 지표로 간주되었다. 따라서 식민지 개입은 인도 여성을 그러한 완전한 비참함에서 구출하기 위해 필요하다고 여겨졌다. 둘째, 여성들이 자신들의 삶에 영향을 미칠 법률을 만드는 데 거의 역할을 하지 못했다는 점을 강조함으로써, 그녀의 분석은 식민 개혁주의와 인도 개혁주의 모두의 가부장적 특성을 부각시켰다. 마지막으로, 그녀는 식민(그리고 이어지는 포스트식민) 담론이 어떻게 여성, 전통, 국가를 하나의 등식으로 연결지었는지를 보여주었다.

이 마지막 지점은, 폭동과 기타 정치적 갈등의 순간 동안 여성에 대한 폭력의 역사를 기록한 역사가들에 의해 더욱 분명하게 드러났다. 타니카 사르카르(Tanika Sarkar), 갸넨드라 판데이(Gyanendra Pandey) 등의 역사가들은 1947년 인도 분할을 수반한 폭동과 최근의 사건들에서 여성에게 가해진 폭력과 국가에 가해진 폭력 사이에 어떻게 담론적 등식이 성립되었는지를 보여주었다.[16] 전 세계 다양한 맥락에서 연구하는 역사가들이 입증했듯이, 폭력은 여성의 몸을 신성한 국가적 전통의 담지자로 전락시키고, 살아있는 현재의 의미를 잃게 만들었다.

「논쟁적인 전통」은 가야트리 스피박이 「서발턴은 말할 수 있는가?」에서 제기한 논의와 공명한다. 스피박은 다음과 같이 주장하였다.

> 여성의 목소리 의식(voice-consciousness)에 대한 증언은 결코 마주할 수 없다. 그러한 증언은 물론 이데올로기적으로 투명하거나 '완전히' 주관적이지는 않겠지만, 반대 담론(countersentence)을 생산하는 데 필요한 요소들을 구성했을 것이다. 동인도 회사 기록에 포함된 경찰 보고서에 나오는, 희생된 미망인들, 이 여성들의 기괴하게 잘못 표기된 이름들을 훑어보면, 어떤 '목소리'도 만들어낼 수 없다. 우리가 느낄 수 있는 것은 그토록 뼈대만 남은 무지한 기록 속에서조차 드러나는 엄청난 이질성분이다.[17]

그러나 마니는 자신의 저서에서 스피박의 주장이 함의하는 바를 더욱 파고든다. 그녀는 스피박이 말한 "서발턴 여성은 말할 수 없다"라는 주장에서 '말할 수 없다(cannot)'는 표현이, "말할 줄을 모른다"는 의미인지, 아니면 "그 상황 아래에서는 말할 수 없다"는 것인지를 묻는다.[18] 더 나아가, 그녀는 서발턴 여성이 위에서 언급한 '경찰 보고서'와 같은 공식 기록에서만 말할 수 있는지, 아니면 "어떤 목소리로든, 굴절된 목소리로도(in any voice, however

16 Tanika Sarkar, "Semiotics of Terror: Muslim Children and Women in Hindu Rashtra", *Economic and Political Weekly*, Commentary (13 July 2002), pp. 2872-2876; Gyanendra Pandey, *Remembering Partition: Violence, Nationalism, and History in India* (New York, NY: Cambridge University Press, 2001).

17 Mani, *Contentious Traditions*, p. 158에서 인용했다.

18 *Ibid.*, p. 159.

refracted)" 말할 수 없는 것인지 질문한다. 이러한 질문에 답하기 위해 마니는 사티에 대한 여성들의 증언을 분석한다. 이 기록을 읽으면, 지배적인 남성(영국인과 인도인 모두)의 시각이 사티를 주로 종교적인 관습으로 여겼던 반면, 여성들의 증언은 힌두교 미망인이 겪었던 수많은 물질적 곤궁과 사회적 모욕을 생생하게 보여주며, 그녀들이 때로는 완전한 사회적 자기부정을 감수하며 살기보다는 기꺼이 삶을 마감하기를 선택했음을 증언했다는 점이 분명해진다. 여성 기록에 대한 이러한 해석을 통해 마니는 스피박을 비판적으로 재구성하여 "여성이 식민 담론 안에서 어떻게 위치 지어졌는지에 대해 경계심을 유지하면서도, 식민 담론이 실제로 이루지 못한 것, 즉 여성의 완전한 말소라는 점까지는 인정하지 말아야 한다"라고 주장한다.[19]

마니와 같은 포스트식민 역사가들은 여성의 행위가 식민주의적이고 민족주의적인 국가 해석을 특징짓는 진보 서사를 어떻게 종종 교란할 수 있는지를 보여주었다. 젠더에 대한 고려는 식민 국가가 근대화와 주권을 향해 나아가는 자유주의적 서사에 도전한다. 이러한 명제는 파르타 차테르지(Partha Chatterjee)의 영향력 있는 논문, 「여성 문제에 대한 민족주의적 해결("The Nationalist Resolution of the Women's Question")」에서 가장 분명하게 드러난다.[20]

19 *Ibid.*, p. 190.

20 Partha Chatterjee, "The Nationalist Resolution of the Women's Question", in Kumkum Sangari and Sudesh Vaid (eds), *Recasting Women: Essays in Indian Colonial History* (New Brunswick, NJ: Rutgers University Press, 1999), pp. 233-54. 이와 약간 다른 버전은 차테르지의 *The Nation and Its Fragments*에서 발견된다. Partha Chatterjee, "The Nation and Its Women", in Partha Chatterjee (ed.), *The Nation and Its Fragments: Colonial and Postcolonial Histories* (Princeton, NJ: Princeton University Press, 1993), pp. 116-134를 참조하라. 모든 인용은 후기 버전에서 가져왔다.

젠더와 민족주의 담론

차테르지는, 앞서 여러 장에서 알 수 있듯이, 식민 및 포스트식민 인도 역사라는 맥락 속에서 글을 쓴다. 그의 연구는 중동 지역과 같이 서구 식민주의를 통해 근대와 조우한 다른 지역들의 역사학자들에게도 중요한 통찰력을 제공한다. 이 논문에서 차테르지는, 20세기 초 인도 민족주의자들의 의제에서 '여성 문제'가 "갑작스럽게 사라진 것"에 주목하며 논의를 시작한다. 앞서 언급한 라자 람모한 로이나 이슈와르 찬드라 비디야사가르(Ishwar Chandra Vidyasagar, 1820-1891)와 같은 초기 사회개혁가들이 사티 폐지, 과부 재혼 허용, 여성의 상속권 인정, 여성 교육 진흥, 조혼 금지 등 여성의 삶을 억압하던 여러 불합리를 제거하는 데 헌신했던 반면, 후대 민족주의자들은 여성 문제에 대해 거의 관심을 두지 않는 듯했다. 여성의 지위 향상과 근대화에 대한 관심이 겉으로 보기에 중단된 이유를 탐구하면서, 차테르지는 19세기 후반 인도 민족주의자들이 소위 '여성 문제'에 무관심했던 것은 결코 아니라고 주장한다. 오히려 "민족주의는 실제로 '근대' 사회에서 여성의 지위와 관련된 새로운 사회문화적 문제에 대한 해답을 제공했다". 하지만 "이 해답은 서구의 문화적 근대성과의 동일성이 아닌, 차이의 형태로 제시되었다". 독자들은 1장에서 차테르지의 민족주의 이론에 대한 논의를 다시금 떠올릴 것이다. 비슷한 맥락에서, 이번에는 젠더의 역사를 특히 언급하며, 차테르지는 19세기 말 인도 민족주의 담론이 여성 문제를 "식민국가와의 정치적 경쟁의 장으로부터 멀리 떨어진, 주권의 내부 영역"에 성공적으로 위치시켰다고 주장했다.[21]

---

21 Chatterjee, *The Nation and Its Fragments*, p. 117.

차테르지의 민족주의 담론 분석은 다음과 같은 맥락을 따른다. 19세기 후반 인도의 식민지 세계에서 민족주의 남성들은 가정과 세계를 담론적으로 분리했다. '세계'는 삶의 물질적 영역에 해당했다. 이곳에서 인도인/비유럽인은 과학, 기술, 자본주의적 진보에서 우위를 점한 영국인/유럽인의 지배를 경험했다. 반면에 '가정'은 외래적 가치에 의해 오염되지 않은 영적인 영역이었다. 아내이자 어머니 역할을 하는 토착 여성이 상징하는 가정이라는 내밀한 공간은 식민 지배자의 어떠한 침해도 용납되지 않는 성역이었다. 차테르지는 "이 가정/세계 이분법의 새로운 의미를 성별에 따라 사회적 역할이 구분된다는 인식과 결합시킬 때, 민족주의가 여성 문제에 답한 이념적 틀을 얻게 된다"라고 썼다.[22] 그는 이어서 자유주의 페미니즘에 대한 강력한 포스트식민 비판이 될 내용을 덧붙였다.

> 이것을, 자유주의자들이 민족주의적 관행에서 나타나는 수많은 사회적 보수주의의 흔적에 절망하여 흔히 그러하듯, 서구에 대한 전면적인 거부로 보는 것은 심각한 오류이다. 오히려 그 반대이다. 민족주의 패러다임은 사실 선택의 이념적 원칙을 제공했다. 그것은 근대성에 대한 거부가 아니라, 민족주의적 기획과 조화를 이루는 근대성을 만들어내려는 시도였다.[23]

차테르지의 논문은 페미니스트 학자들 사이에서 많은 논의와 논쟁을 불러일으켰다. 그의 분석 틀이 가져온 성과 중 하나는 식민지 세계 여러 지역의 수많은 민족주의 운동이 왜 여성의 근대화 문제에 대해 그토록 모순적인 접근 방식을 보였는지 이해하는 데 도움을 주었다는 점이다. 예를 들어, 인도, 이집트, 이란 등에서는 여성 교육에 많은 강조를 두었음에도 불구하고, 그 교육의 핵심은 여성을 '훌륭하고' '근대적인' 아내와 어머니로 만드는 데 있었다. 여

22 *Ibid.*, p. 121.
23 *Ibid.*

성의 전통적인 젠더 역할은 민족주의자들에 의해 일부 재정의되기는 했어도, 근본적으로 도전받지 않았다. 이런 교육 모델은 서구, 특히 빅토리아 시대 영국에서도 볼 수 있는데, 그곳에서 여성 교육은 남편을 보조하는 '조력자(helpmeet)'로서의 아내를 만드는 것을 목표로 하였다. 그러나 비서구 사례가 다른 점은 교육이 세속적 근대화 프로젝트와 종종 분리되어 있었다는 사실이다. 또한 여성의 근대화가 반드시 신체와 성에 대한 자유를 의미하지도 않았다. 차테르지는 이러한 현상이 모순이라기보다는, '새로운 가부장제(new patriarchy)'로 명명한 민족주의 전략의 본질적 특성이라고 본다. 이는 서구에 대항하여 민족적 주권을 주장하기 위해 가족의 자율성을 보존하려는 민족주의의 시도로 해석될 수 있다는 것이다. 더 나아가, 차테르지는 젠더 관계와 가족 영역에서 단선적인 근대성 개념에 도전하며, 문화마다 서구의 자유주의적 근대화 및 진보 사상과 완벽하게 부합하지 않는 다양한 근대성 방식이 존재한다는 점을 보여준다. 오히려 그는, 비서구 사회는 특정 자유주의 사상과의 능동적 교섭을 통해 자신들의 근대성을 구성하며, 이 '선택의 원리'야말로 비서구 근대성의 본질적 특징이라고 주장한다. 이러한 포스트식민 젠더사의 통찰은 왜 어떤 문화들이 오늘날까지도 중매 결혼과 같은 관행을 선호하거나, 왜 개인의 '근대적 정체성'이 계급(caste), 종교적 덕목, 경건성과 불가분하게 얽혀 있는지를 이해하는 데 특히 유용하다. 이런 관행을 단순히 반동적이거나 전통적인 것으로 치부하는 대신, 포스트식민적 관점은 그것들을 서구와 동시대적(coeval)이되 동일하지 않은 것으로 분석할 수 있게 한다.

현대 인도에서 널리 퍼진 중매 결혼(arranged marriage) 관행을 예로 들어보자.[24] 중매 결혼은 신랑과 신부 가족이 협의하여 성사되

24 더 자세한 내용과 결혼 준비에 대해서는 Rochona Majumdar, *Marriage and*

는 결혼을 말한다. 역사적 기록이나 대중적 인식은 종종 중매 결혼을 고정된 전통의 상징으로 묘사한다. 이렇게 결혼하는 남녀는 흔히, 서구에서 '사랑'에 기초한 결혼이 전제하는 선택의 자유를 박탈당한 존재로 그려진다. 그러나 역사 연구는 인도의 중매 결혼이 고정적이거나 불변하는 관행이 아니라 19세기 후반부터 일련의 변화를 겪었음을 보여준다. 예를 들어, 결혼은 종종 혼인 광고(오늘날의 데이트 칼럼을 연상시키는 것으로, 신부나 신랑의 보호자가 발행)를 통해 성사되었는데, 여기에는 결혼 가능한 대상자가 "공무원, 피부 희고 교육받은 신부 찾음"과 같이 짧고 간결한 문구로 묘사되곤 했다. 남녀를 일련의 특성으로 묘사하는 이러한 방식은 인쇄문화가 혼인 협상 체계에 미친 영향과 더불어 남녀를 상품화하는 방식까지 드러낸다. 더욱이, 중매 결혼이 낭만적 사랑 개념과 완전히 상반된다고 가정하는 것은 오류이다. 식민지 시대 후반 인도 혼인 문화를 자세히 살펴보면 사진과 같은 새로운 기술이 결혼 당사자에게 낭만적인 분위기를 더하는 데 사용되었음을 알 수 있다. 마찬가지로, 가정생활에 대한 민족주의 문헌은 빅토리아 시대의 동반자적 결혼(companionate marriage)이라는 이상을 종종 모방했지만, 부르주아적 형태의 가정생활과 부부관계가 인도에서 전적으로 수용되었다고 가정하는 것은 정확하지 않다. 오히려 우리가 목격하는 것은 특정 부르주아적 이상이 기존 대가족의 규범을 수정하는 과정일 뿐, 대체하지는 않는다는 것이다. 그 결과 오늘날까지도 번성하는 결혼 형태가 탄생했다. 그러나 중매 결혼이 근대적 현상이라고 주장하는 것이 이 제도를 특징짓는 불평등을 부정하는 것은 아니다. 세계 어느 곳에서나 결혼제도에 심각한 불평등이 존재하는 것처럼, 중매 결

Modernity: Family Values in Colonial Bengal (Durham, NC: Duke University Press, 2009)를 참조하라.

혼 또한 지참금과 같은 관행을 통해 가부장적 특권과 위계를 드러낸다. 그러나 중매 결혼을 인도 근대성의 일부로 정확히 위치시킴으로써 우리는 그 관행의 고유한 강점과 약점을 더 잘 분석할 수 있다.[25]

자유주의적 페미니즘 분석에 근본적으로 도전하는 포스트식민 학문의 또 다른 영역은 인도 카스트 제도의 역사를 중심으로 발전해 왔다. 아누파마 라오(Anupama Rao)의 웅변적인 제목의 책 『카스트 문제(*The Caste Question*)』는 무엇보다도 현대 인도에서 젠더 정체성(gendered identity)을 카스트와 분리하는 것이 불가능함을 보여준다. 라오는 인도에서 여성의 권익 신장을 위한 많은 개혁주의적 노력에 내재된 긴장에 주목한다. 그녀는 달리트(*Dalit*. 불가촉천민) 여성들이 이중의 낙인으로 고통받았다고 주장한다. 그들은 카스트 지위(또는 그 부재) 때문에 상위 카스트 가부장제의 손에 고통받았다. 또한 달리트 남성들에 의해 그들의 신체와 노동에 가해지는 더욱 은밀한 형태의 통제를 가장 많이 견뎌야 했다. 19세기 후반부터 현재까지 달리트 지도자들의 글과 업적을 분석하면서, 라오는 그들의 작업이

> 인도 페미니즘의 계보를 재구성하고, 페미니즘 정치의 이상적 주체들과 '다른' 달리트 여성의 목소리를 진지하게 사유할 수 있는 가능성을 제시한다고 주장한다. 친밀하고 공적인 영역에서 카스트 이데올로기와 젠더 관계 사이의 연관성에 주목하고, 실제로 젠더와 섹슈얼리티의 규제가 카스트 이데올로기의 필수적인 측면이라고 주장함으로써, (인도 사회의 카스트 제도에서 역사적으

---

25 『결혼과 근대성(*Marriage and Modernity*)』은 이전 장에서 다루었던 차크라바르티, 차테르지 등 여러 학자들의 포스트식민 연구에서 영감을 받아, 혼인 관행에 대한 면밀한 연구를 통해 서구 밖의 역사적 맥락에서 고전적 자유주의 또는 페미니스트적 주체 개념의 근간을 이루는 특정 이념들이 어떻게 다르게 발현되는지를 보여준다. 이 책은 내가 포스트식민 연구가 "아직 완전히 백인은 아닌(not quite/not white)" 주체에 대해 긍정적인 이름을 부여할 수 있을 때 진전될 것이라는 점을 인식하면서 쓰게 되었다. 호미 바바(Homi Bhabha)의 말을 빌리자면 말이다. 하지만 이러한 명명 작업은 단순히 제도를 낡은 전통의 일부로 치부하는 것을 거부하는 역사적 분석들이 축적될 때 비로소 가능하다.

로 억압받고 소외된 집단인) 달리트-바후잔(dalit-bahujan) 페미니스트들은 페미니즘 정치의 변화를 요구해 왔다 ...[26]

흥미로운 점은, 최근의 포스트식민 카스트 연구가 인권과 인종차별에 대한 급진적 연구들과 제휴하고 있다는 점이다. 이는 새롭게 부상하는 연구 분야이며, 포스트식민 담론과 세계화 담론이 인권 증진에 기여하는 방식으로 함께 어우러질 수 있음을 시사한다. 아누파마 라오는 2001년 8월 31일부터 9월 7일까지 남아프리카공화국 더반(Durban)에서 열린 유엔 인종주의, 인종차별, 외국인 혐오 및 관련 불관용 철폐 세계회의(World Conference against Racism, Racial Discrimination, Xenophobia and Related Intolerance)에 참가한 달리트 대표단이 제출한 청원을 언급한다. 이 청원은 카스트 폭력을 인종 폭력과 동일시하며, 특히 젠더 축(axis of gender)을 따라 다음과 같이 언급했다.

> 우리는 달리트 여성들이 카스트와 젠더 폭력의 희생자임을 선언한다. 이들은 지주, 중개인, 건설 현장의 하청업자, 경찰 등에 의해 '정치적 교훈을 주기 위한' 목적으로, 수 세기 동안 그 공동체 전체에 가해진 차별에 대한 시위, 투쟁, 반대를 억압하기 위한 도구로 이용된다. 달리트 여성들은 강간당하고 훼손된 뒤 살해되며, "도망친 가족 구성원을 처벌"하기 위한 인질로 이용된다.[27]

여성 문제의 국제화는 세계화 시대의 부산물이 아니다. 페미니즘은 초창기부터 민족국가를 넘어서는 문제들과 긴밀히 연관되어 있었다. 아이러니하게도, 이러한 국제주의적 성격은 페미니즘이라는 기획이 제국주의 및 식민주의의 기획과 예상치 못한 동반 관계를

26 Anupama Rao, "Sexuality and the Family Form", *Economic and Political Weekly*, (19 February 2005), p. 717. Anupama Rao (ed.), Gender and Caste (New Delhi: Kali for Women, 2003), pp. 1-47도 참조하라.

27 Rao, "Sexuality and the Family Form", p. 717.

형성하는 계기를 제공하기도 했다.

페미니즘과 문명화 사명

앤트와네트 버튼(Antoinette Burton)이 영국 제국사에서 중요한 기여를 한 것은 영국 페미니스트들의 활동과 사상이 영국 제국주의의 이념적 작업과 어떻게 연결되어 있는지를 보여준 것이다. 1860년대 이후 메리 카펜터(Mary Carpenter), 조세핀 버틀러(Josephine Butler), 프랜시스 콥(Frances Cobbe), 밀리센트 가렛 포셋(Millicent Garrett Fawcett), 엘리너 래스본(Eleanor Rathbone), 마가렛 커즌스(Margaret Cousins)와 같은 페미니스트들과 여성 참정권 운동가들은 제나나(zenana, 여성 거주 구역)에 갇혀 있거나 '영원한' 카스트 관행에 억압받는 불운한 인도 여성이라는 비유를 자신들이 제국의 문명화 사명에 참여하는 정당화 근거로 사용했다. 버튼의 초기 저서 『역사의 짐(*Burdens of History*)』에서 얻을 수 있는 중요한 통찰은 제국적 페미니즘(imperial feminism)이 식민지 여성(이 경우 인도 여성)의 대의를 옹호하는 것이 그들 자신의 개혁을 위한 의제에서 중요한 발판을 구성했다는 것이다. 예를 들어, 영국 여성의 참정권 요구는 그녀가 식민지 자매들에 대한 책임을 짊어지기 위해서라도 본국의 완전한 국민이 되어야 한다는 논리로 정당화되었다. 식민지 자매는 영국이 제국적 책임을 다하기 위해 필수적이었다.

제국적 페미니즘의 목표는 대영제국이라는 맥락에서 분리될 수 없다. 이러한 점에서 영국 페미니스트, 인도 민족주의자, 제국의 정치가들은 유사한 논리를 공유하였다. 겉보기에 별개의 집단으로 보이는 이 모든 집단에게, 그들이 각자의 목적에 맞게 다양하게 상상했던 인도 여성은 "자유주의적이며 '해방적인' 개혁 프로젝트가 의존하는 보편적 존재 중 하나"였다.[28] 이러한 연구가 자유주의 페미니즘의 포스트식민적 곤경을 이해하는 데 시사하는 바는 매우 크다. 제국적 페미니스트들은 전 지구적인 자매애라는 도덕적 근거 위에서만 식민지 여성들의 대의를 옹호할 수 있었다. 그러나 그들은 자신들의 규범을 인도 여성들에게 투사했고, 그들의 부족함을 발견했다. 이러한 상황은 찬드라 모한티(Chandra Mohanty)가 지적한 바와 같이 보편적 자매애라는 개념은 "현대 제국주의의 역사와 그 효과를 지워버리는 데 기반하고 있다".[29] 제국 시대의 영국 페미니즘에 대한 버튼의 연구는 "근대 영국 여성운동이 어떻게 그리고 왜 보편적인 여성 '우리(we)'를 만들어냈는지, 그리고 그것이 계속해서 전 세계 페미니스트들을 괴롭히고 아이러니하게도 분열시키는지"를 보여준다.[30]

마찬가지로, 정착민 맥락의 역사에 대한 연구는 페미니즘이 정착민의 인종 이데올로기에 뿌리내리고 있음을 보여준다. 피오나 페이즐리(Fiona Paisley), 마릴린 레이크(Marilyn Lake), 앤 커소이스(Ann Curthoys), 헤더 구달(Heather Goodall) 등의 연구는 한편으로는 원주민 여성의 처우 개선을 위한 친원주민 여성들(pro-indigenous women)의 캠페인(재산권 보장, 정착민에 의한 원주민 아동 강제 이주 방지, 백인 남성 정착민에 의한 원주민 여성 성적 착취 방지 조치)이 전간기에 "정착민 식민주의에 대한 이의 제기에서 중요한 사건"을 구성했음을 보여준다.[31] 그러나 다른 한편으로, 원주

---

28 Antoinette Burton, *Burdens of History: British Feminists, Indian Women, and Imperial Culture, 1865-1915* (Chapel Hill, NC and London: University of North Carolina Press, 1994), p. 208.

29 찬드라 모한티가 Burton, *Burdens of History*, p. 4에서 인용했다.

30 Burton, *Burdens of History*.

31 Fiona Paisley, *Loving Protection?: Australian Feminism and Aboriginal*

민 여성의 더 큰 독립을 위한 그들의 주장은 “필연적으로 원주민의 삶에 대한 새로운 차원의 개입을 야기했다”.[32] 마릴린 레이크는 “신대륙과 구대륙을 오가는 정착민 페미니스트들은 자신의 위치를 구대륙의 ‘야만성’과 원주민 사회의 ‘원시성’ 사이에 서 있는 ‘이중의 차이(double difference)’로 이해했다”라고 지적했다.[33]

이러한 페미니스트 노력의 유산은 오늘날 호주의 포스트식민 화해 정치(postcolonial politics of reconciliation)를 이해하는 데 있어 결코 간과할 수 없다. 피오나 페이즐리가 전간기 호주 페미니스트들을 연구하며 주장했듯이, 원주민 여성과 아동의 권리를 옹호했던 이 여성들의 활동은 생물학적 인종 이론의 헤게모니가 호주 공론장과 영연방이라는 국제적 포럼에서 심문을 받은 최초의 사례 중 하나였다. 정착민 사회가 원주민 아동을 강제로 백인 가정으로 이주시킬 권리에 도전함으로써, 이 여성들은 동화를 통해 백인 호주를 만들 수 있다는 확신에도 도전했다. 1997년 호주 인권 평등 기회 위원회(Human Rights and Equal Opportunity Commission)의 보고서 『그들을 집으로 데려오기(*Bringing Them Home*)』는 이주가 원주민 개인과 공동체에 미치는 영향을 탐구했다. 해당 보고서를 언급하며, 페이즐리는 다음과 같이 말한다. “[이 보고서는] 강제 이주 및 분산 정책의 대상이 되었던 아보리진 여성(Aboriginal women)과 남성의 증언을 바탕으로, 정부의 동화주의 정책이 아보리진 여성, 남성, 아동 세대에 걸쳐 미친 영향을 방대하게 보여줄 뿐만 아니라, 그들이 이 경험을 겪고도 살아남았으며, 때로는 그것을 통해 오

Women's Rights, 1919-1939 (Melbourne: Melbourne University Press, 2000), p. 155.

32 *Ibid.*

33 *Ibid.*, p. 154에서 인용했다.

히려 힘을 얻었다는 사실 또한 보여준다".[34]

페이즐리는 호주에서 원주민을 지지하는 백인 여성들의 초기 인도주의적 활동과 비원주민 및 원주민을 포함한 포스트식민 학자 및 활동가들의 노력을 유사하게 보고 있는 것으로 보인다. 이 두 가지 노력은 모두 "비원주민 호주인들에게 과거의 영향에 대해 '열린 마음과 정신'으로 경청할 것"을 촉구하며, 동화주의의 정책을 거부하고 진정한 화해의 과정을 시작할 것을 요구한다.

앤 맥클린톡의 『제국의 가죽(*Imperial Leather*)』은 젠더에 관한 포스트식민 역사 서술을 확장하여, 빅토리아 및 에드워드 시대의 제국적 미덕 개념을 뒷받침했던 바로 그 사고구조에 대한 비판을 시도한다. 그녀는 제국주의적 팽창, 본국에서 전개되어 식민지로 수출된 새로운 부르주아 가정 숭배, 그리고 노동, 인종적 나태함, 시장에 대한 새로운 개념의 등장 사이의 삼각관계를 조명한다. 맥클린톡은 계몽주의 시대부터 시작된 탐험 여행에서 '제국의 미지의 영역'에 대한 '지속적인 성별화(persistent gendering)'가 있었다고 주장한다.

> 유럽 남성들이 자신들이 알고 있던 세계의 위험한 경계를 넘을 때, 그들은 의례적으로 경계와 국경을 여성화했다. ... 지도 제작자들은 지도의 빈 바다를 인어와 (아름다운 노래 소리로 선원들을 유혹하여 위험에 빠뜨리는 반인반수의 요정) 사이렌(sirens)으로 채웠다. 탐험가들은 미지의 땅을 '처녀지(virgin)'라고 불렀다. 철학자들은 '진실'을 여성으로 은유화하고, 그 베일을 벗기는 상상을 했다.[35]

식민화가 진행되면서, 미개척 지역에는 사람들이 이주하고, 새로운 노동 윤리와 시장경제가 자리 잡으며 문명화되었다. 이러한 과정

34 *Ibid.*, pp. 2-3.

35 Anne McClintock, *Imperial Leather: Race, Gender, and Sexuality in the Colonial Contest* (New York, NY: Routledge, 1995), p. 24.

은 원주민의 역사를 부정했을 뿐만 아니라, 식민 지배를 받는 사람들과 여성들을 유사한 관계에 놓이게 했다. 여성들처럼 식민 지배를 받는 사람들도 "발견되고, 침범당하고, 명명되고, 수정(受精)되고(inseminated), 무엇보다 소유되어야 했다". 그러나 "제국주의의 젠더화는 세계 각지에서 매우 다른 형태로 나타났다는 점에 주목하는 것이 중요하다.

> 예를 들어 인도는 처녀지로 묘사되는 경우가 드물었고, 하렘의 도상은 남아프리카 식민지 에로틱 이미지의 일부가 아니었다. 북아프리카, 중동, 아시아 여성은 흔히 베일이라는 이미지에 갇혀 있었던 반면, 아프리카 여성은 면직물과 비누를 통한 문명화 사명의 대상이 되었다. 다시 말해, 아랍 여성들은 옷을 벗음으로써(베일을 벗음으로써) '문명화'되어야 했지만, 사하라 이남 여성들은 (깨끗하고 하얀 영국산 면으로) 옷을 입음으로써 문명화되어야 했다. 이러한 윤리 규제의 차이는 제국주의적 인종주의가 세계 각지에 부과한 입법적, 경제적, 정치적 방식의 중대한 차이를 보여주는 징후였다.[36]

포스트식민 역사학에서 이슬람과 여성

여성과 이슬람은 지난 20여 년간 페미니스트 포스트식민 역사학이 가장 두드러진 성과를 보여준 주제 중 하나로 떠올랐다. 프랑스, 이집트, 이란, 인도 등 다양한 지역을 연구하는 학자들은 특히 겉보기에는 여성들이 이슬람주의 방식과 종교성을 수용하는 것처럼 보이는 현상을 각기 다른 방식으로 이해하려 노력해 왔다. 이러한 신앙으로의 회귀를 가장 잘 보여주는 상징이자, 동시에 고정된 전통으로의 퇴보를 보여주는 상징은 바로 베일(veil)이다. 여성 의복 중 하

36 *Ibid.*, p. 31.

나인 베일은 세계 여러 지역에서 많은 논란의 대상이 되어 왔으며, 서구 여성에 비해 무슬림 여성이 후진적이라는 추정을 뒷받침하는 역할을 해왔다. 이슬람 내부의 다양성이나 베일을 착용하는 다양한 방식은 거의 주목받지 못하고 있다.

호마 후드파르(Homa Hoodfar)는 「그들 마음에 드리운 베일과 우리 머리에 씌워진 베일("The Veil in Their Minds and on Our Heads")」이라는 흥미로운 논문에서, 베일이 무슬림 여성을 후진성에 가두는 대상으로 여겨진 것은 18세기 말 19세기 초 서구 담론에서 비롯된 것이라 주장한다. 이 시기 이전의 수많은 기록은 무슬림 여성의 "노출된 옷차림과 … 자유로운 이동성을 근거로 도덕적 결핍과 파렴치함을 지적했다".[37] 베일은 서구가 동양을 오리엔탈리즘화(orientalize)하려는 식민지 사업의 핵심 요소였던 것으로 보인다. 후드파르는 "무슬림 여성의 이미지는 동양의 새로운 이미지 구축의 주요 구성 요소였으며, 이 이미지는 서구 제국주의, 특히 프랑스와 영국 제국주의의 헤게모니와 본질적으로 연결되어 있었다"라고 주장한다. 에드워드 사이드, 레일라 아흐마드(Leila Ahmad), 말렉 알루라(Malek Alloula) 등의 학자들의 연구는 베일이 무슬림 여성 억압에 대한 서구의 신념과 밀접하게 연관되어 있으며, 이러한 이미지는 이 지역에 대한 여행기, 역사서, 인류학 문헌을 통해 더욱 강화되었음을 보여준다. 보수적으로 추산해도 1800년부터 1950년까지 서구에서는 아랍 오리엔트(Arab Orient)에 관한 약 6만 권의 책이 출판되었다. 이 책들의 주된 초점은 "식민화된 아랍인/무슬림을 열등하고 뒤떨어진 존재로 묘사하며, 식민 지배자들이 제공하는 진보가 절실히 필요하다는 점을 강조하는 것이었다. 바로 이러한 정치적

37 Homa Hoodfar, "The Veil in Their Minds and on Our Heads", in David Lloyd and Lisa Lowe (eds), *The Politics of Culture in the Shadow of Capital* (Durham, NC: Duke University Press, 1997), pp. 254-255.

맥락에서 여성의 세계인 베일과 무슬림 하렘(*harem*)이 서구 작가들에게 매혹, 환상, 그리고 좌절의 원천으로 등장했다".[38] 이러한 무슬림 여성 세계의 묘사는 의심할 여지 없이 서구 문명화 사명의 이념적 정당화 역할을 했으며, 가야트리 스피박의 말처럼 백인 남성이 갈색 피부의 남성(brown men)으로부터 갈색 피부의 여성을 구해야 할 필요성을 부각시켰다.

루비 랄(Ruby Lal)의 16세기에서 17세기 무굴 제국의 하렘에 대한 연구는 하렘이 지나치게 성애화되고 여성을 착취하며 남성이 방탕하는 장소가 아니라, 사실은 무굴 여성들이 정치와 통치에 대한 중요한 결정을 내리던 정치화된 공간이었음을 보여준다. 더 나아가, 후드파르가 주장했듯이, 서구의 식민화 및 문명화 사명에 대한 주장들은 같은 시기 서유럽과 영국에서 여성의 지위와 가족생활에 일어나던 변화를 간과했다. 릴라 아부 루고드, 옴니아 샤크리(Omnia Shakry), 아프사네 나즈마바데(Afsaneh Najmabadeh) 등 여러 학자들은 빅토리아 시대의 도덕관, 가정의 관리자로서의 여성, 그리고 중산층 부르주아 여성의 정숙함이라는 이상 등이 이 시기에 어떻게 고착화되었는지에 주목했다. 서구와 중동 및 아시아 여러 지역 간의 식민지적 만남은 이러한 사상의 상당수가 식민지 주민들 사이에 스며들게 하는 계기가 되었다. 옴니아 샤크리는 20세기 전환기 이집트의 모성 개념에 대해 글을 쓰면서, 이러한 개혁들이 "식민 및 반식민 근대성 담론의 정점에 위치해야 한다"라고 언급한다. 그러나 후드파르가 지적했듯이,

> ... 서구 작가들은 터키 여성과 무슬림 여성에 대한 억압을 열렬히 묘사했지만, 이러한 비판의 상당수가 자국 사회에도 동일하게 적용된다는 사실은 거의

38 *Ibid.*, p. 255.

> 고려하지 않았다. 무슬림 동양 여성과 기독교 서양 여성 모두 남성의 보호를 필요로 하며, 지적으로나 생물학적으로 가정 영역에 귀속되어야 할 존재로 여겨졌다.

서양 여성들 역시 이 점에 있어서 상당히 편협한 모습을 보였다. 유럽에서 온 많은 여성 여행자들은 동양 여성들이 겪는 "가정생활의 지루함과 한계"에 주목했을 뿐, 바로 이러한 요소들이 그들이 고향과 삶을 벗어나 동양에서 오랜 체류를 하게 된 동기가 되었다는 사실은 자각하지 못했다. 후드파르의 분석은 동양과 서양의 작가들이 서로의 삶의 이질성에 충격을 받았던 방식을 지적한다는 점에서 유익하다. 그녀가 주디 마브로(Judy Mabro)의 『가려진 반쪽의 진실들(*Veiled Half-truths*)』에서 인용한 한 일화는 이와 관련하여 시사하는 바가 크다.

> 레이디 메리 몬태규(Lady Mary Montague)가 터키 목욕탕에서 여성들로부터 옷을 벗고 함께 할 것을 강요받자, 그녀는 블라우스를 풀고 코르셋을 보여주었다. 이로 인해 여성들은 그녀가 남편만이 열 수 있는 기계에 갇혀 있다고 믿게 되었다. 두 집단의 여성들은 서로를 감금된 존재로 인식했고, 물론 그들의 생각은 옳았다.[39]

그러나 식민주의 상황에서는 이질감에 대한 인상은 여성의 전반적인 상황에 대한 일반화로 빠르게 변질될 수 있었고, 실제로 그렇게 되었다. 바로 이러한 맥락에서 베일은 여성의 사회적 지위에 대한 부정적인 함의를 지닌 상징으로 부상했다. 그리하여 1936년 이란 샤(Shah)의 아버지는 근대화 프로그램의 일환으로 베일 착용을 불법화하기로 결정했다. 케말 아타튀르크(Kemal Ataturk)도 마찬가지였지만, 그는 베일뿐만 아니라 페즈(fez, 남성용 모자)를 포함한

39 *Ibid.*, p. 257.

모든 전통 의상이 터키의 근대화에 반한다고 선언했다. 1923년 카이로에서는 여성 단체들이 공개적으로 베일을 벗기도 했다.

포스트식민 페미니스트 연구자들은, 식민지적 만남의 과정에서 베일이 일종의 탈맥락화되었다(decontextualized)고 지적한다. 베일이 여성에게 부여했던 이동성과 사회적 결사의 자유에 대한 인식은 거의 없었다. 민족주의적 근대화론자들은 많은 경우 식민 통치자들이 베일에 가한 부정적인 비난을 받아들이고 베일의 제거를 촉구했다. 그러나 이 학자들이 지적했듯이, 중동이나 인도 일부 지역에서 여성의 근대화는 서구 모델의 전면적인 수용을 통해 이루어진 것이 아니었다. 릴라 아부 루고드가 『여성 개조하기: 중동의 페미니즘과 근대성(*Remaking Women: Feminism and Modernity in the Middle East*)』이라는 제목의 논문집에서 묻는 것처럼, "서구적이지 않거나, 서구적이 될 수 없거나, 서구적이 되고 싶지 않은데 어떻게 근대적이 될 수 있는가?"[40] 이 글들은 여러모로 유럽을 지방화하기(provincializing Europe)라는 개념과 유사하며, 유럽의 원형과는 중요한 부분에서 다르지만, 그 근본적인 이상을 진지하게 다룬 차테르지의 근대성 개념과도 비슷하다. 이 책에 실린 논문들은 중동의 여러 지역에서 반식민주의적, 민족주의적 담론이 어떻게 여성과 젠더에 초점을 맞춘 '비세속적 민족 근대성(national non-secular modernity)'을 만들려고 시도했는지 탐구한다. 식민지 경험을 통해 서구와 조우한 세계의 다른 많은 지역과 마찬가지로, 중동에서도 19세기 후반과 20세기에 젠더 정치가 발전하면서 "서구와 서구 관련된 것들"이 "수용되고, 거부되며, 번역"되었다.[41] 이 책의 모든 기고가는 모성, 여성 교육, 결혼 개혁, 그리고 부부 형태에 대한 논쟁

---

40 Lila Abu-Lughod, *Remaking Women: Feminism and Modernity in the Middle East* (Princeton, NJ: Princeton University Press, 1998), p. 14.

41 *Ibid.*, p. 3.

에 다양하게 초점을 맞춘다. 그 결과는 이슬람의 아답(*adab*, 품행과 행동 규범) 사상이 부르주아 가정에 대한 서구 사상과 어떻게 연결되고 또한 구별되었는지를 보여준다. 중동의 젠더 관계에 대한 포스트식민 사유는, 이 지역의 근대성이 단순한 타클리드(taqlid, 맹목적인 모방)가 아니었음을 입증한다. 오히려, 이 논문집에서 계속해서 보여주듯이, 페미니즘은 여성의 개인주의, 선택, 권리와 흔히 연관되는 문제들과는 '아주 다른' 무언가로 이러한 발달 과정을 통해 나타난다.

독자는 우리 시대에 이러한 연구의 가치가 무엇인지 의문을 가질 수 있다. 포스트식민 유럽에서 오랫동안 (그리고 힘들게) 이어져 온 베일의 역사를 간략하게 논의함으로써, 젠더에 대한 포스트식민적 역사적 탐구를 심화시키는 것이 왜 긴급한 문제인지 고찰하며 이 장을 마무리하겠다. 2000년 논문 「바이에른 십자가와 프랑스 히잡("Bavarian Crucifixes and French Headscarves")」에서 레오라 오슬랜더(Leora Auslander)는 새로운 밀레니엄의 시작과 함께 '포스트모던' 유럽에서 (특정) 종교적 상징의 정당성을 둘러싸고 프랑스와 독일 사회를 뒤흔들었던 논쟁에 주목했다. 오슬랜더의 논문은 이 논쟁에 대한 유일한 학술적 저서가 아니었다. 2007년 저명한 페미니스트 역사가인 조앤 스콧(Joan Scott)은 『베일의 정치학(*The Politics of the Veil*)』이라는 단행본을 출간했다.

1989년 10월 3일, 프랑스 신문 『리베라시옹(*Libération*)』은 파티마(Fatima), 레일라 아샤분(Leila Achaboun), 사미라 세다니(Samira Saidani) 세 명의 무슬림 소녀가 히잡 착용을 거부했다는 이유로 학교에서 퇴학당한 사건을 보도했다. 해당 학교 교장은 히잡이 프랑스 교육 시스템의 근간으로 여겨지는 세속주의 원칙에 위배되는 것으로 보았다. 소녀들의 퇴학에 대한 초기 반응은 상당히 비판적이었지만(특히 좌파와 이슬람 단체들 사이에서), 곧 이러한 반응은 "이슬람을 외래 종교로, 히잡을 프랑스 연대에 대한 위협으로 체계적으로 묘사한" 언론의 집중포화에 휩쓸렸다.[42]

결국 2004년 3월 15일, 프랑스 정부는 공립학교에서 학생들이 종교적 소속을 드러내는 '눈에 띄는 상징물'을 착용하는 것을 금지하는 법을 통과시켰다. 스콧은 이 법이 "유대인 소년들의 키파(skullcaps)와 시크교도 소년들의 터번(turbans), 그리고 목에 커다란 십자가를 걸고 있는 모든 사람들에게 적용되었지만, 주된 목표는 히잡을 쓴 무슬림 여학생들이었다"라고 기술했다.[43] 그녀는 다른 집단들이 포함된 것은 차별이라는 비난 가능성을 약화시키기 위함이었다고 주장했다. 그러나 헤드 스카프(headscarf), 베일(veil), 풀라르(*foulard*), 히잡(*hijab*)(이 단어들은 서로 다른 종류의 여성 복장을 지칭하지만 혼용되어 사용됨)은

> 정교분리를 위반하고, 하나이고 분리될 수 없는 국가에서 시민 간의 차이를 강조하며, 평등을 전제로 하는 공화국에서 여성의 종속을 용인했기 때문에, 프랑스의 관습과 법에 반하는 것으로 간주되었다. 이 법을 지지하는 많은 사람들에게 베일은 근대성에 저항하는 이슬람의 궁극적인 상징이었다.[44]

오슬랜더와 스콧은 모두 베일에 대한 식민주의적 집착과 그것이 포스트식민 시대까지 지속된 것 사이의 연관성을 관찰한다. 또한 그들은 한 공동체(무슬림)의 추정상의 후진성과 보수성을 옷의 한 부분과 연결시키는 단순한 정치적 등식을 지적한다. 스콧은 많은 독

42 Leora Auslander, "Bavarian Crucifixes and French Headscarves", *Cultural Dynamics*, 12(3) (2000), p. 290.

43 Joan Scott, *The Politics of the Veil* (Princeton, NJ: Princeton University Press, 2007), pp. 1-2.

44 *Ibid.*

자들이 가질 의문을 예상하며 "왜 하필 베일인가?"라는 질문을 던진다. 그녀의 답변은 베일이 식민지 시대와 포스트식민 시대를 거치며, 탈식민화 이후 프랑스적인 것이 무엇인지에 대한 의미가 엄청나게 변화했음에도 불구하고, 추정된 '프랑스' 문화의 '타자'로 여겨지는 모든 것들을 나타내는 '과잉 결정된(overdetermined)' 기표(signifier)가 되었다는 것이다. 앞 장에서 논의했듯이, 알제리 전쟁의 종식으로 많은 알제리인들이 프랑스 시민으로 프랑스로 유입되었다. 그러나 널리 알려진 프랑스 보편주의의 이상, 즉 뚜렷한 특징이 없는 시민 주체를 특징으로 함에도 불구하고 알제리 출신 사람들은 현대 프랑스에서 여전히 이민자로 간주된다. 게다가 알제리인, 아랍인, 무슬림을 동일시하는 피상적인 등식이 만들어지고 있다. 유럽 연합의 회원국인 '새로운' 프랑스의 불안정한 정치적 분위기 속에서, 베일을 쓴 무슬림 여성은 공화주의적 불안의 손쉬운 표적이 되었다. 이러한 교차하는 흐름 속에서 알제리인, 무슬림, 아랍인 등 많은 이민자 집단들이 히잡 논쟁에 참여했으며, 때로는 국가로부터 인정을 요구하는 행위로서라도 히잡 착용을 지지하기도 했다. 스콧은 프랑스의 베일에 대한 대응은 세속주의, 개인주의, 공화주의, 그리고 성(性)에 대한 위기에서 비롯된 불안감으로 이해해야 한다고 주장했다. 이 불안감은 이전 장들에서 논의했듯이, 새로운 포스트식민 유럽에서 나타나는 것이다.

이러한 긴박한 상황 속에서 소콧은 포스트식민 이론이 시작부터 몰두해 온 일련의 질문들을 제기한다. "서로 다른 이해관계를 가진 개인과 집단이 어떻게 함께 살아갈 수 있을까? 차이를 비위계적으로 생각하는 것이 가능할까? 어떤 공통된 기반 위에서 차이를 협상할 수 있을까?" 다시 말해, 문화적 동화 없이, 모든 차이를 동일하게 만드는 것 없이 화해가 가능할까? 이 장을 마무리하며, 릴라 간디의 『정서적 공동체(*Affective Communities*)』에 대해 논하고자 한다. 이 책은 후기 빅토리아 제국 시대의 '우정의 정치(politics of friendship)'라고 저자가 지칭하는 것을 기록함으로써 포스트식민 이론에 새로운 방향을 제시한다. (참고로 릴라 간디가 말하는 '우정의 정치'는 식민주의에 대항했던 서구의 급진주의자들과 비서구권 식민지 지식인들 사이에 존재했던 우정과 정서적 유대를 재조명하며, 이를 통해 새로운 형태의 반식민주의적 정치와 민주주의의 가능성을 탐색하는 개념이다.) 간디가 저술한 '사소한(minor)' 역사들은 스콧의 질문에서 강조되는 시급성을 지닌 대안적 세계관을 구상하는 데 있어 하나의 해답을 제시한다고 생각한다.

유토피아적 사고로서의 포스트식민 역사

이 책에서 간디는 아시스 난디(Ashis Nandy)의 『친밀한 적(*The Intimate Enemy*)』에서 영감을 받아, 제국의 중심부에서 반제국주의 운동을 벌인 다양한 인물들에 초점을 맞춘다. 이들은 각자의 정치적 입장과 저항 방식으로 인해 반식민지 민족국가 건설이나 유럽 제국주의 건설이라는 두 가지 프로젝트에 참여하지 못했다. 또한 간디는 에드워드 사이드, 호미 바바, 서발턴 연구 그룹과 같은 이전의 포스트식민 학자들의 연구를 바탕으로 '제국주의적 이분법(imperial binarism)'('우리' 대 '그들', 식민 지배자 대 식민지인, 흑인 대 백인, 제국 대 민족)이 "제국 경계의 회복 불가능한 누수(irremediable leakiness of imperial boundaries)" 때문에 항상 실패할 수밖에 없었던 프로젝트였음을 보여준다.[45] 사이드와 마찬가

45 Leela Gandhi, *Affective Communities: Anticolonial Thought, Fin-de-Siècle*

지로 간디는 자신의 사례 연구를 통해 포스트식민 사상의 '대위법적 관점(contrapuntal perspective)', 즉 식민지적 만남 속에서 '중첩된 영토(overlapping territories)'와 '뒤얽힌 역사(intertwined histories)'를 드러내려는 지향을 보여주고자 한다.[46] 동시에 그녀는 위에서 언급된 학자들과 달리 식민지 기록을 다시 탐색하여 제국 본국에서 나타난 반제국주의 담론들을 찾아낸다. 버튼이나 페이즐리의 페미니스트들이 원주민이나 인도 여성의 대의를 옹호하면서도 궁극적으로 제국주의 프로젝트에 공모했던 것과는 달리, 간디의 극적 인물들(*dramatis personae*)은 공공연히 반제국주의적이었다. 하지만 이들이 명확히 정의된 공동체를 이룬 것은 아니었다. 그들의 유일한 공통점은 세기말 빅토리아 시대의 급진 정치 문맥 속에서 제국 기획을 거부했다는 것이다. 포스트식민 학문이 "식민지 사회를 떠나 식민지(간디의 경우 인도)의 대의를 택한 많은 사람들의, 수적으로는 적지만 심리적으로는 중요한 반응"에 거의 주목하지 않는다는 난디의 주장에 따라, 간디는 저명한 반식민 인도 지도자 M. K. 간디, 선교사 C. F. 앤드류스(Charles Freer Andrews), 사회주의자이자 동성애자이며 동물 권리 운동가이자 교도소 개혁가인 에드워드 카펜터(Edward Carpenter), 후기 빅토리아 시대의 채식주의자이자 동물 권리 운동가 헨리 솔트(Henry Salt), 시인 만모한 고세(Manmohan Ghose), 그리고 한때 극단주의 철학자이자 민족주의자였던 스리 아우로빈도(Sri Aurobindo)와 그의 프랑스-이집트-유대계 신비주의 친구 미라 알파사(Mirra Alfassa)와 같은 다양한 개인들의 삶과 업적, 그리고 지적 협업을 분석한다. 이들 각자에게 공통적으로 나타난 것은 제국주의에 대한 거부였는데, 간디는 이들

Radicalism, and the Politics of Friendship (Durham, NC: Duke University Press, 2006), p. 3.

46 *Ibid.*

이 각자 나름의 방식으로 제국주의를 특이한 정신 습관(a peculiar habit of mind)으로 인식했으며, 그 구조 속에 "인종, 문화, 문명 간의 위계를 젠더, 종, 계급 등의 관계 위에 끝없이 투사하는 복잡한 유비적 체계(analogical system)"가 작동한다고 진단했다.[47] 이 지점에서 간디는 파농을 회상하며 다음과 같이 썼다.

> 제국의 질서 있는 주거 공간에서 벗어나는 행위는... 심각한 정신적 혼란을 경험하는 것이다: 그것은 분류 불가능한 혼돈의 세계로의 추방이며, 성적 부적응자(sexual misfits), 도살장의 동물들, 공장 노예, 피식민자들, 다루기 힘든 여성들—말하자면 대지의 저주받은 자들(the wretched of the earth)과 함께하는 것이었다.[48]

간디는 동물권, 채식주의, 급진적 미학주의, 성적 일탈, 종교적 이단, 참정권 운동, 사회주의 등 다양한 에너지를 반제국주의 정치라는 틀에 포함시킴으로써 20세기 전환기의 세계주의적이고 퀴어적인 정치(queer politics)의 지평을 제시한다. 세기말 급진 사상의 개방적이고 반공동체주의적인 본질이 의미하는 바를 간디의 레퍼토리에서 한 가지 예를 들어 설명하겠다. 간디는 에드워드 카펜터에 대한 논의에서 카펜터의 동성애가 그의 반제국주의 정치가 번성하고 형태를 갖출 수 있었던 기반이라고 주장한다. 그러나 최근 영국 동성애 운동가들은 카펜터를 자신의 동성애를 종종 회피했던 인물로 간주한다. 물론 이러한 비판은 카펜터 자신이 "소위 실제적인 소아성애와는 전혀 관련이 없었고", 그의 주된 욕망은 "벌거벗은 친구와 벌거벗은 채로 잠자는 것과 같은 육체적 접촉을 통한 사랑"이었다는 진술에서 비롯된 것일 것이다. 간디는 다음과 같이 주장한다.

47 *Ibid.*, p. 7.
48 *Ibid.*

카펜터의 반서구적 논쟁과 유럽의 피지배 민족들과의 친밀감은 동성애 정치의 관점에서만 설명될 수 있으며, 그 정치의 독특성은 반체제적인 '성행위'보다는 연합, 동맹, 관계성, 공동체의 급진적인 재구성에서 비롯된다.

간디는 카펜터의 글을 통해 동성애를 궁극적으로 "급진적 친족 관계를 맺는 능력"으로 정의한다. 바로 이러한 개방성 덕분에 카펜터는 동물, 여성, 사회적 약자, 성 노동자, 노동자들의 대의에 공감할 수 있었고, 아일랜드와 아메리카에서 진행된 영국의 제국주의 프로젝트에 대해 강력한 비판자가 될 수 있었다. 이러한 세계관은 또한 20세기 전환기의 또 다른 인물이자 "자신만의 독특한 성 이원론"을 실천했던 M. K. 간디와의 우정을 가능하게 했다. 영국인들이 인도 남성들의 여성스러움을 맹렬히 비난하고, 다양한 성향의 인도 민족주의자들이 인도 남성의 과도한 남성성을 부활시키려던 시기에, M. K. 간디는 (릴라 간디가 언급한) '젠더 위치의 퀴어링(queering of gender positions)'이라고 볼 수 있는 것을 주장했다.[49] 그는 민족주의 운동가(사티아그라히(*satyagrahi*), 문자 그대로 진리를 추구하는 자)에게 성행위를 삼가고, 금욕을 실천하며, 힌두교 과부를 본받을 것을 촉구했다. M. K. 간디의 열망은 종종 동료들을 '어머니'처럼 돌보고 그 과정에서 자신을 '신의 환관(God's eunuch)'으로 만드는 것이었다.[50] 카펜터와 간디는 각자의 방식으로, 다윈에 의해 그 시기에 형성되고 있던 성의 위계를 급진적으로 뒤흔들었다. 이러한 흐름은 성(이성애든 동성애든)을 거부하는 것을 정신 건강의 이상 징후로 개념화한 프로이트의 견해로 정점에 달했다.

---

49 *Ibid.*, p. 63. 참고로, 릴라 간디가 언급한 '젠더 위치의 퀴어링(queering of gender positions)'은 식민주의 시대에 기존의 성별 역할과 이성애 중심적 규범을 해체하려는 시도를 의미한다. 이는 단순히 성소수자 정체성에 국한된 것이 아니라, 남성과 여성에게 강요되던 전통적인 젠더 위치를 비판하고 저항하는 포괄적인 개념이다.

50 Gandhi, *Affective Communities*, p. 64.

세기말의 급진적 유토피아주의는 프리드리히 엥겔스(Friedrich Engels)부터 V. I. 레닌(Vladimir Ilyich Lenin)에 이르는 좌파 지도자들과 사상가들에 의해 미성숙하고 유치한 정치 형태로 치부되었다. 하지만 성숙하고 국가가 지원하는 정치 프로그램이라는 측면에서 보았을 때, 바로 그 미성숙함이 19세기 말 반식민주의 사상을 새로운 가능성으로 가득 채웠다. 릴라 간디 자신도 특유의 시적이고 정치적인 수사로 다음과 같이 언급한다.

> 유토피아주의는, ... 단지 취향의 문제일 뿐이다. 지금 당장 원하든, 세상에 새로움을 가져다줄 때까지 기다리든 말이다. 하지만 세계 정치에서 우리의 연대를 미리 정할 수 없는 이 시기에 ... 유토피아적 사고방식은 진정한 세계주의로 나아가는 길을 보여준다. 우리의 정체성을 보장하고 우리를 안전하게 지켜줄 특권의 대상이 되지 못하는, 아직은 아닌 자들의 위험스러운 도래에도 항상 열려 있는 것이다.

릴라 간디의 작업은 포스트식민 연구를 퀴어링(queering)하는 새로운 전환점을 제시한다. 그녀는 중심부의 '주변적' 인물들의 역사와 식민지의 동시대 인물들과의 우정을 연구함으로써, 반제국주의가 공동체와 분리된 프로젝트로 상상될 수 있음을 보여준다. 그녀의 포스트식민적 관점에서 반제국주의는 '반공동체적 공동체주의(anti-communitarian communitarianism)'를 향해 끊임없이 나아가는 퀴어 정치의 한 형태였다.[51] 간디의 작업은 포스트식민 및 젠더 역사가들에게 제국주의적이고 민족주의적인 과도한 남성성에 대한 비국수주의적 비판의 역사를 더 탐구하고, 현대 세계에서 역사적, 종교적, 성적, 문화적 차이와 함께 살아가는 방법에 대한 질문을 던질 수 있는 가능성을 고민하도록 초대한다.

---

51 *Ibid.*, p. 26.

맺음말

앞선 내용에서 우리는 '포스트식민 이론(postcolonial theory)'이라는 명칭 아래 모인 다양하고 논쟁적인 사상들이 역사라는 학문 분야에 미친 영향을 분석하였다. 포스트식민 역사에서 '포스트식민'이라는 접두사는 사상적 틀, 역사적 시기, 세계에 대한 정치적, 윤리적 입장, 그리고 특정한 사고방식 등 다양한 의미로 역사가들에 의해 사용되어 왔다. 이 개념이 갖는 포괄성은 많은 가능성을 열어주었지만, 정밀성이 부족하다는 이유로 많은 비판을 받기도 했다. 일부 비평가들은 심지어 포스트식민적 순간(postcolonial moment)은 이제 지나갔으며, 그 비판적 잠재력과 타당성은 세계화 이론의 물결에 휩쓸려 사라졌다고 주장하기까지 한다. 그러나 이주, 인종, 소수자 권리에 대한 포스트식민 역사학은 현대 지정학을 정교하게 이해하는 데 필수적이라는 점은 분명하다. 실제로, 포스트식민적 역사적 관점은 세계화 맥락에서 인류의 다양성을 이해하는 데 매우 유용하다.

이 책의 분석 체계는 국가적인 것이 아니었다. 포스트식민 역사가들이 다양한 국가의 역사에 기여한 바를 국가별로 나열하려는 의도가 아니었다. 오히려, 포스트식민적 관점이 역사 서술에 무엇을 가져왔는지를 주제별로 분석하고, 포스트식민적 사고가 역사 연구 전반에 미치는 영향을 정리하는 것이 이 책의 목적이다. 우리가 여기서 살펴본 것은 국가별로 정리된 포스트식민 역사학자의 저작 목록이 아니라, 포스트식민 역사가 학문 전체에 제기하는 역사학적 쟁점들을 분석한 것이다. 다양한 맥락에서 연구하는 역사가들이 포스트식민 역사학의 기본 가정들을 활용하고, 의문을 제기하고, 재조정함에 따라, 이 분야 자체도 빠르게 확장되고 있다.

예를 들어, 이 책에서 다루지 못한 중요한 영역으로는 아일랜드, 구 동유럽권, 이스라엘-팔레스타인 역사가 있다. 특히 이스라엘-팔레스타인 지역은 역사, 인류학, 고고학과 같은 학문 분야에서 정치의 영향력이 뚜렷이 감지되는 곳이다. 학자들은 이 지역의 격동적인 정치 상황이 식민지적 조건과 유사한지 여부를 두고 격렬한 논쟁을 벌인다. 다른 이들은 이 지역을 정착민 식민지적(settler-colonial)이면서 동시에 포스트식민적인 곳으로 생각해야 한다고 주장한다.[1] 아일랜드 또한 포스트식민 이론에 공감하는 역사가들을 비롯한 여러 학자들의 관심을 받아왔다. 마찬가지로 동유럽 역사가들은 서유럽을 '지방화(provincializing)'하는 포스트식민적 용어를 자주 사용한다. 이 책에 제시된 분석은 독자들에게 이러한 맥락과 다른 국가적 맥락에서 전개되는 포스트식민 역사 연구를 계속 탐구하도록 권유하는 것이다. 이제 독자들은 특정 역사 연구들이 어떤 특징을 포스트식민적이라고 규정하는지 명확하게 이해하게 되기를 바란다. 다양한 시대에 걸쳐 세계의 여러 지역을 연구하는 역사가들이 자신들의 학문적 입장을 포스트식민적이라고 설명할 때, 그것은 무엇을 의미하는가? 앞선 내용에서 제시된 분석은 바로 이 질문에 답하려

1 Edward Said, *The Question of Palestine* (London: Routledge, 1980)에서는 팔레스타인 문제를 포스트식민 세계의 문제로 처음으로 규정하였다. 보다 최근의 논의로는 Joseph Massad, "The 'Post-colonial' Colony: Time, Space, and Bodies in Israel/Palestine", in Kalpana Seshadri-Crooks and Fawzia Afzal Khan (eds), *The Preoccupation of Postcolonial Studies* (Durham, NC: Duke University Press, 2000), pp. 311-346을 참조하라.

는 시도였다.

우리는 세계화되는 세계에서 탈식민화의 문화정치가 포스트식민 역사학에 어떤 영향을 미치는지 새롭게 살펴보는 것으로 시작했다. 그 후, 포스트식민 역사 서술의 부상을 조망하기 위해 서발턴 연구 집단의 저작들을 살펴보았다. 인도 역사를 전문으로 하는 이 역사가 집단은 에드워드 사이드, 가야트리 스피박, 그리고 이후 호미 바바와 같은 포스트식민 이론가들과의 적극적인 대화를 통해 민족주의에 대한 비판을 가장 먼저 제시한 집단 중 하나였다. 결정적으로, 그들은 18세기 유럽 계몽주의 사상에서 비롯된 개념들과 포스트식민 역사가 필수적이지만 비판적으로 교류하는 데 대해서도 심도 있게 논의했다. 이어서 중세 연구자들이 포스트식민 역사와 이론에 접근해 온 방식을 살펴봄으로써, 중세 포스트식민 역사라는 겉보기에 시대착오적인 개념을 탐구했다. 그 결과는 결코 시대착오적이지 않았으며 중세 연구와 포스트식민 역사 두 분야 모두의 이해를 풍부하게 한다는 것을 보여주었다.

5장과 6장은 제국과 포스트식민 역사 서술에 초점을 맞추었다. 5장의 분석은 아시아, 아프리카, 카리브해 지역의 영국과 프랑스 제국이라는 맥락에서 포스트식민 역사와 새로운 제국사의 연관성에 집중했지만, 6장에서는 정착민 식민지 역사 서술에서 포스트식민적 역사관이 어떤 성과를 거두었는지 보여주었다. (여기서는) 호주, 캐나다, 뉴질랜드처럼 공식적인 탈식민화 운동을 경험하지 않은 국가들에서 포스트식민 역사 연구가 제기하는 문제들을 검토했다. 이것을 알제리와 같은 정착민 국가의 포스트식민 역사와 대조하며, 전 정착민, 원주민 그룹, 이주민을 포함하는 '포스트식민 사람들(postcolonial peoples)'의 역사에 대한 논의로 마무리했다. 젠더, 인종, 그리고 포스트식민 역사를 다루는 마지막 장은 포스트식민 역사가들이 역사적 차이를 본질화하거나 지우지 않으면서도 자신의 저작에서 역사적 차이의 문제에 어떻게 유념해 왔는지를 다시 한번 보여준다.

결론적으로, 나는 전 세계적으로 인간 조건을 규정하는 불평등이 더욱 두드러지고, 정의와 인권 문제가 더욱 시급하게 다가옴에 따라 포스트식민 역사학이 더욱 중요해지고 있다고 주장하고 싶다.

참고문헌

참고문헌

Abu-Lughod, Janet L., *Before European Hegemony: The World System A.D. 1250-1350* (New York, NY: Oxford University Press, 1989).

Abu-Lughod, Lila, *Remaking Women: Feminism and Modernity in the Middle East* (Princeton, NJ: Princeton University Press, 1998).

Altschul, Nadia, "Postcolonialism and the Study of the Middle Ages", *History Compass*, 6(2) (2008), pp. 588-606.

Amin, Samir, *Eurocentrism* (trans. Russel Moore) (New York, NY: Monthly Review Press, 1989).

Amin, Shahid, "Gandhi as Mahatma", in Ranajit Guha and Gayatri Spivak (eds), *Selected Subaltern Studies* (New York, NY: Oxford University Press, 1988), pp. 288-342.

Attwood, Bain, *Telling the Truth About Aboriginal History* (NSW: Allen & Unwin, 2005).

Attwood, Bain and Griffiths, Tom (eds), *Frontier, Race, Nation: Henry Reynolds and Australian History* (Melbourne: Australian Scholarly Publishing Limited, 2009).

Attwood, Bain and Magowan, Fiona (eds), *Telling Stories: Indigenous History and Memory in Australia and New Zealand* (NSW: Allen & Unwin, 2001).

Auslander, Leora, "Bavarian Crucifixes and French Headscarves", *Cultural Dynamics*, 12(3) (2000), pp. 283-309.

Balibar, Etienne, "Europe: An 'Unimagined' Frontier of Democracy", *Diacritics*, 33(3/4) (Fall 2003) Available at http://gateway.proquest.com/openurl?ctx_ ver=Z39.88-2003&xri:pqil:res_ver=0.2&res_id=xri:lion-us&rft_id=xri:lion: ft:abell: R03822140:0 [accessed 8 January 2010].

__________, *We, the People of Europe? Reflections on Transnational Community* (Princeton, NJ: Princeton University Press, 2004).

Bhabha, Homi, *The Location of Culture* (London: Routledge, 1990).

Bhabha, Homi and Comaroff, John, "Speaking of Postcoloniality in a Continuous Present: A Conversation", in David Goldberg and Ato Quayson (eds), *Relocating Postcolonialism* (Oxford: Blackwell Publishing, 2002), pp. 15-46.

Biddick, Kathleen, *The Shock of Medievalism* (Durham, NC: Duke University Press, 1998).

Binney, Judith, *Redemption Song* (Auckland: Auckland University Press, 1995).

Birla, Ritu, *Stages of Capital: Law, Culture, and Market Governance in Late Colonial India* (Durham, NC: Duke University Press, 2009).

Breckenridge, Carol, Pollock Sheldon, Homi Bhabha and Dipesh Chakrabarty (eds), *Cosmopolitanism* (Durham, NC: Duke University Press, 2002).

Antoinette, Burton, *Burdens of History: British Feminists, Indian Women, and Imperial Culture, 1865-1915* (Chapel Hill, NC and London: University of North Carolina Press, 1994).

Burton, Antoinette (ed.), *After the Imperial Turn: Thinking with and through the Nation* (Durham, NC: Duke University Press, 2003).

Carey, Daniel and Festa, Lynn (eds), *Postcolonial Enlightenment: Eighteenth Century Enlightenment and Postcolonial Theory* (Oxford/New York, NY: Oxford University Press, 2009).

Chakrabarty, Dipesh, "Conditions of Knowledge of Working-class Conditions", in Ranajit Guha and Gayatri Spivak (eds), *Selected Subaltern Studies* (New York, NY: Oxford University Press, 1988), pp. 179–230.

__________, *Habitations of Modernity: Essays in the Wake of Subaltern Studies* (Chicago, IL: University of Chicago Press, 2002).

__________, "History and Historicality", *Postcolonial Studies*, 7(1)

(2004), PP. 125-130.

__________, "Legacies of Bandung: Decolonization and the Politics of Culture", *Economic and Political Weekly*, 40(46) (12 November 2005), pp. 4812-4818.

__________, "History and the Politics of Recognition", in Keith Jenkins, Sue Morgan and Alan Munslow (eds), *Manifestoes for History* (London: Routledge, 2007), pp. 77–86.

__________, *Provincializing Europe: Postcolonial Thought and Historical Difference* (Princeton, NJ: Princeton University Press, 2007).

__________, "Aboriginal and Subaltern Histories", in Bain Attwood and Tom Griffiths (eds), *Frontier, Race, Nation: Henry Reynolds and Australian History* (Melbourne: Australian Scholarly Publishing Limited, 2009), pp. 55-70.

__________, "An Anti-colonial History of the Postcolonial Turn: An Essay in Memory of Greg Dening", *Melbourne Historical Journal*, 37 (2009), pp. 1-23.

__________, "Europe in the World: Twenty Years after 1989", *Economic and Political Weekly* XLIV(45) (2009), pp. 23-25.

Chatterjee, Partha, *Nationalist Thought and the Colonial World: A Derivative Discourse* (London: Zed Books, 1986).

__________, *The Nation and Its Fragments: Colonial and Postcolonial Histories* (Princeton, NJ: Princeton University Press, 1993).

__________, "The Nation and Its Women", in *The Nation and Its Fragments: Colonial and Postcolonial Histories* (Princeton, NJ: Princeton University Press, 1993), pp. 116-134.

__________, "The Nationalist Resolution of the Women's Question", in Kumkum Sangari and Sudesh Vaid (eds), *Recasting Women: Essays in Indian Colonial History* (New Brunswick, NJ: Rutgers University Press, 1999), pp. 233–254.

__________, *The Politics of the Governed: Reflections on Popular*

Politics in Most of the World (New York, NY: Columbia University Press, 2004).

Chew, Sing C. and A. Denemark, Robert (eds) *The Underdevelopment of Development: Essays in Honor of Andre Gunder Frank* (Thousand Oaks, CA: Sage Publications, 1996).

Cohen, Jeffrey Jerome (ed.), *The Postcolonial Middle Ages* (New York, NY: St Martin's Press, 2000).

Cohn, Bernard, *An Anthropologist among Historians and Other Essays* (New Delhi: Oxford University Press, 1987).

Cooper, Frederick, *Colonialism in Question: Theory, Knowledge, History* (Berkeley and Los Angeles, CA: University of California Press, 2005).

Cooper, Frederick and Stoler, Ann Laura (eds), *Tensions of Empire* (Berkeley, CA: University of California Press, 1997).

Coronil, Fernando, "Can Postcoloniality be Decolonized? Imperial Banality an Postcolonial Power", *Public Culture*, 5(1) (1992), pp. 89–108.

__________, "Beyond Occidentalism: Towards Nonimperial Geohistoric Categories", *Cultural Anthropology* 11(1) (1996), pp. 52-87.

__________, "Latin American Postcolonial Studies and Global Decolonization", in Neil Lazarus (ed.), *The Cambridge Companion to Postcolonial Literary Studies* (Cambridge: Cambridge University Press, 2004), pp. 221-240.

Curry, Patrick, "The Historiography of Astrology: A Diagnosis and A Prescription", in K. von Stuckrad, G. Oestmann and D. Rutkin (eds), *Horoscopes and Public Spheres: Essays on the History of Astrology* (Berlin and New York, NY: Walter de Gruyter, 2005), pp. 261-274.

Dagenais, John and Greer, Margaret, "Decolonizing the Middle Ages", *Journal of Medieval and Early Modern Studies*, 30(3) (2000),

PP. 431-448.

Dainotto, Roberto M., "The Discreet Charm of the Arabist Theory: Juan Andres, Historicism, and the De-centering of Montesquieu's Europe", *European Historical Quarterly*, 36(1) (2006), pp. 7-30.

Davis, Kathleen, "National Writing in the Ninth Century: A Reminder for Postcolonial Thinking about the Nation", *Journal of Medieval and Early Modern Studies*, 28(3) (1998), pp. 611–637.

__________, *Periodization and Sovereignty: How Ideas of Feudalism and Secularization Govern the Politics of Time* (Philadelphia, PA: University of Pennsylvania Press, 2008).

Davis, Kathleen and Altschul, Nadia (eds), *Medievalisms in the Postcolonial World: The Idea of the Middle Ages' Outside Europe* (Baltimore, MD: The Johns Hopkins University Press, 2010).

Davison, Andrew, "Ziya Gokalp and Provincializing Europe", *Comparative Studies of South Asia, Africa, and the Middle East*, 26(3) (2006), pp. 377-390.

Dinshaw, Carolyn, *Getting Medieval: Sexualities and Communities, Pre- and Post-Modern* (Durham, NC: Duke University Press, 1999).

__________, "Margery Kempe", in Carolyn Dinshaw and David Wallace (eds), *The Cambridge Companion to Medieval Women's Writing* (Cambridge: Cambridge University Press, 2003), pp. 222-239.

Dirlik, Arif, "The Postcolonial Aura: Third World Criticism in the Age of Global Capitalism", *Critical Inquiry*, 20(2) (1994), pp. 328-356.

During, Simon (ed.), *The Cultural Studies Reader* (London and New York, NY: Routledge, 1999).

Fanon, Frantz, *A Dying Colonialism* (New York, NY: Grove Press, 1965).

__________, *The Wretched of the Earth* (New York, NY: Grove

Press, 1965).

Foucault, Michel, *The History of Sexuality: An Introduction*, vol. 1 (New York, NY: Vintage Books, 2003).

Frank, Andre Gunder, *ReOrient: Global Economy in the Asian Age* (Berkeley, CA: University of California Press, 1998).

Gandhi, Leela, *Postcolonial Theory: A Critical Introduction* (NSW: Allen & Unwin, 1998).

__________, *Affective Communities: Anticolonial Thought, Fin-de-Siècle Radicalism, and the Politics of Friendship* (Durham, NC: Duke University Press, 2006).

Ganguly, Debjani, *Caste, Colonialism and Counter-modernity: Notes on a Postcolonial Hermeneutics of Caste* (London: Routledge, 2005).

__________, Bhekizizwe Peterson, "The Language Question in India", in Ato Quayson (ed.), *Cambridge History of Postcolonial Literature* (Cambridge: Cambridge University Press, 2012), pp. 649-702.

Ghosh, Durba, *Sex and Family in Colonial India: The Making of Empire* (Cambridge: Cambridge University Press, 2006).

Gilmour, David, "Surprises of the Empire", *The New York Review of Books* 53(17) (2 November 2006).

Go, Julian, "The Provinciality of American Empire: Liberal Exceptionalism and U.S. Colonial Rule, 1898-1912", *Comparative Studies in Society and History*, 49(1) (2007), pp. 74-108.

Ranajit Guha, *Elementary Aspects of Peasant Insurgency in Colonial India* (Delhi: Oxford University Press, 1983).

__________, *Dominance without Hegemony: History and Power in Colonial India* (Cambridge, MA: Harvard University Press, 1997).

__________, *History at the Limit of World History* (New York, NY: Columbia University Press, 2002).

Ranajit Guha (ed.), *A Subaltern Studies Reader 1986-1995* (Minneapolis, MN and London: University of Minnesota Press, 1997).

Guha, Ranajit and Spivak, Gayatri (eds), *Selected Subaltern Studies* (New York, NY: Oxford University Press, 1988).

Hall, Catherine, "Remembering Edward Said", *History Workshop Journal* 57, (2004), pp. 235-243.

Hall, Stuart, "New Ethnicities", in David Morley and Kuan-Hsing Chen (eds), *Stuart Hall: Critical Dialogues in Cultural Studies* (London and New York, NY: Routledge, 1996), pp. 441-449.

__________, "The Formation of a Diasporic Intellectual: An Interview with Stuart Hall by Kuan-Hsing Chen", in David Morley and Kuan-Hsing Chen (eds), *Stuart Hall: Critical Dialogues in Cultural Studies* (London and New York, NY: Routledge, 1996), pp. 484-503.

Hardiman, David, *The Coming of the Devi: Adivasi Assertion in Western India* (New Delhi: Oxford University Press, 1987).

Harrison, Rachel and Jackson, Peter (eds), *The Ambiguous Allure the West* (Hong Kong: University of Hong Kong Press, 2010).

Hollywood, Amy, "Gender, Agency, and the Divine in Religious Historiography", *The Journal of Religion*, 84(4) (2004), pp. 514-528.

Holsinger, Bruce, "Medieval Studies, Postcolonial Studies, and the Genealogies of Critique", *Speculum*, 77(4) (2002), pp. 1195-227.

__________, *Neomedievalism, Neoconservatism, and the War on Terror* (Chicago, IL: University of Chicago Press, 2007).

Hoodfar, Homa, "The Veil in Their Minds and on Our Heads", in David Lloyd and Lisa Lowe (eds), *The Politics of Culture in the Shadow of Capital* (Durham, NC: Duke University Press, 1997), pp. 248-279.

Howe, Nicholas, "Anglo-Saxon England and the Postcolonial Void", in Ananya Kabir and Deanne Williams (eds), *Postcolonial Approaches to the European Middle Ages: Translating Cultures* (Cambridge: Cambridge University Press, 2005), pp. 25-47.

Ingham, Patricia Clare and Warren, Michelle R. (eds), *Postcolonial*

Moves: Medieval through Modern (New York, NY: Palgrave Macmillan, 2003).

Johnson, Miranda, "Making History Public: Indigenous Claims to Settler States", *Public Culture*, 20(1) (2008), pp. 97–117.

__________, "Struggling over the Past: Decolonization and the Problem of History in Settler Societies" (Ph. D. dissertation, University of Chicago, 2008).

Julien, Isaac and Nash, Mark, "Dialogues with Stuart Hall", in David Morley and Kuan-Hsing Chen (eds), *Stuart Hall: Critical Dialogues in Cultural Studies* (London and New York, NY: Routledge, 1996), pp. 476-483.

Kabir, Ananya, "Analogy in Translation: Rome, England, India", in Ananya Kabir and Deanne Williams (eds), *Postcolonial Approaches to the European Middle Ages: Translating Cultures* (Cambridge: Cambridge University Press, 2005), pp. 183-204.

Kabir, Ananya and Williams, Deanne (eds), *Postcolonial Approaches to the European Middle Ages: Translating Cultures* (Cambridge: Cambridge University Press, 2005).

Lloyd, David, *Irish Times: Temporalities of Modernity* (Dublin: Field Day/University of Notre-Dame, 2008).

Loomba, Ania, *Colonialism/Postcolonialism* (London: Routledge, 1998).

Ludden, David (ed.), *Reading Subaltern Studies: Critical History, Contested Meaning, and the Globalisation of South Asia* (New Delhi: Permanent Black, 2001).

Macintyre, Stuart and Clark, Anna (eds), *The History Wars* (Melbourne: Melbourne University Press, 2003).

Mackie, Jamie, *Bandung 1955: Non-alignment and Afro-Asian Solidarity* (Singapore: Editions Didier Millet, 2005).

Majumdar, Rochona, *Marriage and Modernity: Family Values in Colonial Bengal* (Durham, NC: Duke University Press, 2009).

Mallon, Florencia, "The Promise and Dilemma of Subaltern Studies",

American Historical Review, 99(5) (1994), pp. 1491-1515.

Mani, Lata, *Contentious Traditions: The Debate on Sati in Colonial India* (Berkeley and Los Angeles, CA: University of California Press, 1998).

Manne, Robert (ed.), *Whitewash: On Keith Windschuttle's Fabrication of Aboriginal History* (Melbourne: Black Inc, 2003).

McClintock, Anne, *Imperial Leather: Race, Gender, and Sexuality in the Colonial Contest* (New York, NY: Routledge, 1995).

McClintock, Anne, Aamir Mufti and Ella Shohat (eds), *Dangerous Liaisons: Gender, Nation, and Postcolonial Perspectives* (Minneapolis, MN: University of Minnesota Press, 1997).

Mignolo, Walter, *Local Histories/Global Designs: Coloniality, Subaltern Knowledges, and Border Thinking* (Princeton, NJ: Princeton University Press, 2000).

Mohanty, Chandra Talpade, *Feminism without Borders: Decolonizing Theory, Practicing Solidarity* (Durham, NC: Duke University Press, 2003).

Mongia, Padmini, *Contemporary Postcolonial Theory: A Reader* (London: Arnold, 1996).

Moses, Dirk (ed.), *Genocide and Settler Society: Frontier Violence and Stolen Indigenous Children in Australian History* (New York, NY: Berghann Books, 2004).

O'Hanlon, Rosalind, "Recovering the Subject: Subaltern Studies and Histories of Resistance in Colonial South Asia", in David Ludden (ed.), *Reading Subaltern Studies* (New Delhi: Permanent Black, 2001), pp. 135–186.

Paisley, Fiona, *Loving Protection?: Australian Feminism and Aboriginal Women's Rights, 1919-1939* (Melbourne: Melbourne University Press, 2000).

Pandey, Gyanendra, *Remembering Partition: Violence, Nationalism, and History in India* (New York, NY: Cambridge University Press,

2001).

Prakash, Gyan (ed.), *After Colonialism: Imperial Histories and Postcolonial Displacements* (Princeton, NJ: Princeton University Press, 1995).

Prochaska, David, *Making Algeria French: Colonialism in Bone, 1870-1920* (Cambridge: Cambridge University Press, 1990).

Quayson, Ato, "Translations and Transnationals: Pre- and Postcolonial", in Ananya Kabir and Deanne Williams (eds), *Postcolonial Approaches to the European Middle Ages: Translating Cultures* (Cambridge: Cambridge University Press, 2005), pp. 253-268.

Rao, Anupama (ed.), "Introduction", in *Gender and Caste* (New Delhi: Kali for Women, 2003), pp. 1-47.

__________, "Sexuality and the Family Form", *Economic and Political Weekly*, 40(8) (19 February 2005), pp. 715-718.

Read, Alan, *The Fact of Blackness: Frantz Fanon and Visual Representation* (London: Institute of Contemporary Arts, Institute of International Visual Arts, Seattle, WA: Bay Press, 1996).

Reynolds, Henry, *The Other Side of the Frontier, new edition* (Sydney: University of New South Wales Press, 2006).

Rodríguez, Ileana, *The Latin American Subaltern Studies Reader* (Durham, NC: Duke University Press, 2001).

Rosselli, John, *Lord William Bentinck: The Making of a Liberal Imperialist, 1774-1839* (Berkeley, CA: University of California Press, 1974).

Said, Edward, "Always on Top", *The London Review of Books*, 25(6) (20 March 2003), pp. 3-6.

Sarkar, Tanika, "Semiotics of Terror: Muslim Children and Women in Hindu Rashtra", *Economic and Political Weekly*, 37(28) (2002), pp. 2872-6.

Scott, Joan, The Politics of the Veil (Princeton, NJ: Princeton

University Press, 2007).

Seth, Sanjay, *Subject Lessons: The Western Education of Colonial India* (Durham, NC: Duke University Press, 2007).

__________, "Historical Sociology and Postcolonial Theory: Two Strategies for Challenging Eurocentrism", *International Political Sociology*, 3(3) (2009), pp. 334-338.

Sinha, Mrinalini, *Colonial Masculinity: The 'Manly Englishman' and the 'Effeminate Bengali' in the Late Nineteenth Century* (Manchester: Manchester University Press, 1995).

Skaria, Ajay, "The Project of Provincializing Europe: Reading Dipesh Chakrabarty", *Economic and Political Weekly*, 44(14) (2009), pp. 52–59.

Smith Andrea L., *Colonial Memory and Postcolonial Europe: Maltese Settlers in Algeria and France* (Bloomington, IL: Indiana University Press, 2006).

Smith Andrea L. (ed.), *Europe's Invisible Migrants* (Amsterdam: Amsterdam University Press, 2003).

Spiegel, Gabrielle M., "Epater les Medievistes [Impressing the Medievalists]", *History and Theory*, 39(2) (2000), pp. 243-250.

Spivak, Gayatri Chakravorty, "Three Women's Texts and A Critique of Imperialism", *Critical Inquiry*, 12(1) (1985), pp. 243-261.

__________, "Can the Subaltern Speak?" in P. Williams and L. Chrisman (eds), *Colonial Discourse and Postcolonial Theory: A Reader* (New York, NY: Columbia University Press, 1994), pp. 66-111.

Steven, Paul, "Heterogenizing Imagination: Globalization, The Merchant of Venice and the Work of Literary Criticism", *New Literary History*, 36(3) (2005), pp. 425-437.

Stoler, Ann Laura, *Race and the Education of Desire: Foucault's History of Sexuality and the Colonial Order of Things* (Durham, NC: Duke University Press, 1995).

__________, *Carnal Knowledge and Imperial Power: Race and the Intimate in Colonial Rule* (Berkeley, CA: University of California Press, 2002).

Suleri, Sara, *The Rhetoric of English in India* (Chicago, IL: University of Chicago Press, 1992).

__________, "Woman Skin Deep: Feminism and the Postcolonial Condition", *Critical Inquiry*, 18(4) (1992), pp. 756-769.

Thiong'o, Ngugi wa, *Moving the Centre: The Struggle for Cultural Freedoms* (London: James Currey, 1993).

Weinstein, Barbara, "History without a Cause? Grand Narratives, World History, and the Postcolonial Dilemma", *International Review of Social History*, 50 (2005), pp. 71-93.

Wilder, Gary, T*he French Imperial Nation-state: Negritude and Colonial Humanism between the Two World Wars* (Chicago, IL: University of Chicago Press, 2005).

Wilson, Kathleen, *A New Imperial History: Culture, Identity and Modernity in Britain and the Empire, 1660-1840* (Cambridge: Cambridge University Press, 2004).

Wolfe, Patrick, "Settler Colonialism and the Elimination of the Native", *Journal of Genocide Research*, 9(4) (2006), pp. 387-409.

Young, Robert, *Postcolonialism: An Historical Introduction* (Cambridge: Blackwell, 2001).

옮긴이의 글

『포스트식민 역사 쓰기(*Writing Postcolonial History*)』의 저자 로초나 마줌달(Rochona Majumdar)은 미국 시카고 대학 남아시아 언어 및 문명학과 교수로, 포스트식민 연구 분야에서 떠오르는 학자이다. 그녀는 디페시 차크라바르티(Dipesh Chakrabarty)를 비롯한 여러 주요 포스트식민 이론가들과 함께 작업했다. 현대 인도를 전문으로 하는 역사가이며, 특히 벵골(Bengal) 지역에 초점을 맞추고 있다. 그녀의 저술은 젠더와 섹슈얼리티의 역사, 인도 영화, 특히 예술 영화와 영화 음악, 그리고 현대 인도 지성사를 아우른다. 마줌달은 현재 아불 만수르 아흐마드(Abul Mansur Ahmad, 1898-1979)에 대한 장기 프로젝트를 진행하고 있다. 아흐마드는 인도의 민족주의 운동과 동파키스탄 및 방글라데시의 건국까지 아우르는 삶을 살았던 언론인이자 변호사, 헌법 사상가, 정치인이었다. 그의 삶은 정치적 이슬람, 세속주의, 벵골-무슬림 정체성, 그리고 인도, 동파키스탄, 방글라데시의 역사에 대한 중요한 통찰력을 제공한다.

로초나 마줌달의 첫 번째 저서 『결혼과 근대성: 식민지 벵골의 가족 가치(*Marriage and Modernity: Family Values in Colonial Bengal*)』는 중매 결혼이 구시대적 관습이라는 통념에 도전한다. 광범위하고 면밀한 자료 조사를 통해 마줌달은 식민지 후기에 벵골의 결혼 관습이 변화를 겪으면서 대가족이 존경받는 '오래된' 사회 제도로 가치를 인정받았고, 중매 결혼이 인도 전통의 정점으로 자리 잡았음을 보여준다. 마줌달은 포스트식민성(postcoloniality)에 대한 관심을 바탕으로 두 번째 저서 『포스트식민 역사 쓰기』를 집필했는데, 이 책에서 그녀는 포스트식민 이론이 역사학에 미친 영향을 분석했다. 대중 민주주의의 문화와 미학에 대한 관심은 마줌달로 하여금 영화, 특히 인도 영화를 연구하게 만들었다. 그녀의 세 번째 저서 『아트 시네마와 인도의 잊혀진 미래: 포스트식민지 시대의 영화와 역사(*Art Cinema and India's Forgotten Futures: Film and History in the Postcolony*)』는 독립 이후 인도의 세계 예술 영화(global art cinema)를 분석한다. 이 책은 또한 포스트식민 환경에서 역사를 기록하는 한 방식으로서의 예술 영화에 관한 저서이기도 하다.

마줌달은 대학에서 개념사 및 지성사를 가르치고 관련 글을 쓰고 있다. 그녀는 현재 두 가지 프로젝트를 진행 중이다. 첫 번째는 정치적 이슬람, 자존감, 그리고 벵골계 무슬림의 역사를 다루는 번역 프로젝트이다. 두 번째는 우팔 차크라바르티(Upal Chakrabarti), 수카냐 사르바디카리(Sukanya Sarbadhikary)와 함께 기획한 『힌두/프레지던시 칼리지: 탁월함과 배제(*The Hindoo/Presidency College: Excellence and Exclusion*)』라는 제목의 책으로, 캠브리지 대학교 출판부에서 출간을 앞두고 있다. 또한 마줌달은 현대 인도 역사 및 문화를 연구하는 대학원생들을 지도한다. 그녀는 인도 영화, 젠더와 섹슈얼리티, 도시사, 남아시아 지성사 등에 관심 있는 대학원생들의 문의를 환영한다. 그녀는 현재 유사한 주제를 다루는 다양한 학사 및 석사 논문을 지도하고 있다. 그녀는 남아시아 언어 및 문명, 영화 및 미디어 연구, 역사학, 영어, 인류학, 신학 대학원 등 여러 학과에서 박사 논문 심사 위원으로 활동하고 있다.

블룸즈버리(Bloomsbury) 출판사의 『역사 쓰기(*Writing History*)』 시리즈의 일환으로 출간된 『포스트식민 역사 쓰기』는 포스트식민 사상에 직간접적으로 영향을 받은 학술 연구들을 다루는 역사학적인 글(essays) 모음집이다. 저자인 로초나 마줌달은 포스트식민 이론을 직접 설명하려고 하지 않는다. 대신, 독자들에게 릴라 간디(Leela Gandhi)의 『포스트식민 이론: 비판적 서론(*Postcolonial Theory: a Critical Introduction*)』(NSW: Allen & Unwin, 1998)을 참고하도록 권하며, 포스트식민 사상에 전혀 익숙하지 않은 사람들은 이 책부터 시작하는 것이 좋다고 조언한다. 반면, 『포스트식민 역사 쓰기』는 포스트식민 역사학의 실천 방식을 이해하고자 하는 독자들을 위해 이 분야를 형성해 온 주요 저작들을 개괄적으로 살펴본다. 그리고 이 책은 이러한 목적에 매우 부합한다.

마줌달은 포스트식민 사상이 결코 단일하지 않다는 점을 강조한다. 이 분야의 발전에 기여해 온 다양한 사상가들은 서로 다른 지적 관심사를 가지고 있으며, 각기 다른 결론에 도달한다. 포스트식민 사상의 영향을 받은 역사가들 역시 마찬가지이다. 마줌달은 이 역사가들이 서로 다르긴 하지만, 그들의 작업에서 몇 가지 공통된 관점을 공유한다고 말한다. 그들은 식민 지배자와 식민지인 사이의 극명한 대립을 절대화하는 것을 피하는 경향이 있으며, 제국주의 역사와 민족주의 역사 모두의 승리주의적(triumphalist) 관점에 비판적이다. 그들은 대안적인 사회 질서를 상상하는 식민주의에 대한 보편주의적 비판들을 종종 재조명하며, 대개 민족주의의 '지나친 부분'과는 거리를 둔다. 마줌달은 이들이 전반적으로 역사를 더욱 포괄적으로 만듦으로써 '역사를 민주화하는 작업'에 참여하고 있다고 결론짓는다.

이 책의 2장에서 7장까지 논의되는 내용들은 주제별로 구성되어 있으며, 당시의 정치적, 문화적 변화들과 함께 맥락화되어 있다. 이 책 전반에 걸쳐 마줌달은 변화하는 정치적 관심사가 역사가들로 하여금 과거를 재평가하도록 이끈 방식들을 강조한다. 2장에서는 1980년대 남아시아 역사가들 사이에서 등장한 역사학파인 '서발턴 연구 집단(Subaltern Studies Group)'의 역사를 다룬다. 이들은 처음에는 스스로를 포스트식민주의자로 여기지 않았지만, 마줌달은 이들이 "포스트식민적 관점에서 역사를 서술하고 있었다"라고 주장한다. 이들은 엘리트 중심의 역사에 대한 균형점을 찾고자 했으며, 인도 민족의 역사와 유럽이 처음 만들어낸 근대성으로 가는 단일 경로의 역사 모두에 의문을 제기했다. 후자의 주제는 디페시 차크라바르티의 저서 『유럽을 지방화하기: 포스트식민 사상과 역사적 차이(*Provincializing Europe: Postcolonial Thought and Historical Difference*)』(Princeton: Princeton University Press, 2007)를 고찰하는 3장에서 더 자세히 탐구된다. 차크라바르티는 20년 동안 역사 서술에서 유럽중심주의적 가정에 도전해 왔으며, 특히 이 책은 남아시아 연구 외의 분야에도 지대한 영향을 미쳤다. 마줌달은 미제국, 유럽 문학의 기원, 터키 지성사, 그리고 아마도 가장 놀랍게도 중세 유럽사에 대한 연구가 차크라바르티의 저작에서 어떻게 영감을 얻었는지 설명한다. 4장에서는 포스트식민주의와 포스트구조주의 사상이 중세 유럽 역사가들로 하여금 자신들의 분야를 규정하는 시대 구분을 역사화하고 비판하게 된 방식을 보여줌으로써 3장의 마지막 부분을 더 자세히 다룬다. 5장과 6장에서는 전반적으로 제국의 역사와 특히 정착민 식민주의의 역사를 탐구한다. 마줌달은 이러한 역사들이 '제국의 승리'보다는 '제국의 긴장'을 강조했다는 점을 중요한 공헌 중 하나로 꼽는다. 또한, 이러한 역사학은 근대 제국을 정의하는 것처럼 보였던 식민 지배자와 식민지인 사이의 이분법이 식민주의의 일상적 현실에 의해 끊임없이 위협받는 구성물이었음을 보여주었다. 마지막 장에서는 포스트식민 사상이 젠더사에 미친 영향을 다룬다. 마줌달은 지난 20년간의 연구가 젠더와 제국의 문명화 사명 사이의 관계, 민족주의 담론에서의 젠더 활용, 그리고 제국의 전성기부터 현재까지 '문명'에 대한 논쟁의 상징으로 다루어진 '제3세계 여성'에 대한 새로운 관점을 제공했음을 자세히 설명한다.

마줌달은 자신의 책 전반에 걸쳐 포스트식민 역사가들이 전반적으로 '파편(fragment)'을 중시하고, 역사가들이 서사 형성(narrative-making)에 관여한다는 점을 인정하며, 포괄적 역사의 동질화 경향을 피했다고 강조한다. 여러 면에서 『포스트식민 역사 쓰기』는 이러한 특징을 잘 보여준다. 마줌달의 지적 배경은 근현대 남아시아 역사와 젠더 역사에 있으며, 서발턴 연구 그룹과도 깊은 관계를 맺고 있다. 따라서 그녀가 탐구하는 많은 주제는 자연스럽게 이 분야들을 기반으로 한다. 그러나 마줌달은 여기서 그치지 않고, 전 세계 여러 지역의 역사를 포함하여 포스트식민 역사의 중요한 저서들을 풍부하게 검토한다. 마줌달이 보여주듯이, 포스트식민 사상의 큰 이점 중 하나는 학자들이 자신의 연구 분야를 벗어나 다른 시대와 다른 대륙의 역사에서 통찰력과 영감을 얻을 수 있는 틀을 제공했다는 것이다. 바로 그런 연구를 하고자 하는 젊은 학자들에게 『포스트식민 역사 쓰기』는 훌륭한 출발점이 될 것이다.

본 저서의 옮긴이는 프랑스 파리 10대학에서 유럽 제국주의, 특히 프랑스 식민주의 이념으로 박사학위를 받았다. 이후 귀국 후에도 꾸준히 관련 주제에 대해 연구해 왔다. 따라서 포스트식민주의

(postcolonialism)와 포스트식민 역사(postcolonial history)에 대한 관심은 옮긴이에게는 자연스러운 일이었다. 연세대 학부 수업인 '제3세계의 등장과 도전', 대학원 수업인 '서구열강과 제3세계'를 10년 이상 강의해 오면서 포스트식민주의와 포스트식민 이론(postcolonial theory)에 대해 학생들과 함께 꾸준히 공부하고 있기도 하다. 본서에도 언급되었듯이, 지난 40여 년간 포스트식민 이론이 영어권 학계에서 비판 담론으로 확고히 자리 잡고, 전 세계 다른 지역의 학자들까지 이 분야에 진지한 관심을 가지게 되면서, 이제 역사학자, 인류학자, 사회학자들이 자신의 학문적 입장을 '포스트식민(postcolonial)'이라고 규정하는 것이 점점 더 일반화되었다. 이러한 움직임과 더불어 『포스트식민 연구(*Postcolonial Studies*)』와 같은 학제 간 학술지의 출간은 포스트식민 연구가 처음 시작된 문학 분야를 훨씬 넘어서는 영역으로 확장되는 결과를 가져왔다. 포스트식민주의와 이로부터 파생된, 혹은 이와 관련된 포스트식민/포스트식민 연구/포스트식민 이론/포스트식민 역사라는 범주로 분류되는 학술 연구의 놀라운 성장에도 불구하고, '포스트식민'이라는 표현에 내재된 의미(들)에 대해서는 학자들 간에 분명한 견해 차이가 존재한다.

일반적으로 포스트식민주의는 식민지 시대가 끝난 후에도 지속되는 서구의 영향력을 비판하고 극복하려는 노력을 담아내는 용어이다. 그것은 제국주의의 잔재를 극복하기 위한 이론이며, 제국주의 지배체제의 지속적인 작동에 맞서 싸우며 펼치는 이론들에 담긴 전망이다. 그것은 억압과 착취를 낳는 지배 이데올로기를 해체 혹은 전복시키는 것을 목적으로 삼으며, 제국주의나 식민주의 지배체제에서 잃어버렸던 정체성을 찾으려는 노력이다. 동시에 그것은 한 나라 안의 내재적 모순과 병폐에도 눈을 돌려 소수집단에 대해 가해지는 '내적 식민주의' 등에 대해서도 비판한다. 포스트식민 연구자들은 식민지를 지배하는 사회와 식민 지배를 받는 사회 양쪽 모두에서 일어나고 있는 식민주의의 지속적인 문화적, 정치적 파생 효과들을 포괄적으로 연구하여, 기존의 역사관에 맞서 다중 근대성(multiple modernities)과 제국주의의 결과로 나타난 문화의 혼종성(hybridization of cultures) 개념을 옹호한다. 반식민 사상가들 역시 오늘날의 포스트식민 비평가들처럼, 특정한 사유 수준에서는 혼종성과 문화 얽힘(entanglement of cultures)의 문제에 깊은 관심을 보이는 것이다. 이런 이유로 옮긴이는 한국 학계에서 선호하는 '탈식민주의'나 '탈식민'이라는 용어 대신 '포스트식민주의'나 '포스트식민'이라는 단어를 선호하는 것이다. 포스트(post)의 애매모호함이 정치적인 색채를 희석시킨다는 사실은 분명히 인식하지만, 'postcolonial'이라는 단어의 의미가 갖는 다양성과 포괄성, 그리고 식민 지배자와 식민지인 사이의 상호연관성을 생각할 때 포스트식민이란 단어가 더 적절하다고 생각하는 것이다.

본 저서의 내용이 주는 명료함과 다양한 학자들의 이론과 주장을 접할 수 있는 측면은 번역이라는 벅찬 작업을 한편으론 즐거움으로 수행할 수 있게 해주었다. 본 저서가 출간되는 데 있어 실질적인 도움이 되어준 벗 규창이와 두 딸 지혜, 지나에게 깊은 감사의 마음을 전한다. 출판을 지원해준 연세대학교 대학출판문화원과 원고의 수정과 편집에 성의를 다해준 여러분들께도 감사의 인사를 드린다.

2025년 8월

이재원

찾아보기

찾아보기

ㄱ

ㄴ

ㄷ

ㄹ

ㅁ

ㅂ

ㅅ

ㅇ

ㅈ

ㅊ

ㅋ

ㅌ

ㅍ

ㅎ